Stasi
intim

Ariane Riecker / Annett Schwarz / Dirk Schneider

Stasi intim

Gespräche mit ehemaligen MfS-Angehörigen

FORUM VERLAG LEIPZIG

In Zusammenarbeit mit der Heinrich-Böll-Stiftung

ISBN 3-86151-008-1

1. Auflage 1990

Gestaltung: Matthias Dittmann
Lichtsatz: Interdruck GmbH Leipzig
Druck und Binden: Leipziger Druck und Buchbinderei GmbH

Best.-Nr. 821 008 2

Inhalt

Die Autoren

Ariane Riecker
Jahrgang 1969, geboren in Bad Saarow, Schulbesuch von 1975 bis 1987, Volontariat, zur Zeit Journalistikstudentin in Leipzig

Annett Schwarz
Jahrgang 1968, geboren in Leipzig, Schulbesuch von 1974 bis 1986, Volontariat, zur Zeit Journalistikstudentin in Leipzig

Dirk Schneider
Jahrgang 1968, geboren in Erfurt, Schulbesuch von 1975 bis 1987, Volontariat, zur Zeit Journalistikstudent in Leipzig

Diese Lebensdaten sind keine Biografien.

Vorwort

Ist unsere Vergangenheit die vierzigjährige Geschichte von Schuldigen und Nichtschuldigen? Oder ist sie Geschichte von Menschen, deren Biografien sich mit dem Schicksal einer ganzen Gesellschaft verstricken? Oft schmerzhaft zu entflechten, wenn es darum geht, den eigenen Anteil am Geschichtsverlauf festzumachen. Versagen einzugestehen. Persönliche Schuld.

Wir saßen dreizehn Menschen gegenüber, deren Lebensläufe die Frage nach Mitverantwortung für repressive Gesellschaftspolitik ganz von selbst aufwerfen. Weil sie sich – bis auf eine Ausnahme – über kurz oder lang für eine Tätigkeit im Ministerium für Staatssicherheit entschieden hatten.

Die meisten bleiben unerkannt und treten doch aus der Anonymität heraus: Ihre Aussagen über Motivationen, erlebte Spannungen und Konflikte formen sich zu unverwechselbaren Porträts.

Es sind ihre Worte. Unser Anteil konnte nur sein, Ehrlichkeit zu fordern, Rechtfertigung zu verhindern. Das ist nicht immer gelungen. Dennoch: Es wurde Wahrheit gesprochen. Wahrheit aus der Perspektive ehemaliger MfS-Mitarbeiter. MfS-Betroffene haben andere Wahrheiten. Objektivität, so schwer dieses Wort hier auch fällt, Objektivität setzt sich wohl aus diesen beiden Welten zusammen. Wir leben in der Hoffnung, daß wir den Anspruch auf gepachtete Wahrheiten hinter uns lassen. Um gemeinsam herauszufinden, wie es war.

Die Autoren

»Warum haben wir nicht geputscht? War das Überzeugung oder Disziplin, Gleichgültigkeit oder Feigheit?«

Abwehroffizier Wirtschaft; Leipzig, März 1990

In einem sozialdemokratischen Elternhaus ist er geboren, in der Zeit des Faschismus in Deutschland aufgewachsen. Im Nachkriegsland DDR führt ihn der Weg zur Arbeiter-und-Bauern-Fakultät. Dort lernt er seine spätere Frau kennen. Beim Ökonomiestudium. Die beiden heiraten aus Liebe und Notwendigkeit: Für beide ist eine Aspirantur in Moskau geplant.
Doch die Aspirantur trat er nie an. Die Werbung für das Ministerium für Staatssicherheit kam dazwischen. Er erhielt den entsprechenden Parteiauftrag und richtete sich danach.
Er wurde Mitarbeiter des MfS in dem Glauben, einer ehrlichen Sache, die von einer ehrlichen Partei vertreten wird, dienen zu können. Seitdem: Arbeit in verschiedenen Abteilungen einer Bezirksverwaltung – zwölf bis vierzehn Stunden am Tag, fast jeden Sonnabend. 1985 beginnt die Zeit, in der die Zerreißprobe zwischen Erlebtem, Erkanntem, Verarbeitetem einerseits und Politik der SED, Befehlstreue, Parteidisziplin andererseits immer schmerzhafter wird. Die Konsequenz aber bleibt aus. Das Bekenntnis zu Schuld und Verantwortung heute ist unmißverständlich: »Ich habe einem System gedient, das dem Volk letztlich geschadet hat ...«

□ *Sie waren 31 Jahre beim Ministerium für Staatssicherheit. Fast ein ganzes Berufsleben. Im Dienst eines Systems, das in der politischen und wirtschaftlichen Katastrophe endete. Können Sie heute etwas anfangen mit Begriffen wie Schuld und Verantwortung?*

Ja. Sicher. Ich sehe für mich selbst im Moment keinen Grund zur Rechtfertigung. Weil ich einem System gedient habe, das dem Volk letztlich geschadet hat. Das Schlimme für mich ist, daß ich diese Zeit mitgemacht habe. Das ist eine große persönliche Last ...
So, wie das Modell Sozialismus praktiziert wurde, war es nicht lebensfähig. Das ist für mich jetzt eine klare, eindeutige, unwiderrufliche Erkenntnis. Es hat in den vorhandenen Strukturen keine Möglichkeit der Erneuerung von unten gegeben.

□ *War alles umsonst?*

Wenn ich das Ergebnis sehe: Ja. Weil ich ja vieles, was ich gemacht habe, aus Überzeugung tat. Ich hatte ein Ideal. Aber es ist nichts dabei herausgekommen. Also war die Arbeit umsonst. Das Ergebnis ist ein bitteres, ein ganz bitteres ...

□ *Haben Sie sich die Frage gestellt, warum Sie so lange – Ihre Arbeit war ja auch mit persönlichen Einschränkungen verbunden – treu gedient haben?*

Natürlich. Und ich kann mir's nicht beantworten, warum ich bis zum Schluß geglaubt habe, daß es helfen möge, was ich mache. Daß die Führung unsere Informationen endlich auswertet, aufmerksam wird und Schlußfolgerungen zieht. Ich versuche, mir immer selbst die Frage zu beantworten: Warum haben wir nicht geputscht? War das Überzeugung oder Disziplin, Gleichgültigkeit oder Feigheit? War das Dummheit, war das Bestechung durchs Gehalt oder wie auch immer? Was ist eigentlich der Grund gewesen? Ich bin doch eigentlich anders erzogen ...
Wissen Sie, ich habe viele Kontakte, inoffizielle Kontakte zu wirklich guten Leuten gehabt. Die ebenfalls aus Überzeugung, einer guten Sache zu dienen, arbeiteten. Sie leben jetzt in großen Ängsten. Sie haben mir gesagt: ›Mensch, warum habt ihr nicht geputscht? Ihr hättet das machen müssen. Ihr wußtet, wie die Lage ist, warum habt ihr keinen Staatsstreich gemacht!?‹ – Damit fertig zu werden, ist eine komplizierte Sache. Dazu brauche ich selbst noch Zeit.

□ *Was Sie sagen, ist für uns ein Problem. Das MfS wußte bis ins Detail, was in der DDR nicht läuft. Gab es beispielsweise in der Parteiorganisation des MfS keine Möglichkeit, auf die Führung Einfluß zu nehmen?*

Nein, das dürfen Sie nicht überbewerten. Die Parteiorganisation im Organ hatte für solche Probleme überhaupt keine Befugnis. Veranlassen konnte da überhaupt niemand etwas.

□ *Und der hauptamtliche Parteiapparat? Wie war Ihr Verhältnis zu diesen Leuten? Haben Sie Ihre Probleme dort anbringen können?*

Ein Beispiel: Bereits als die Wende da war, war der ehemalige Minister für Bauwesen Junker in Leipzig. An dieser Beratung habe ich im Auftrage des Generals teilgenommen. Damals saß ich das erste Mal, wirklich das erste Mal, während meiner langen Jahre in Leipzig, mit dem Sekretär für Wirtschaft der Bezirksleitung der SED an einem Tisch.

□ *Das klingt unglaublich!*

Ja. Sehen Sie, es gab in der Bezirksleitung je einen Sekretär für Wirtschaft, für Landwirtschaft, für Handel. Für diese Bereiche war ich allein zuständig in der MfS-Bezirksverwaltung. Zwischen mir und den Leuten dort gab es nicht ein einziges Gespräch. Ich sage das auch deshalb, weil man jetzt immer sagt, daß alle in Harmonie und Einigkeit zusammenarbeiteten. An vielen Fragen bestand dort überhaupt kein Interesse. Zum Beispiel daran, Informationen, die von uns erarbeitet wurden, entgegenzunehmen. Geschweige denn, entsprechende Schlüsse zu ziehen.
Ich habe vor zwei Jahren eine Analyse zu Umweltfragen gemacht. Über eine solche Analyse verfügte niemand im Bezirk. Ich habe alles, was irgendwie möglich war, dafür benutzt: offizielle, inoffizielle Quellen, interne Informationen. Sie können ja mal nachforschen, wer das Ding in die Hände gekriegt hat. – Niemand!

□ *Gab es von Ihrer Seite Gesprächsangebote an die Bezirksleitung der SED, an den Rat des Bezirkes?*

Ich muß sagen, an die Leitung: Ja! Ich weiß nicht, wer nun daran schuld ist. Die Leute vom Bezirk oder unsere Leitung. Jedenfalls wurde es nicht gestattet, daß es auf unserer Ebene zu Gesprächen kommt. Und seitens der Genossen der Bezirksleitung bestand ja auch kein Interesse. Das weiß ich!

□ *Auch nicht von seiten Horst Schumanns, des 1. Sekretärs in Leipzig?*

Den Horst Schumann muß ich hier ausklammern. Ich muß sagen – aber das hing auch mit unserem allgemeinen Zustand zusammen – man hätte ihn viel eher in den Ruhestand versetzen sollen. Man hat ihn zum Wrack werden lassen. Physisch und psychisch. Das war meines Erachtens unverantwortlich. Und alle die, die danach kamen, waren nicht solche Größen, die in solchen Bezirken wie Leipzig hätten führen können. Dazu waren sie persönlich zu sehr versaut. Ich muß das so deutlich sagen.

□ *Versaut?*

Ja ... Ein Satz bei uns war typisch: Es hat keinen Sinn, zum 2. Sekretär der SED-Bezirksleitung zu gehen, der hat sowieso kein Interesse daran, sich das anzuschauen. Und bloß zum Selbstzweck zu arbeiten, ist natürlich kompliziert. Und dann auch noch Mitarbeiter überzeugen zu wollen ...

□ *Sie sagten, die Genossen in der SED-Bezirksleitung waren größtenteils – gelinde gesagt – nicht integer. Dazu wurden alle Informationen abgeblockt. Haben Sie in Ihrer Position keine Handhabe gegen solche Leute gehabt?*

Nein. Da muß ich ganz deutlich sagen: Der hauptamtliche Parteiapparat, sprich Bezirks- und Kreisleitungen, Stadtbezirksleitungen und so weiter, war für unser Organ tabu. Informationen zu Personen, die in diesem hauptamtlichen Parteiapparat tätig waren, durften von uns nicht ermittelt, aufgeklärt oder irgendjemandem übergeben werden. Hätten wir eine Aufklärung zu einem Sekretär der SED-Leitung gemacht, wären wir wahrscheinlich nicht Mitarbeiter des MfS geblieben. Das war für mich immer ein riesengroßes Problem. Wenn wir schon den Auftrag hatten, mit spezifischen Mitteln und Methoden zu arbeiten, dann bitteschön auch zur Reinhaltung der Partei. Aber das gab es nicht!

□ *Bei solch festen, starren Parteistrukturen konnte doch gar keine »Revolution von oben« kommen ...*

Ja. Das ist eben auch die bittere Erkenntnis für mich selbst, die Belastung. Es ist furchtbar. Ständig diese Frage: Warum hast du nichts gemacht und das Ganze nicht prinzipieller gesehen? Ich hatte ja innere Überzeugungen. Zum Beispiel, ehrlich zu mir selbst zu sein ... Trotzdem hat man etwas gemacht, das im Grunde etwas Schlechtes gestützt hat ... Das ist unbegreiflich. Dafür muß ich heute natürlich Verantwortung tragen. Da komme ich nicht heraus.

□ *Viele haben so vieles erkannt. Mehr oder weniger! Und trotzdem hat keiner die Kraft gefunden, etwas zu tun. Das ist doch irrsinnig ...*

Ja, das ist irrsinnig ... Furchtbar ist das. Aber ich muß Ihnen sagen: Der Parteiapparat war nicht mehr in der Lage, sich selbst zu erneuern. Das wäre mir ja eigentlich am liebsten gewesen. Wir haben auch oft darüber diskutiert. Aber es war doch alles viel zu sehr ineinander verfilzt. Also im schlechten Sinne verflochten. Hier war keine Möglichkeit der inneren Erneuerung gegeben. Die Wurzel war sozusagen schlecht geworden.
Warum haben wir nicht genug nachgedacht, als Gorbi mit seiner Bewegung in der Sowjetunion begann? In der ersten Zeit war ich begeistert. Dachte: Jetzt können wir aufatmen. Jetzt können wir uns stellen. Wir haben gleiche, ähnliche Probleme. Jetzt können wir hier bei uns losgehen.

□ *War das für Sie ein befreiendes Gefühl?*

Doch, ja. Aber es dauerte nicht lange, da hatte ich schon wieder eine ganz andere Meinung dazu: Der Kerngedanke ist richtig, aber das, was Gorbi jetzt macht, das geht nicht gut.

□ *Weshalb?*

Ich kann nicht erst Vorhandenes zerstören, um dann darüber nachzudenken, wie ich etwas Neues mache. Ich kann in einem solchen Land nicht alles mit einem Schlag zerstören. Das wäre schon bei uns schwierig gewesen, aber erst dort ... Ich muß erstmal etwas anbieten, ich muß Leute gewinnen, ich muß Wissenschaftler und Intellektuelle an meiner Seite haben. Ich muß wissen, was ich will. Ich kann nicht Strukturen zerstören, ohne dafür einen Ersatz zu haben.

□ *War das nicht das Denken, das uns allen eingetrichtert wurde? Man sagte immer: Wenn ihr an etwas zweifelt, dann muß ein Konzept da sein, wie es anders geht. So blieb alles beim Alten!*

Ja. Ich weiß, wo Sie hinwollen. Bei uns bedurfte es ganz einfach einer Analyse der Situation, und die wäre in jedem Fall kritisch ausgefallen. Und dann hätten wir uns hinsetzen müssen, um ein neues Konzept zu erarbeiten; wie kann man was in welchen Verhältnissen erneuern.

□ *Sie sagten, an einer bestimmten Stelle sei die Begeisterung für Gorbatschow nicht mehr da gewesen. Weil seine Erneuerung Ihrer Meinung nach konzeptionslos verlief. Doch hier in der DDR hatten Sie doch das andere Extrem: Sie erlebten, was passiert, wenn die alten Strukturen nicht beseitigt werden.*

Ich kann Ihnen nur sagen: Im internen Kreis, auch von Leitungskadern, waren wir der Meinung, es wird höchste Zeit, daß unsere Parteiführung zurücktritt. Einschließlich unseres Ministers.

□ *Also haben Sie die großen Probleme, die Sie erkannten, an Personen festgemacht und weniger an den Strukturen?*

Beides. Zum Beispiel die Wirtschaftsstrukturen: Ich habe sie zwar personifiziert mit Günter Mittag – was er uns in der Wirtschaft eingebrockt hat, das ist ein Verbrechen – aber mir war aufgrund der Einblicke klar, daß die Volkswirtschaft so nicht funktionieren konnte. Ich habe beispielsweise an allen ZK-Seminaren teilgenommen, die hier in Leipzig stattgefunden haben.

□ *Diese Generaldirektoren-Seminare?*

Ja. Das war katastrophal. Ich habe nach jedem Seminar Informationen über die Meinung der Generaldirektoren zum Treff erarbeitet. Er wurde oft als absolut niveaulos eingeschätzt. Aber es hat sich trotz der negativen Berichte nichts geändert.

□ *Haben Sie damals begriffen, daß dieser eigene Markt DDR oder RGW so nicht funktioniert?*

Das ist mir seit Jahren bekannt. Ich war zwanzig Jahre Lehrbeauftragter für die Fernstudenten an unserer Hochschule. Und da solltest du nun den Studenten beibringen, daß der Dollarkurs uns nicht interessiere. Wir hätten ja unser eigenes Währungssystem. Aber wir hatten doch Außenwirtschaftsbeziehungen, und somit waren wir natürlich dem westlichen Markt ausgesetzt. Ich habe den Studenten gesagt, daß es eine Lehrmeinung gibt und eine persönliche Meinung. Was anderes blieb einem gar nicht übrig. Ich wollte doch weg von dieser Schwarz-Weiß-Malerei.

□ *Haben Sie dieses Prinzip auch in Ihrem Kollektiv praktiziert?*

Logisch. Ich kann meinen Mitarbeitern ja nicht irgendetwas erzählen, wenn sie den ganzen Tag Informationen bekommen. Informationen, die beweisen, daß es anders ist. Das geht doch nicht. Ich habe, ich sage das jetzt nicht zur Selbstbefriedigung, ich habe ein ausgezeichnetes Verhältnis zu meinem Kollektiv gehabt. Die haben auch zu mir gestanden. Gerade in den letzten zwei Jahren versuchte ich immer wieder klarzumachen, daß wir nicht die Erscheinung bekämpfen müssen, wie zum Beispiel das Verlassen der DDR. Ich habe gesagt: Laßt das, wir müssen sagen, warum die Leute weggehen, welche Motive dahinter stehen. Daß in den Medien vieles unrealistisch ist, daß viele keine Wohnung haben, daß sie nicht reisen können ...

□ *Haben Sie diese Sorgen damals artikuliert? Vielleicht in der Partei?*

Naja. Eine Mitgliederversammlung der Partei lief nie so offen ab, wie wir jetzt hier reden können. Obwohl wir ein offenes Verhältnis in der Abteilung hatten ...
Mitte 1986 habe ich in einer internen Arbeitsgruppe mitgearbeitet. An einem Vorschlag, wie das Problem der Reisetätigkeit in unserem Land zu lösen ist. Auf einen Nenner gebracht: Es ging darum, die Leute reisen zu lassen, wie sie wollen und dieses entwürdigende Bestätigungsverfahren abzuschaffen. Es hat nichts genutzt. Das hat keinerlei Gehör gefunden.

□ *War das eine zentrale Gruppe?*

Nein, wir hatten die hier im Bezirk gebildet. Wir wurden angesprochen durch den Vorgesetzten in Berlin. Soweit ich das überblicken kann, war das eine Initiative, die vom Organ der Staatssicherheit ausging und der Parteiführung vorgelegt werden sollte. Aber wie gesagt, daraus ist ja nichts geworden.

□ *Was ist darauf für eine Reaktion gekommen?*

Gar keine!

□ *Sie wissen auch nicht, wo dieses Papier geblieben ist?*

Ich weiß nur, daß es nicht akzeptiert wurde.

□ *Wurde mit Ihnen darüber gesprochen?*

Nein, überhaupt nicht.

□ *Und Sie haben auch nicht nachgefragt?*

Dazu bestand keine Möglichkeit. Wenn ich zu einer Beratung nach Berlin gefahren bin, und eine bestimmte Vorlage wurde nicht akzeptiert, dann war Schluß! Da gab es keine Diskussion.

□ *War das für Sie mit Konflikten verbunden oder haben Sie dieses Verhältnis als Normalität empfunden, weil das MfS ein militärisches Organ war?*

Wenn ich eine Meinung vertrete, die nicht akzeptiert wird, dann ist es ja ganz normal, daß ich darüber nicht gerade erfreut bin. Wenn man nachgibt, dann kostet das zumindest Überwindung und auch den Versuch, eine Begründung für die Ablehnung zu finden. Das ist eine komplizierte Sache.

□ *Man kann sich aber doch nicht für jede Frage, die man hat, selbst eine Antwort zurechtbasteln!?*

Nein. Sicher nicht. Es gab auch bei uns ungeklärte und offene Fragen. Soweit ich das in meinem Verantwortungsbereich entscheiden mußte, legte ich Wert auf ein offenes Verhältnis zu den Stellvertretern. Da haben wir versucht, im Gespräch gemeinsame Standpunkte zu finden, die dann tragend waren für die befehlsmäßige Durchsetzung.

□ *Inwiefern empfanden Sie es als einen Widerspruch, wenn das nach unten funktionierte und nach oben gar nicht oder weniger?*

Ich will Ihnen mal folgendes Beispiel erzählen: Ein Betrieb in Leipzig hat mit westlichen Firmen Verträge gemacht. Der Generaldirektor war der Verantwortliche. Ergebnis waren für die DDR Verluste in Millionenhöhe. Wir haben dazu die Ermittlungen geführt.

□ *Hat dieser Generaldirektor das bewußt oder aus Inkompetenz getan?*

Selbst dazwischen gibt es viele Nuancen ... Aber ich muß sagen: in Kenntnis! Es hat ein dreiviertel Jahr gedauert, bis der Mann aus disziplinarischen Gründen in den Ruhestand versetzt wurde.
Es war doch so: Der Taschendieb wurde sofort verurteilt, aber wenn die Summen sehr groß waren, mußte man angeblich die Frage der Verantwortung schwieriger beantworten.
Ein Baubetrieb in Leipzig hat in der BRD Verträge gemacht, zum Schaden der DDR in Höhe von 4,6 Millionen DM und über 6 Millionen Inlandsschaden, also in Mark der DDR. Die beiden, die dafür verantwortlich waren, wurden zwar ihrer Funktion enthoben, jedoch strafrechtlich nicht zur Verantwortung gezogen. Was glauben Sie, wie kompliziert das war, wenn meine Mitarbeiter in Protest gegangen sind. Die vorher nächtelang gearbeitet hatten, um Beweise auf den Tisch zu legen.

□ *Hat die Staatssicherheit denn diese Vorgänge an die Staatsanwaltschaft weitergegeben?*

Wenn wir den Nachweis der Schuld erbracht hatten, gaben wir das als Fachabteilung an die Untersuchungsabteilung im MfS weiter. Die hat dann das gemeinsam mit der Staatsanwaltschaft weiterbearbeitet. Wir haben die ganze operative Arbeit gemacht bis zur Klärung des Sachverhaltes.

□ *Woran lag es, daß bei solch offensichtlicher Schuld kaum strafrechtlich verfolgt wurde?*

Die Gründe waren unterschiedlich. Beispiel Baubetrieb: Da herrschte eine außerordentliche Unordnung, Liederlichkeit, Nachlässigkeit, Verantwortungslosigkeit bis hoch in die Ministerien. Da gab es zum Beispiel Protokolle über Gespräche, die nie stattgefunden haben. Da wurden keine Kostenberechnungen gemacht, Konkurrenzsituationen nicht analysiert. Der entsprechende Außenhandelsbetrieb ist in keiner Weise seiner Verantwortung gerecht geworden. Also letztlich haben Leute über Leute Verantwortung getragen ... oder eben nicht erfüllt. Es hat in diesem Fall über ein halbes Jahr gedauert, bis wir erwirkt hatten, daß über den stellvertretenden Minister für Bauwesen eine zentrale Auswertung über diesen Vorgang und über die Unzulänglichkeiten im Bauwesen stattfindet. Mit allen Generaldirektoren der Republik! Wir haben dann hier in Leipzig eine Auswertung gemacht, aber es bedurfte eines harten Kampfes, um diese Ordnungsmäßigkeit herzustellen. Gegen die Schlamperei. Weil ja irgendwie jeder Mitverantwortung getragen hat. Und jeder sagte sich: Na, da bekommst du ja auch was ab, du hast deiner Kontrollpflicht nicht genügt, die Aufsichtspflicht verletzt. Und das ging rauf bis in die Ministerien.

□ *Sie sagten, daß man nicht die Erscheinung bekämpfen müsse, sondern Ursachen erforschen solle. Haben Sie aufgrund solcher Vorgänge erkannt, daß hier im Wesen etwas nicht stimmt, im Mechanismus?*

Ja, auf jeden Fall. Gerade deshalb war ich außerordentlich unzufrieden, daß ich mit dem Wirtschaftsmann von der Partei in der SED-Bezirksleitung darüber nicht ein vernünftiges Gespräch führen konnte.

□ *»Ich habe den ganzen Tag gearbeitet, zwölf bis vierzehn Stunden, grundehrlich, im Dienste der Partei« – so haben Sie sich ja verstanden – und es kommt nichts, aber auch gar nichts an. Wie kann man damit leben, wie hält man so etwas aus?*

Das ist so eine Sache ... Auf jeden Fall schläft man nicht jeden Tag beruhigt ein. So ist es auf keinen Fall. Weil es ja auch ein Stück eigener Arbeit und Überzeugung ist, wenn ich auf-

merksam mache auf den Ernst der Lage und die Probleme. Und man hört nicht darauf ...
Ich will nicht ausschließen, daß es so etwas gibt wie Gleichgültigkeit, daß man sagt, mein Gott, das ist deren Problem. Das zu denken entsprach auch der offiziellen Linie. Uns wurde gesagt: Das ist nicht euer Problem. Entscheidungen treffen ist Sache der Partei!

□ *Haben Sie manchmal ein Gefühl der Ohnmacht gehabt, oder immer wieder Hoffnung?*

Beides. Aber wir hatten immer wieder die Erwartung, daß es hilft und nützt, was wir hier tun. Und schauen Sie mal: Es gab doch auch Ergebnisse und Erfolge, gerade in der schadensabwendenden Tätigkeit. Ein Mitarbeiter hatte beispielsweise einmal einen Vorgang bei einem großen Kombinat behandelt, da sind im Ausland reihenweise exportierte Maschinen abgebrannt. Und wir wußten nicht, legt da jemand Brände, um die Marktposition des Kombinates zu gefährden, zu untergraben oder liegt ganz einfach ein technischer Fehler vor. Jedenfalls klärte sich alles auf, es war ein technischer Fehler. Der Mitarbeiter hatte dem Kombinat genützt – immerhin in einem ökonomischen Wert von 75 Millionen Mark. Solche und ähnliche Fälle gab es.

□ *Daraus haben Sie Kraft geschöpft?*

Natürlich. Sie hätten, wenn es möglich wäre, ja mal so einen Jahresbericht lesen können. Was denken Sie, was da rauskommt? Ich habe das am Runden Tisch auch gesagt: »Nehmen Sie die Dokumente her, schauen Sie sich das an, und sagen Sie mir, was daran verfassungsfeindlich ist«. Ich gehe mit, daß ein Mißbrauch in der Tätigkeit verfassungsfeindlich ist, davon distanziere ich mich. Es geht mir um eine sachliche Beurteilung der Tätigkeit. Ich mache auch riesengroße Abstriche, was diese Politisch-ideologische Diversion und die Politische Untergrundtätigkeit betrifft. Da hätten wir viel früher Verständigungswege finden müssen. Im Sinne einer vernünftigen Demokratieauffassung. Aber die Tätigkeit des MfS jetzt allgemein zu kriminalisieren, das ist ein Wahnsinn. Das ist nicht vertretbar!

□ *Finden Sie die Reaktion von Leuten, die direkt vom MfS betroffen waren, nicht verständlich?*

Ja. Aber sehen Sie denn nicht die Gefahr, daß sich jetzt so ein allgemein undifferenziertes, ja haßerfülltes Bild vom MfS in der Geschichte festsetzt?

□ *Sie meinen, daß vielleicht Ihr Enkel in 20 Jahren erfährt, daß Sie beim MfS waren und sagt: »Mein Gott, was muß das denn für ein Mensch gewesen sein?«*

Ja. Sehen Sie mal: Ich habe heute meinen Enkel ein bißchen eher vom Kindergarten abgeholt. »Opa«, sagt er, »wie kommt denn das. Du hast mich jetzt schon ein paar Mal abgeholt. Dein Chef läßt Dich wohl jetzt immer eher gehen?« Der Junge wird sechs Jahre. Aber was sag ich ihm denn? ...
Wir haben doch unsere Probleme selbst noch nicht bewältigt. Ich will auch keine Bemerkungen machen, die er heute aus Unverständnis nicht verarbeiten kann. Wir müssen sehen, daß er in diese Welt paßt. Ihn zum Demokraten, zum Humanisten zu erziehen, darin liegt jetzt unsere Verantwortung. Ich will nicht, daß er mir Vorhaltungen macht. Wie jetzt meine Tochter. Sie sagt: »Vater, die ganzen Jahre hast du mir ein Bild vorgezeichnet. Hast gesagt, wofür du bist, was du machst. Was ist denn nun hier herausgekommen? ... Und ich bin selbst schon ein Stück deines Weges gegangen.«

□ *Und Ihre Frau!? Wie reagiert sie jetzt? Sie ist doch viel weiter mit Ihnen gegangen als Ihre Tochter. Hat sicherlich auch viel Persönliches zurückstellen müssen. – Ihretwegen!*

Meine Frau macht mir keine Vorwürfe. Sie ist eher in Sorge um mich. Aber weil Sie das Persönliche ansprachen: Ich glaube, daß ich heute vielleicht einiges gutmachen muß. Ich versuche, mehr zu geben, als das früher möglich war ... Aber das ist einfach gesagt ...

□ *Warum glauben Sie, etwas gutmachen zu müssen?*

Ich habe jeden Tag zwischen zwölf und vierzehn Stunden gearbeitet. Wenn ich die Sonnabende im Jahr zähle, an denen ich zu Hause war, komme ich vielleicht auf zwei, drei ... Dazu kommt, daß uns beiden, also meiner Frau und mir, nach dem Studium eine Aspirantur in Moskau angeboten wurde. Doch in dieser Zeit kam das MfS auf mich zu ...

□ *Was hat Ihre Frau damals dazu gesagt?*

Sie hat zu mir gestanden. Meine Frau kommt aus einem weniger politischen Elternhaus. Und so hat sie auch meine Tätigkeit mit größeren Ängsten reflektiert. Sie war, als ich meine Tätigkeit begann, was die Öffentlichkeit betraf, sehr mit Sorge erfüllt. Das Entscheidende war eigentlich ihr Vertrauen zu mir.

□ *Ihre Frau hat aufgrund Ihrer Beziehung zu Ihnen gestanden?*

Ja. Weniger aus politischer Motivation.

□ *Hat es bei Ihnen zu Hause in den letzten Jahren vermehrt Diskussionen gegeben?*

Ja. Sicher. Meine Frau wurde ja auch mehr und mehr politisch aktiv. Da gab es also immer Diskussionen. Mal kontrovers. Mal übereinstimmend. Wie das Leben so ist.

□ *Hat auch Ihre Frau unter dem Haß gegenüber dem MfS zu leiden?*

... Man hat ihr gekündigt. Nach fast 30 Berufsjahren. ... Und sie hatte beruflich nie mit dem MfS zu tun! ...

□ *Sie haben auf eine Aspirantur in Moskau verzichtet. Das war doch damals etwas sehr Erstrebenswertes. Dagegen die völlig unklare Zukunft im MfS ...*

Ich muß Ihnen sagen, das war einfach ein Parteiauftrag. Und den habe ich ausgeführt.

□ *Innerlich widerstrebend?*

Widerstrebend ist vielleicht nicht richtig. Einkalkulierend, daß da etwas Ungewisses auf mich zukommt. Entscheidend aber war die Disziplin. Die Disziplin aus der Überzeugung heraus.

□ *Zu etwas anderem: Als wir die Konzeption für dieses Buch erarbeiteten, haben wir auch darüber geredet, daß die Staatssicherheit eine in gewissem Sinne elitäre Organisation war. Zumindest sehr mächtig. Sind dadurch nicht Machtgelüste des einzelnen begünstigt worden? Bei Ihnen klang das vorhin so, als wären das alles ganz harmlose nette Kerle gewesen ...*

Ich schließe aber nicht aus, was Sie sagten. Es gab da nicht nur so ganz Edle. Ich muß Ihnen sagen, manche Genossen waren mit ihrem Vorgesetzten überhaupt nicht einverstanden, weil der eben von seiner Persönlichkeit und seinen Anschauungen her das notwendige Vertrauen nicht rechtfertigte. Aber es dauerte eben lange, bis der von seinem Posten entfernt wurde. Manchmal passierte auch gar nichts. Ich will das gar nicht in Abrede stellen.

□ *Sind Sie selbst schon mit solchen Leuten konfrontiert gewesen?*

Ja. Es hat da in meiner Tätigkeit eine Sache gegeben. Das liegt aber viele, viele Jahre zurück, das war im Herbst 1965 ...

□ *Ging es da um politische Meinungsverschiedenheiten?*

Ja. Ich hatte eine andere Auffassung zum sogenannten Beat-Krieg als mein Vorgesetzter. Die Folge waren persönliche Repressalien.

□ *Ist daraus nicht eine Angst vor dem Apparat erwachsen?*

Nein. Damals hat sich Gerechtigkeit durchgesetzt. Der Leiter wurde wegen Amtsmißbrauch und persönlicher Bereicherung von seiner Funktion entbunden und aus dem Organ ausgeschlossen. Für mich war klar, daß es zu bestimmten Zeiten Kontrollen über mich gibt. Aber da ich in Offenheit und Ehrlichkeit lebte und gearbeitet habe, hatte ich nichts zu befürchten. Ich sah das als eine Sache an, die zur Arbeit dazugehört. Das müssen Sie in Kauf nehmen, das gehört zu einem solchen Sicherheitsapparat dazu. Schauen Sie mal, im Moment geht doch der Bundesnachrichtendienst ungemein an Mitarbeiter heran, um Informationen zu bekommen. Das war aber schon vorher so. Und da bedarf es einfach Maßnahmen der inneren Sicherheit.

□ *Im Vergleich zu anderen Bereichen: Haben die Strukturen im MfS Ihrer Meinung nach Machtmißbrauch begünstigt? Der einzelne hatte doch Befugnisse, die über den Rahmen des Normalen weit hinausgingen.*

Es wäre manchmal gut gewesen, wir hätten bei Feststellung ungesetzlicher Dinge in unserer Entwicklung eine solche Macht gehabt, wie uns heute nachgesagt wird. Das Problem ist eigentlich eine Verflechtung gewesen, die auf höchster Ebene außerordentlich ungünstig, also zum Nachteil des Staates war. Und daher resultiert auch diese Frage der Macht. Was Mielke und Honecker betraf und alle anderen oben auch, die haben sich ja nicht anders verhalten. Verstehen Sie, diese Vorstellung von Macht, so hat sich das nie abgespielt. Es war auch schon seit Jahren nicht mehr so, daß die Staatssicherheit, wie beispielsweise in den Gründerjahren, tun und lassen konnte, was sie wollte. So war das nicht, wirklich nicht.

□ *Trotzdem wollen wir noch einmal auf den einzelnen Mitarbeiter zurückkommen. Er hatte doch einen gewissen Entscheidungsspielraum. Es kontrollierte doch niemand ...*

Ich will Ihnen ein Beispiel erzählen: Wir haben bei uns harte Auseinandersetzungen gehabt, wenn jemand leichtfertig mit einer Bestätigung eines Reisekaders vorging. Da wurde ich böse, wenn die Dinge an den Haaren herbeigezogen waren und möglicherweise als ein Grund angesehen wurden für eine Ablehnung. Das waren Eingriffe in die Persönlichkeit eines Menschen, das konnte er nicht machen.

□ *Da wird das Problem offensichtlich: Sie haben vielleicht darauf geachtet, Sie wissen aber nicht, ob es Ihr Kollege in Halle genauso hielt.*

Sicherlich, da gab es unterschiedliche Vorgehensweisen.

□ *Also waren doch die Entscheidungen viel zu subjektiv gefärbt!*

Es gab zunächst Befehle und Weisungen, und dennoch ist es so, daß es die Möglichkeit der subjektiven Auslegung gab. Das hing in hohem Maße davon ab, wie sich der einzelne identifiziert mit bestimmten Dingen. Da räume ich nicht aus, daß der Kollege in Halle in bestimmten Fällen anders entschieden hat.

□ *Da gab es also eine gewisse Willkür! Es oblag dem einzelnen, ob er das ausnutzt oder nicht!*

Ja, nur mal ein Beispiel: Wir waren die einzige Bezirksverwaltung in der DDR, wo die Reisekader vom Stellvertreter des Chefs für operative Arbeit bestätigt werden mußten. In anderen BVs machten das die Abteilungsleiter allein. Wir wollten jeden Mißbrauch, jede subjektivistische Beurteilung weitestgehend ausschließen.

□ *Heißt das nicht, daß Verantwortung lediglich an andere delegiert wurde? In diesem Fall nach oben?*

Bei uns kamen in diesem Fall mehr Befürwortungen heraus.

□ *Ja, sicher. Aber an der Stelle des Stellvertreters, der mehr befürwortete, hätte ja nun auch einer sitzen können, der mehr ablehnt!*

Nein. Diese Absprache hatten wir ja aus einem bestimmten Grund getätigt. Das ergab sich aus der Situation nach 1985, als Gorbatschow kam. Wir wollten ein neues Demokratieverständnis und sind dann kontinuierlich darangegangen, dies in Dingen umzusetzen, die wir verantworten konnten. Das Anliegen, über die Reisekader auf breiterer Basis zu entscheiden, entstand aus der inneren politischen Situation.

□ *Gab es Einspruchsmöglichkeiten für Sie?*

Ja. Da wurde gemeinsam entschieden.

□ *Weil wir gerade bei Reisekadern sind. War es nicht so, daß bei Reisekadern prinzipiell die Telefone abgehört wurden, um ihre politische Zuverlässigkeit zu überprüfen?*

Nein, so war das nicht. Es mußte ein begründeter Verdacht vorliegen. Diesen mußten die verantwortlichen Mitarbeiter ausführlich schriftlich fixieren. Der Abteilungsleiter mußte sein Einverständnis geben. Dann ging das Ganze an den Hauptabteilungsleiter in Berlin im Ministerium. Der hatte dazu noch einmal eine Stellungnahme abzugeben. Das letzte Wort hatte der Stellvertreter des Ministers. Unter allen Anträgen ist auch seine Unterschrift. Man könnte das genau nachprüfen.

□ *Wer entschied, bei wem Briefe geöffnet wurden?*

Das lief innerhalb der Bezirksverwaltung.

□ *Sie haben von einer Verflechtung auf der Ebene Honecker – Mielke gesprochen. Welches Verhältnis hatten Sie zu Mielke? War er für Sie Ihr Minister, dessen Befehl Sie unbedingt zu akzeptieren hatten? Oder gar eine Art Hoffnungsträger? Entschuldigen Sie die Bezeichnung, aber waren Sie Mielke-Fan?*

Ich habe immer geglaubt, daß Mielke im Politbüro derjenige ist, der reale oder kritische Positionen einbringt. Ich war beispielsweise im September in Berlin zu einer Dienstberatung. Im Gespräch wurde immer gesagt, daß unser Minister Einfluß darauf nimmt, daß von der DDR Schaden abgewendet wird. Daß sich die Entwicklung zum Positiven wendet.

□ *Sie meinen im Sinne einer politischen Lösung?*

Ja.

□ *Haben Sie Mielke persönlich kennengelernt? Wenn ja, was hielten Sie von ihm!?*

Erstmal war er unser Minister, dessen Befehle durchgeführt werden mußten. Ich habe ihn in Dienstversammlungen erlebt. Insbesondere in den letzten fünf Jahren gab es eine Reihe konträrer Auffassungen. Beispielsweise zu Fragen der ökonomischen Entwicklung, dem politischen Untergrund, des Sportes, zur speziellen Rolle der Kirche, zu Fragen der Reisekadertätigkeit.

□ *Gab es Diskussionen mit ihm?*

Nein, das war reiner Befehlsempfang.

□ *Hat es mal jemand probiert?*

Nein. Nicht, daß ich wüßte. Aber ich möchte nochmal zum Sport zurückkommen. Zum BFC. Da spielte unsere Mannschaft in Berlin, und ich mußte mit hoch. Als Verantwortlicher der Sicherheit. Damit der Lok-Anhang in Berlin keinen Ärger bereitet. Und dann stürmten doch die BFC-Anhänger auf unsere Fans los. Ich forderte, daß man schnell reagieren und eingreifen sollte. Mielke saß wie immer auf seinem angestammten Platz. Und er reagierte einfach nicht. »Wir tun zu gegebener Zeit schon was.« Das war seine Meinung. Da geriet ich dort in meinem Eifer etwas außer Kontrolle und wurde erstmal sanft diszipliniert. Die Fans gingen aufeinander los. Und das bekam man dann doch nicht so in den Griff ... Das hat mich innerlich irgendwie befriedigt.

□ *Schließlich und endlich möchten wir noch auf die Tage der Wende zurückkommen. In Leipzig arbeitete die oppositionelle Bewegung schon sehr lange und sehr intensiv. Sie haben selbst bestimmte Ursachen dafür erkannt, man denke an Ihre Umweltanalyse. Haben sich daraus in Leipzig bestimmte politische Konsequenzen ergeben, die so in anderen Bezirksverwaltungen nicht gezogen wurden?*

Ja. Ich denke schon. Es war seit längerem die Überzeugung da, daß das, was sich in diesem Land entwickelte, unbedingt einer politischen Lösung bedarf. Aus diesem Grunde, denke ich, gab es auch keine Waffenanwendung. Ich habe zum Beispiel in dieser Zeit, nach dem 9. Oktober, alle Waffen meiner Genossen in einem Raum einschließen lassen, zu dem nur ich den Schlüssel besaß. Damit hier keiner durchdrehte. Ich muß das mal so sagen. Es bedurfte bei uns demokratischer Verhältnisse. Es nützte nichts, daß wir bloß redeten von den Blockparteien, die waren doch entmündigt. Man hätte reagieren müssen ... Es ist hier in Leipzig nicht mehr zu gravierenden Auseinandersetzungen gekommen. Ich glaube, daß man das in Betracht ziehen muß. Nicht zur Rechtfertigung, aber zur Beurteilung der Mitarbeiter, die in Leipzig Verantwortung getragen haben. Nach dem Oktober ist auch keiner mehr aus dem Apparat zu Sicherungszwecken zu den Demonstrationen gegangen.

□ *Wann? Nach dem 9. Oktober?*

Ja. Da gab es keine Einsätze mehr. Vorher waren ja immer noch Mitarbeiter von uns da. Und ich muß Ihnen sagen, daß es auch manchmal ziemlichen Unsinn gegeben hatte. Wir hatten beispielsweise Hinweise, daß sich bestimmte Personen als Mitarbeiter des MfS ausgeben und gegen die Kameras des westlichen Fernsehens vorgehen sollten. Da haben sich dann unsere Mitarbeiter vor die Medienleute gestellt, um sie vor Provokationen zu schützen. Also auch solchen Unsinn gab es. Bloß darüber redet niemand.

□ *Sie sagen, daß es nach dem 9. Oktober keine Einsätze mehr gab. Dokumente, die dem Bürgerkomitee vorliegen, sagen allerdings aus, daß nach dem 16. Oktober Mitarbeiter der Bezirksverwaltung unter den Demonstranten waren …*

Ich habe mich nicht korrekt ausgedrückt. Im Sinne der Observation, der Information, wohin und wie sich der Demonstrationszug bewegt – da haben Sie recht. Allerdings gab es keine Einsatzbefehle mehr, daß Mitarbeiter aktiv vorgehen sollten. Das gab es nicht mehr.

□ *Nach dem 9. Oktober waren hier regelmäßig zwei- bis dreihunderttausend Leute auf der Straße. Der Zug marschierte Montag für Montag an der Bezirksverwaltung vorbei. Losungen gegen die Stasi wurden skandiert. Wie haben Sie diese Situation empfunden? Welches Verhältnis hatten Sie zur Masse auf der Straße?*

Es war so, daß mir die Ursachen dieser Demonstrationen klar waren. Ich wollte den Dialog. Nur der kam ja nicht zustande. Und ich verhehle nicht, daß da auch Angst war. Deshalb wollte ich an die Öffentlichkeit …

□ *Haben Sie das versucht?*

Ja. Es hatten sich ein paar Mitarbeiter zusammengefunden. Wir schrieben an die Leipziger Volkszeitung. Wie wir über die Wende denken, über unsere Arbeit. Wir haben vorgeschlagen, das damalige Amt für nationale Sicherheit aufzulösen, das Objekt durch Militär oder Polizei sichern zu lassen und die Regierung aufzufordern, daß eine Untersuchungskommission unter Leitung des Militärstaatsanwaltes gebildet wird. Der Brief wurde nie abgedruckt. Ähnliche Vorschläge gingen unmittelbar nach der Besetzung der Bezirksverwaltung auch an die Regierung. Ich hatte zwei Mitarbeiter nach Berlin geschickt. Doch auch dort tat sich nichts.

□ *Noch eine Frage zur Besetzung. Wie erlebten Sie diese und Ihre Mitarbeiter?*

Ich habe versucht, sachlich an die Dinge heranzugehen. In der Nacht der Besetzung habe ich eine 6-Punkte-Anweisung an meine Mitarbeiter gegeben zur sachlichen Zusammenarbeit mit dem Bürgerkomitee.

□ *Mitten in der Nacht? Und das hat Ihnen keine Mühe gemacht?*

Natürlich ... Es war furchtbar. ... In meinem Innersten war es furchtbar.

Zur Zeit tätig als Mitarbeiter in einem privaten Betrieb

*»Es bestand doch gar kein Handlungs-
bedarf, daß ich mich
wie Gorbatschow verhalten muß.«*

Persönlicher Referent; Leipzig, April 1990

18 Monate Armee, Lehre, technischer Beruf ... Der Arbeit ging er mit Engagement nach, hatte perspektivisch große Chancen. Aber als das Angebot vom Ministerium für Staatssicherheit kam, sagte er sofort zu. Ohne zu wissen, welche Art von Tätigkeit er aufnehmen wird. Und ohne genaue Vorstellungen von Aufgabenbereichen des Organs. Sein Weg ging steil nach oben – vom Mitarbeiter der Kaderabteilung in verschiedenen Funktionen zum Mitarbeiter in einer hohen, beratenden Funktion. Nebenbei studierte er in Potsdam, um später zum Abteilungsleiter zu avancieren. An der Richtigkeit seines Tuns zweifelte er bis zum letzten Tag des Ministeriums nicht. Auch nicht an der Richtigkeit seiner Überzeugung. Auch nicht an der Richtigkeit seines Feindbildes. Selbst die ARD- und ZDF-Tasten waren für ihn und seine Familie bis vor drei Jahren tabu.
Nach seinen politischen Motiven befragt, wußte er nicht so genau Auskunft zu geben: »Naja, ich wollte dem Volk dienen und empfand es auch als Ehre, für diese verantwortungsvolle Tätigkeit ausgewählt zu sein.« Ein ganz wichtiges, persönliches Motiv war der Reiz, hinter verschlossene Türen zu schauen, Verbrechen aufzuklären. »Wo ich das nun mache, ob als Kriminalist oder als Mitarbeiter der Staatssicherheit, das war mir egal ...«

□ *Für Sie machte es keinen Unterschied, ob Sie bei der Kriminalpolizei oder beim Ministerium für Staatssicherheit anfangen. Welche Vorstellungen hatten Sie vom MfS?*

Als die Frage stand, den Dienst im MfS aufzunehmen oder nicht, hatte das MfS bis dahin für mich überhaupt keine Rolle gespielt. Ich habe über die Tätigkeit des MfS so gut wie überhaupt nichts gewußt. Ich hatte weder positive noch negative Erfahrungen. Für mich war das Ministerium für Staatssicherheit ein bewaffnetes Organ, von dessen Aufgabenstellungen ich nur unbestimmte Vorstellungen hatte. Kundschafter und Spionageabwehr – das war für mich klar, Personenschutz ...

□ *Und Fragen der Überwachung im Innern?*

Da hatte ich gar keine Vorstellungen. Ich hatte ja auch keine Berührungspunkte damit. Für mich stand nur die Frage, ob VP oder MfS. Das war egal. Für mich stand echt die Frage, mich dafür einzusetzen, daß die Entwicklung durchgesetzt, die Ideale, die ich ja letzten Endes hatte, verwirklicht werden. Im MfS sah ich an und für sich eine Möglichkeit dazu.

□ *Hätten Sie diese Möglichkeit in Ihrem ursprünglichen Beruf nicht gehabt?*

Die Arbeit, die ich vorher gemacht habe, hätte ich niemals aufgegeben. Ich bin kein gescheiterter Mensch. Ich war ein normaler Arbeiter in einem Industriebetrieb. So. Und hätte dort genauso meine Entwicklungschancen gehabt. Und war dort auch fest integriert. Es ist nicht so, daß ich ein gescheiterter Mensch war und nun unbedingt eine neue Existenz brauchte. So war es nicht!

□ *Sie entschieden sich für das MfS. Hatten Sie positive Erfahrungen mit bewaffneten Organen?*

Ich muß dazu sagen, daß ich keine drei Jahre bei der Armee gewesen bin. Also zu sagen: Pioniere, FDJ, drei Jahre Armee und dann MfS ... Das ist nicht so. Mich hat damals keiner rumgekriegt, drei Jahre zu gehen.

□ *Warum haben Sie das abgelehnt? Das wäre auch ein Dienst für das Volk gewesen. Und auch ein militärischer Dienst.*

NVA wäre für mich nicht dasselbe gewesen. Das geht mir zu sehr nach Befehlen. Gut, wir haben hier auch nur nach Befehlen und Weisungen gearbeitet. Aber das war für mich vom Verständnis her etwas anderes.

□ *Es hätte Sie gestört, jeden Tag nach Befehlen durch den Schlamm zu kriechen?*

Ja, das wäre nichts für mich gewesen. Während der eineinhalb Jahre Armeezeit bin ich oft angesprochen worden, Berufsoffizier zu werden. Aber für mich gab es nichts anderes, als in dem Beruf zu arbeiten, den ich erlernt hatte, dort weiterzukommen.

□ *Aber Sie haben sich dann doch gegen Ihren Beruf entschieden.*

Ja, aber das war ein paar Jahre später. Ich war dann nicht mehr der junge Spund, hatte einen Reifeprozeß durchgemacht. Das klingt komisch. Ich habe zum Beispiel in der Schule FDJ-Arbeit gemacht, Stadtbezirksleitungsmitglied und so etwas. Was mich letzten Endes immer gereizt hatte, war die Kriminalpolizei. Das hätte ich jederzeit gemacht.

□ *Sie empfinden diesen Reifeprozeß als positiv?*

Ja, ich sehe das als Persönlichkeitsentwicklung und -festigung. Man will sich sein Leben aufbauen, etwas erreichen, hat eine Familie und Verantwortung. Das ist eine echt positive Geschichte.

□ *Sie lenkten sich selber auf eine gerade Bahn. War das nicht mit Einschränkung verbunden?*

Nein, ich habe das nie als Einschränkung empfunden.

□ *Trotzdem steht noch die Frage: Warum hatte ausgerechnet die Kriminalpolizei diese Anziehungskraft für Sie?*

Ich habe immer mit dem Gedanken gespielt: Kriminalpolizei. Nicht, weil ich nun Verbrecher jagen wollte, aber ich dachte, daß mir das liegt. Es ist schwer, das darzustellen. Vielleicht, sich in einem Problem festzusetzen, sich festzurennen, sich mit einem Problem auseinanderzusetzen. Eben einen Mörder zu finden oder einen Verbrecher. Das bis zuletzt zu klären und ihn seiner Strafe zuzuführen. Das war für mich die Sache. Tag und Nacht hätte ich dafür geopfert.

□ *Sie gingen dann zum MfS, das nach Ihrer Meinung in Arbeitsstil und Aufgabenstellung der Kriminalpolizei sehr ähnlich war. Sicher gab es noch weitere Gründe, die Sie zur Zusage veranlaßten? War auch ein wenig Stolz dabei, zu solch einer elitären Einrichtung zu gehören?*

Nein, das habe ich nicht so empfunden. Stolz, einer derjenigen zu sein, die entscheidend für die Entwicklung in unserer Republik und für die Sicherheit wirken – das ja. Stolz sagen zu können, jetzt ist jemand zu mir gekommen und hat mich gefragt, willst du dort arbeiten. Weil wir im Auftrag der Partei arbeiten. Krenz hatte gesagt: Schild und Schwert ... Und letzten Endes war das so. Aber Sich-Wichtig-Fühlen, das war für mich nie so von Bedeutung.

□ *Aber man hat es doch immer sehr einfach gehabt, ist mit seinem Ausweis überall hereingekommen, fand überall offene Türen vor ...*

Das stimmt. Aber das war für mich nicht entscheidend, wenn ich irgendwohin kam, daß mir nun alle die Türen aufmachten. Natürlich, als normaler Bürger ist man nicht so weit gekommen. Aber das war für mich nicht das Maß der Dinge. Ich wollte nicht irgendwie Macht ausspielen.

□ *Ich meine auch wichtig im Sinne eines bestimmten Berufsethos.*

Das auf jeden Fall. Ich empfand es als eine echte Verpflichtung. Als eine Ehre, mit dafür ausgewählt zu sein. Denn ich bin ja nicht hingegangen und habe gesagt: Ich will zur Staatssicherheit!

□ *Gab es für Sie die materielle Motivation?*

Kaum. Ich habe damals nicht allzu viel verdient. Aber so viel mehr war das im MfS nicht.

□ *Wenn Sie vorher nicht wußten, wie Sie eingesetzt werden, keine materiellen Erwägungen hatten und sich kaum Vorstellungen von der Arbeit machen konnten, dann bestand Ihre Bereitschaft aus politischem Enthusiasmus ...*

Ja. Enthusiasmus! Die Kadergespräche waren immer so aufgebaut: Ist der Mensch bereit, von der politischen Einstellung her diese Aufgabe zu übernehmen. Die politische Einstellung war das Grundproblem.

□ *Welche anderen Charaktereigenschaften waren ausschlaggebend für die Tätigkeit im MfS?*

Das klingt jetzt ein bißchen abgedroschen: Einsatzbereitschaft. Letzten Endes die Bereitschaft, zu jeder Zeit da zu sein. Dann die Frage der Zuverlässigkeit, der Ehrlichkeit. Auch Verschwiegenheit. Grundvoraussetzung: Der Mensch muß unantastbar sein.

□ *Niemand ist unantastbar.*

Nein. Es ging in erster Linie darum, daß keine Ansatzpunkte vorhanden sind für gegnerische Geheimdienste ... Aber auch Gewinnsucht, Überheblichkeit usw. wären nicht gut gewesen.

□ *Niemand ist vor so etwas gefeit. Sehen Sie das Beispiel Erich Honecker. Er hat für seine Ideale in Brandenburg gesessen und sie dann mißbraucht ...*

Na sicher. Aber man muß ein paar Ausgangspunkte haben. Man kann sich das anerziehen. Sich selbst. Nicht anerziehen lassen. Und dazu müssen bestimmte Ausgangswerte da sein.

□ *Sie begannen Ihre Tätigkeit weit entfernt von Ihrem Traum Kriminalistik in der Bezirksverwaltung. Brachte das Probleme mit sich?*

Das stimmt, in meinem Traumberuf habe ich nie gearbeitet. Und trotzdem haben mich meine Aufgaben erfüllt. Ich war bedingungslos bereit, mich dieser Aufgabe zu stellen. Nicht unter dem Gesichtspunkt: Mit Scheuklappen und Brettern! ... Außerdem hatte ich doch ein bißchen mit Ermittlungstätigkeit zu tun. Aber ich erzähle doch nicht alles.

□ *Ermittlungstätigkeit in der Kaderabteilung?*

Nicht im Sinne von echten Prozessen. Aber ansonsten ... Wir waren doch keine herkömmliche Kaderabteilung! Klar mußte ich ermitteln, zum Beispiel auf der Disziplinarstrecke und bei der Kaderauswahl. Da hat man sich umfassend über das Umfeld des Betreffenden informiert.

□ *Ist das nicht Bespitzelung?*

Schauen Sie mal, wenn man bei der Kripo einen Sachverhalt klären muß, dann braucht man auch diese Ermittlungen. Ich will damit nicht sagen, daß die Kripo konspirativ arbeitet. Aber bestimmte Legenden sind da auch notwendig.

□ *Bei der Kripo liegt im Gegensatz zu Kaderfragen eine strafrechtliche Relevanz vor.*

Ich kann an diesen Ermittlungen in Familie, Wohngegend und Arbeitskreis des Betreffenden nichts Negatives finden. Ich bespitzele den nicht, ich ermittle über ihn. Das würde ich auch heute noch machen. Wirklich. Ich habe das und alles andere aus echter Überzeugung getan. Vielleicht bin ich da vernagelt. Aber ich bin darin aufgegangen.

□ *Es steht ja nicht unbedingt die Frage zwischen völligem Konformgehen und völliger Ablehnung, zwischen Aufgehen und Resignation. Es gibt auch noch etwas dazwischen. Es gab schließlich auch in der SED seit 1985, seit Gorbatschow, Diskussionen über die Politik der Partei.*

Ich habe das Gorbatschow-Buch auch gelesen. Wissen Sie, welche Frage mir am 4. Dezember nach dem Sturm der BV gestellt wurde? Da hing im Raum ein Bild von Gorbatschow. Und die Leute vom Bürgerkomitee haben mich gefragt, warum der Gorbatschow dort hängt. Da habe ich gesagt, wieso soll er nicht da hängen. »Seit wann hängt er dort?«, fragten die. »Seitdem er Generalsekretär ist!« »Warum haben Sie denn nicht so gearbeitet?« Ich habe ihnen gesagt, daß ich diese Frage nicht beantworten könne. Weil der Mann für mich nie etwas Negatives dargestellt hat. Ja, ich habe mich identifiziert mit seinen Vorstellungen.

□ *Das war aber ein ganz krasser Widerspruch. Seine Vorstellungen und unsere Realität in der DDR.*

Die Realität vielleicht, aber die Ideale, die wir hatten, die ich hatte, erfüllt haben wollte, waren doch die gleichen. Und ich habe immer eine Begründung gefunden für die Situation hier. Zum Beispiel, daß wir keine Devisen hatten, daß die BRD uns immer im Nacken saß. Nicht, daß ich eine Ausrede gebraucht hätte …

□ *Beim Thema Demokratieverständnis allerdings wurden die Unterschiede zwischen Gorbatschows Glasnost und der DDR-Realität sehr deutlich. Das müssen Sie doch gerade in Ihrer Arbeit mitbekommen haben. Die Ideale waren vielleicht die gleichen, aber die Wege dorthin waren seit Gorbatschow sehr unterschiedlich. Und Offenheit im Sinne von Glasnost hielten auch hier viele für den besseren Weg.*

Wenn ich das jetzt resümiere, dann war unsere Methode nicht richtig. Aber damals war ich davon überzeugt, daß das, was wir als MfS an Informationen erarbeiteten und an die Partei- und Staatsführung hochgaben, zu richtigen Entscheidungen führte. Zumindest habe ich immer gesagt, ich bin ein Baustein, und ich trage mit meiner Arbeit dazu bei, daß wir bestimmte wirtschaftliche Situationen überwinden.

□ *Wie stand es um die Rückkopplung bei Analysen und Berichten, die Sie an die Partei- und Staatsführung sandten?*

Ich hatte nur zum Schluß etwas mehr Einblick. Man hat gespürt, daß nicht allzuviel damit passiert. Und trotzdem muß ich sagen, war ich davon überzeugt, daß irgendwann einmal jemand auf den Trichter kommt und etwas aus den Informationen macht. Jetzt im Nachhinein ist es das, was mich am schwersten trifft. Daß ich so viele Ideale hatte. Daß ich dachte, die Leute, die damals die Parteiführung waren, treffen die richtigen Entscheidungen. Naja, und jetzt sind alle schwer krank. Mir muß jetzt keiner sagen: Mensch, hast du das nicht gemerkt, daß der 77 ist oder 82. Das habe ich gemerkt, das ist schon klar. Da war ich auch überzeugt, mit 82 muß keiner mehr Minister sein. Aber letzten Endes habe ich wirklich gedacht, man müßte das mit unserem Material pakken. Von der Basis ausgehend. Aber wahrscheinlich fehlte mir da der Bezug zur Realität. Wir Mitarbeiter waren ja fast nur unter uns. Insofern haben wir schon abgekapselt gelebt.

□ *Ist Ihnen aufgefallen, daß es gerade in den letzten Jahren eine ungünstige Verschiebung der Aufgabenstellungen innerhalb des MfS gab?*

Das muß jeder gemerkt haben. Wenn das MfS zum Fußball gehen muß, Kohleeinsätze und Sportfeste organisiert, dann kann das nicht richtig sein.

□ *Wir meinten eigentlich eine andere Verschiebung. Aber dazu später. Konnten Sie denn die Probleme, die Sie beschäftigten, artikulieren?*

Wem sollte ich das sagen. Untereinander haben wir gesagt, daß es Quatsch ist, zum Fußball zu gehen.

□ *Gab es keine Anfragen an den Minister?*

Nein, das gab es nicht.

□ *Es konnte nichts in Frage gestellt werden?*

Ich kenne solche Beispiele nicht. Auch ich hätte nie dem Minister geschrieben, wenn mir etwas nicht paßte.

□ *Und dem BV-Chef?*

Das ging nicht, würde ich behaupten. Ohne daß ich jetzt den genauen Durchblick habe. Auch wenn ich zutiefst überzeugt davon war, daß es nicht richtig ist, mit 100 Mann zum Fußball zu gehen, bin ich nie auf die Idee gekommen, mich zu beschweren. Ich glaube, das ist anders als in normalen Betrieben und hat schon zu tun mit bestimmten Weisungen und Befehlen. Mit dieser Struktur. Man hat sich offensichtlich dort ohne weiteres gefügt. Das war eben so. Man hat gesagt, das ist eine Notwendigkeit, um Ordnung und Sicherheit zu gewährleisten, und dann ist man eben zum Fußball gegangen. Man hat darüber gesprochen, ohne etwas zu ändern. Ohne verändern zu wollen.

□ *Hat Sie nicht stutzig gemacht, daß es kein gesundes Verhältnis zum Volk mehr gab, das man eigentlich schützen wollte? Es gab doch nachweisbar Spitzeltätigkeit.*

Was dort auf dieser Linie lief, in der Abteilung XX oder so, darüber haben die Mitarbeiter nichts Genaues gewußt. Der Großteil der Mitarbeiter hat das nicht gewußt. Eine Ahnung hatte man sicher davon, aber mir kamen keine Zweifel.

□ *Gab es irgendwann Überlegungen, daß die Arbeit des Ministeriums die Kluft, die es zwischen der Partei und der Bevölkerung gab, noch verstärkte?*

Ich muß Ihnen sagen, ich habe diese Kluft überhaupt nicht so gesehen. Also ich habe das Ausmaß dieser Kluft, dieses Hasses der Menschen auf die Staatssicherheit, so wie sich das heute darstellt, überhaupt nicht erlebt. Mir war nie bewußt, daß so viele Menschen so viel Schlechtes von der Staatssicherheit denken. Also als Mitarbeiter hat man diese Angst nicht. Ich gehörte ja dazu. Für mich war die Staatssicherheit nichts Mysteriöses. Ich habe insofern auch nichts dabei empfunden, wenn die Leute gesagt haben, wenn sie hier an dem Haus vorbeilaufen, dann bekommen sie Angst. Ich habe mir immer bloß die Frage gestellt: Warum haben die Leute denn Angst? Soviel schlechte Erfahrungen können sie doch gar nicht gemacht haben. Sie sind hier nicht gefoltert worden oder so etwas. Und trotzdem haben die Leute Angst gehabt.

□ *Foltern kann man aber ebenso psychisch. Was dachten Sie von dem Spruch »Freiheit ist auch die Freiheit der Andersdenkenden«, was hielten Sie von Freya Klier, Stefan Krawczyk? Haben Sie diese Leute als Feinde angesehen?*

Für mich waren beide, oder überhaupt alle Andersdenkenden, Feinde der DDR. Ich habe das nicht anders empfunden. Warum, das kann ich nicht klar beantworten. Es hat auch mit der Einschätzung zu tun, dies wäre die Konterrevolution. Für mich waren das Leute, die einen Schritt dazu tun.

□ *Und das Luxemburg-Zitat?*

Die Frage beantworte ich jetzt nicht, weil die letzte Zeit mich dort eines besseren belehrt hat.

□ *Uns würde interessieren, was Sie damals dachten, und wie Sie heute darüber urteilen.*

Da denken die Leute, ich bin bekloppt. Also wir waren bekloppt. Ich würde mich als Menschen einschätzen, der immer kritisch alle Probleme sieht und auch alles kritisch durchdenkt. Aber ich muß Ihnen sagen, diesen Satz habe ich mir überhaupt nicht durchdacht. Der Satz war nicht richtig, wurde gesagt. Er sei aus dem Zusammenhang gerissen. Und das hat mich überzeugt. Ich habe mir nicht einmal die Mühe gemacht, zu suchen, wo steht denn das, was steht da vorneweg und hinterher.

□ *Sie haben also die angebotene Argumentation angenommen. Gab es eine Situation, in der Sie gesagt haben, nein, hier stimmt etwas nicht, beim »Sputnik«-Verbot beispielsweise?*

Mit dem »Sputnik«-Verbot war ich auch nicht einverstanden. Weil ich das idiotisch fand. Es ergab keinen Sinn. Es war eben eine echt idiotische Entscheidung.

□ *Kommen wir von der Politik zur Familie: Inwieweit hat Ihre Familie das alles mitgetragen?*

Dazu muß ich sagen: Wir sind verheiratet und deshalb erübrigt sich die Frage, ob meine Frau das alles mitgetragen hat. Da konnte ich mir nichts besseres wünschen. Weil das echt eine Belastung war. Sie hatte sehr großes Verständnis für die hohen Belastungen, denen ich mich zu stellen hatte.

□ *Was war dabei ausschlaggebend, die politische Überzeugung oder die Partnerschaft?*

Ich würde sagen, beides. Meine Frau wäre nie zum MfS gegangen. So politisch überzeugt war sie nicht. Deswegen hatte sie keine negative politische Meinung. Aber sie hat auch gesagt, das würde sie nie machen. Ich habe immer entscheiden müssen und entschieden, was zu machen ist in meiner Zeit. Also wenn eben Sonnabend Dienst war, dann habe ich Dienst gemacht. Da habe ich sie nicht gefragt.

□ *Konnten Sie in Ihrer Familie offen über Ihre Arbeitsprobleme reden?*

Meine Frau hat überhaupt nichts gewußt. Nein. Erst als ich

die letzte höhere Funktion hatte, mußte ich ihr schon mal etwas sagen. Nicht, daß sie erschrickt, wenn wir mal irgendwo zusammenkommen und sie fragt, wer ist denn das ... Und ich muß dann sagen, das ist bloß der und der. Da wäre sie ja vom Stuhl gefallen ... Aber vorher zum Beispiel hat sie nie etwas gewußt. Sie hat jahrelang nicht gewußt, daß ich in der Kaderabteilung gearbeitet habe. Bis zum letzten Tag hat sie das nicht gewußt.

□ *Sie haben nie über konkrete Aufgaben geredet?*

Gar nicht. Ich habe es nicht für notwendig gehalten zu erzählen, wo ich was gemacht habe.

□ *Durften Sie nicht oder wollten Sie nicht?*

Ich durfte und ich wollte nicht. Das Nicht-Dürfen schlug um in ein Nicht-Wollen. Das war für mich eine Frage der Geheimhaltung. Eine Frage der Verschwiegenheit aus der Sicht: Wir sind ein Geheimdienst, und da wird über die Arbeit nicht gequatscht. Und das habe ich durchgehalten.

□ *Im Prinzip mußten Sie doch in der Familie dieselbe Rolle spielen wie in der Arbeit: Wissen, was los ist.*

Das habe ich auch gewußt, muß ich dazu sagen. Und ich habe auch dafür gesorgt, daß ich das weiß. Wir haben zum Beispiel keine Westverbindungen gehabt. Auch die Kinder wußten seit dem elften, zwölften Lebensjahr, in welcher Richtung sie ihre Partner suchen müssen. Da kann man doch nicht erst anfangen, wenn der Junge 16 ist. Er darf eben auch keine Westverbindungen haben. Genauso gabs bei uns kein Westfernsehen. Das war für mich genau dasselbe.

□ *Sie haben kein Westfernsehen gesehen?*

Bis zu einem bestimmten Zeitpunkt nicht, bis vor drei Jahren ungefähr. Weil wir das nicht durften. Wissen Sie, ich bin in eine Neubauwohnung gezogen, habe nichts für eine Antenne bezahlt. Da könnte nun einer sagen, ich habe nichts bezahlt und trotzdem geguckt. Nein, ich habe nicht geguckt. Ich war so borniert. Ich war so kaputt. Ich sage das jetzt mal so. Wenn ich das jetzt überdenke ...

□ *Das Feindbild funktionierte also?*

Ja. Würde ich sagen. Ich habe das nicht gebraucht und habe das nicht gewollt und habe das auch durchgedrückt. Daß eben mein Sohn kein Westfernsehen guckt, meine Kinder. Ich weiß zwar nicht, ob sie es gemacht haben – das ist klar –, wenn ich nicht da bin. Mir wäre das auch egal gewesen, wenn sie in meiner Abwesenheit geguckt hätten. Nun würde bestimmt jemand sagen, daß ich dann ja auch gleich hätte zulassen können, daß meine Kinder das Westfernsehen sehen. Das sehe ich jetzt genauso.

□ *Haben Sie diese selbst auferlegte Beschränkung nicht als Einschränkung des Horizontes empfunden?*

Ich habe nichts eingebüßt. Ich habe geglaubt, daß mich das weder in meinem politischen Wissen einschränkt, noch daß es ein Verlust ist. Ich bin von folgendem ausgegangen: Alles, was über den Westschirm läuft, geht gegen uns. Später war es dann aus dienstlichen Gründen notwendig, Westfernsehen zu schauen. Als Information, bestimmte Sachen einschätzen zu können. Es war auch wichtig für die Instruierung und Erziehung der inoffiziellen Mitarbeiter. Da kamen ja auch mal Fragen ...

□ *Sie haben von Ihrer Familie sehr viel verlangt. Glauben Sie, daß Sie jetzt in dieser Hinsicht etwas gutzumachen hätten?*

Nein, denn wenn ich etwas gutmachen müßte in der Familie, hätten wir das alles nicht so überwunden. Meine Frau hat die persönliche Belastung schwer verkraftet: die persönliche Niederlage in meiner Person. Existenz fort, alles fort. Sie hat genau gewußt, welche Ideale für mich in dieser Arbeit steckten. Natürlich habe ich ihr jetzt auch bestimmte Sachen erzählt, die ich gemacht habe. Denn wenn ich es dem Bürgerkomitee erzähle, dann werde ich das wohl meiner Frau erzählen dürfen. Sonst liest sie es in der Zeitung. Ich wollte bei ihr das Verständnis für bestimmte Arbeiten erwecken, um auch bestimmte Ängste abzubauen. Damit meine Frau nicht laufend mit dem Gedanken lebt: Wie lange dauert es denn, bis es klingelt, und die holen dich ab. Das muß man ja auch sehen ...

□ *Wann wurde Ihnen eigentlich bewußt, daß die Sicherheitsdoktrin des MfS gescheitert war?*

Wann das war? Am 6. Dezember, zwei Tage nach dem Sturm. Wobei es Anfänge gab im September. Man hat gemerkt, daß da echt das Volk draußen ist. Ich sage jetzt mal »draußen«, weil wir immer noch drin waren im Gebäude. Aber damals kam noch nicht die Überlegung: Wir müssen jetzt 360 Grad Wende machen.

□ *Wie haben Sie den Sturm erlebt? Sind Sie dabei gewesen?*

Ich habe keine Minute gefehlt. Ich vergesse das mein Leben nie wieder. Das waren für mich die schlimmsten Stunden, die ich in meinem Leben durchgemacht habe. Weil dort sichtbar wurde: Das, was du jetzt gemacht hast ... Das war letztlich umsonst.

□ *Wie war das Verhältnis zu den Demonstranten, die jeden Montag vor der Leipziger Bezirksverwaltung des MfS Halt machten?*

Ich war jeden Montag da. Ich bin mit rausgegangen und habe mir die Leute angeschaut. Wenn Sie das erlebt haben, wie man drinnen sitzt und draußen ist die Masse ... Wie soll ich das erklären? Wut! Das geht gar nicht anders. Immer mit dem Gedanken: Was machst du, wenn die reinkommen ...

□ *Was hätten Sie getan? War die Bereitschaft da, sich zu wehren?*

Na klar, die muß doch da sein. Das ist doch eine Frage des Überlebens! Wir hatten ja nichts da drinnen. Alle Waffen wurden bewußt in den Schränken verschlossen.

□ *Stand es trotzdem immer fest, unter keinen Umständen zu schießen?*

Ja, denn wir hatte keine andere Alternative. Das ist doch logisch. 300000 Mann. Die hältst du nicht! Da kannst du machen, was du willst.

□ *Und rein theoretisch, existierte da die Bereitschaft zu schießen?*

Bevor ich mich durch ein Gitter durchquetschen lassen soll, werde ich mich wohl verteidigen dürfen!

□ *Physisch gesehen schon. Aber vom Anliegen her hatten doch die Demonstranten vor der BV recht.*

Man kann nicht immer so einfach sagen: Die Masse hatte recht. Weil sich das vor unserem Gebäude etwas anders darstellte. Die haben dort geschrien: »Stasi in die Volkswirtschaft!« Bitteschön. Also wir haben schon viele Volkswirtschaftseinsätze gemacht. Aber was sich da unten abgespielt hat im Haß gegen uns, da kann ich nicht einfach sagen, die Leute hatten recht. Weil das rein persönlich echt gegen einen ging. Das muß man miterlebt haben.

□ *Können Sie Ihr Verhältnis zu den Demonstranten noch einmal näher erläutern?*

Rein rechtlich waren es Zusammenrottungen! Und als dann die Zeit kam, wo sie alle »Wir bleiben hier!« und »Gorbi, Gorbi« riefen, da habe ich mir die Frage gestellt, identifizieren sich die Leute, die dort »Gorbi, Gorbi« rufen, denn wirklich echt mit dieser Problematik ... Und da bin ich zu dem Schluß gekommen, die Masse hat sich überhaupt nicht damit identifiziert.

□ *Haben Sie sich denn damit identifiziert?*

Das habe ich ja vorhin schon mal gesagt ...

□ *Ja, aber es geht doch um einen großen Widerspruch: Sie selbst haben sich angeblich damit identifiziert, aber nicht nach den Maximen Gorbatschows gehandelt. Den Demonstranten sprechen Sie gleich ganz die Identifikation ab.*

Man muß das mal ein bißchen auseinandernehmen. Es bestand doch gar kein Handlungsbedarf, daß ich mich wie Gorbatschow verhalten muß.

□ *Meinen Sie nicht, daß in der DDR Handlungsbedarf bestand, die Ideen Gorbatschows durchzusetzen?*

Naja, ich fand seine Ideen nicht schlecht. Das muß ich jetzt mal sagen. Aber die Masse ...? Ich bin der Meinung, daß die Leute auf der Straße sich nicht echt damit auseinandergesetzt haben.

□ *Wie war Ihr Verhältnis zum Bürgerkomitee? Das Gebäude wurde übergeben, und es kamen urplötzlich Leute, die Sie vorher wahrscheinlich als Oppositionelle kategorisiert haben, als Mitglieder des Bürgerkomitees. Und sie hatten Sie nun anzuleiten. Sie waren nicht mehr derjenige, der lenkte. Sie mußten dialogbereit sein. Ist Ihnen das schwergefallen?*

Natürlich ist mir das schwergefallen. Also vom 4. zum 5. Dezember war ja der erste Abend ... Ich hatte von Anfang an Berührungspunkte mit dem Bürgerkomitee. So richtig ging es aber erst am 5. und 6. los. Das ist mir schwergefallen. Erstens kannte ich viele davon. Auch aus meiner Arbeit, aus meiner

Funktion. Sagen wir es mal so, ohne, daß ich mit den Leuten etwas zu tun hatte, weil das ja nicht meine direkte Aufgabenstellung war ... Aber es waren mir einige einschlägig bekannt. Ich sags mal so. Und wenn dann der Saal voll ist von denen, wenn gerade die Leute drin sind, die erst auf der anderen Seite standen, was hat man da empfunden ...?

□ *Waren denn das immer noch feindliche Personen für Sie?*

Naja, wenn ich jetzt sage: Nein! Ab dem 4. Dezember waren es keine Feinde mehr, das wäre Quatsch. Das ist schwer zu beantworten. Das muß man anders darstellen. Denn den Erkenntniszuwachs, den wir gewonnen haben ... Das hat ja nicht bloß einen Tag gedauert. Das Abtasten, das Sich-Ständig-Wieder-Hochschaukeln, das ständige Wieder-Aufeinanderprallen, das Keine-Ergebnisse-Bringen ... Das hat bestimmt schon drei, vier oder noch mehr Tage gedauert. Einfach aus der Position heraus, weil: Wir waren für sie das böse MfS, und die waren für uns trotzdem noch die Leute der Opposition. Denn gestern sind wir denen noch hinterhergerannt, und ab morgen soll das nicht mehr so sein? Außerdem dachte ich ja noch, daß durch diese Leute alles zerbrochen worden ist. So habe ich das die ersten Tage empfunden. Die Leute sind schuld daran, daß du ... Da fällt es schwer abzuwägen. Ich identifiziere mich auch heute nicht mit allem, was die vom Bürgerkomitee sagen.
Aber letzten Endes bin ich heute der Meinung, man muß diese Leute akzeptieren. Und ich bin auch bereit, mich ständig mit denen zu unterhalten, sie und ihre politische Meinung zu akzeptieren. Ich erwarte dann natürlich auch, daß sie es mit meiner ebenso tun ... Ich bin trotz allem nicht zerbrochen, obwohl ich im Dezember nahe daran war. Von der nervlichen Anspannung her.

□ *Schätzen Sie Ihre Jahre beim MfS als völlig umsonst ein?*

Wenn ich das Ergebnis sehe, ja. Aber die Zeit an sich war nicht umsonst. Es ist die schlimmste Erkenntnis, daß alles, was wir letzten Endes gemacht haben, wofür ich letztlich meine ganze Kraft geopfert habe, gar nicht umgeschlagen hat. Und das Vertrauen, das ich in die Staats- und Parteiführung hatte, ist erschüttert, hinüber.

□ *Fühlen Sie sich von der ehemaligen Parteiführung mißbraucht?*

Das würde ich nicht so pauschal sagen. Ich fühle mich vom Prinzip her nicht mißbraucht. Weil ich mich mit vielen Problemen identifiziere. Auch heute noch. Aber ich fühle mich insofern mißbraucht von der Parteiführung – ich zähle mal unseren Minister dazu –, weil wir letztendlich die Säule, die Korsettstange waren für Wandlitz. Eine Säule, die deren Leben gestützt hat. Ohne, daß wir das gewußt haben. Das ist für mich die Niederlage, für mich ganz persönlich.

□ *Haben Sie ein Schuldgefühl den Menschen hier im Land gegenüber?*

Aus heutiger Sicht kann ich mich mit bestimmten Dingen, die das MfS gemacht hat, nicht mehr identifizieren.

□ *Haben Sie ein Schuldgefühl? Können Sie alles, was Sie getan haben, vor sich selber rechtfertigen?*

Tja, das ist eine Frage ... War das immer richtig, was ich gemacht habe ... Da müßte ich jetzt alles einzeln durchgehen.

□ *Nein, wir meinen die Gesamtheit Ihrer Tätigkeit, diesen Teil Ihres Lebens. Können Sie heute ruhig schlafen?*

Es gibt schon ein gewisses Schuldgefühl. Ich fühle mich aber nicht schuldig. Das ist kein Widerspruch. Weil auch ich mit dazu beigetragen habe, daß sich letztlich so ein Frust auf das MfS entwickelt hat, der objektiv untermauert ist. Also ein Riesenfehler war, daß wir diesen Radfahrern (Ökogruppen – d. A.) hinterhergerannt sind. Aus heutiger Sicht eine Idiotie ...

Die Pleiße stinkt. Nein, die Pleiße stinkt nicht! Die Pleiße durfte ja gar nicht stinken. Es kann nicht sein, was nicht sein darf. Das sehe ich als idiotisch an, daß wir solchen Leuten hinterhergelaufen sind, statt die Potenzen zu nutzen. Hätten wir sie doch an die Hand genommen und einen Baum gepflanzt oder irgendsoetwas ...

□ *Sie denken offensichtlich immer noch in diesem Schema der »führenden Rolle«, wenn Sie die Öko-Leute an die Hand nehmen wollen ...*

Ja, klar. Die führende Rolle ist in meinem Denken noch drin. Ich kann meine Identität nicht wegschmeißen. Das geht nicht. Die führende Rolle der SED hat doch so gut wie jedes ehemalige Parteimitglied anerkannt. Und so haben wir doch auch alle gelebt. Das ist es ja. Sicherlich hat uns das dazu geführt, in manchen Fragen so von oben herab ... Denn w i r waren doch die Partei der Arbeiterklasse ... Wer denn sonst?

□ *Fühlen Sie sich als Täter?*

Schwerlich. Ich habe zum Beispiel etwas dagegen, wenn es heißt, wir werden rehabilitiert. Also rehabilitiert geht ja noch. Aber es heißt ja auch, wir werden amnestiert. Ich bin ja überhaupt nicht bestraft worden. Klar, man kann jetzt immer vergleichen, was ich vorhin gesagt habe ... Schuldgefühl und so. Und jetzt sagt er, er ist kein Täter. Das ist schwer. Wissen Sie, es fällt schwer, das zuzugeben. Das ist aber bloß die eine Seite. Tja, in manchen Fragen trägt man Mitschuld. Aber nicht alles im MfS wurde falsch gemacht. Deshalb fühle ich mich auch nicht insgesamt als Täter, so pauschal. Und außerdem: Die Arbeit hat mir Spaß gemacht. Also die Jahre, die ich jetzt dort war, ich hätte ja nie aufgehört, hätte nie den Bedarf gehabt, jetzt irgendwie das Handtuch zu werfen. Und ich bin überzeugt, ich hätte diese Arbeit auch bis zum Rentenalter gemacht ...

Zur Zeit tätig: Im Komitee zur Auflösung des MfS/AfNS

»Ich hätte in den Kahn gehen können. Und was habe ich davon, wenn ich in den Kahn gehe? Gar nichts.«

Anti-Terror-Spezialist; Berlin, Mai 1990

In einem war er sich schon immer sicher: Offizier wollte er werden. Das Militär übte auf ihn eine Faszination aus – mit seiner Exaktheit, seiner Anerkennung der Männlichkeit, seiner beeindruckenden Technik. Mit elf schrieb er dann auch eine Bewerbung für die Kadettenschule. Besuchte von 1957 bis 1960 diese traditionelle Militär-Kaderschmiede. Später durchlief er drei Jahre Offiziershochschule bei der NVA und zwei Jahre Hochschulstudium bei der VP. Als man ihm eine MfS-Mitarbeit antrug, gab es für ihn nur eine Antwort: Ja, wenn ich Offizier werden kann.
Er wurde Offizier. Und er wurde Stasi-Mitarbeiter. Schied 1980 aus der Hauptabteilung Kader und Schulung aus, weil er machtlos war gegen die subjektivistische und formalistische Kaderpolitik im Ministerium. Und stieg bei der Anti-Terror-Einheit ein. Wurde militärischer Anti-Terror-Spezialist.
Mit dem Begriff Schuld kann er für sich nichts anfangen. Schuld hätte die Gesetzgebung der DDR, Schuld hätten die MfS-Abteilungen, die mit oppositionellen Gruppen beschäftigt waren ... »Ich war als Spezialist zum Schutz von Menschen da ... die mir da etwas anhängen wollen, die müssen von meiner Seite mit einer Verleumdungsklage rechnen.«

□ *Wie reflektieren Sie heute über Ihre Tätigkeit im Ministerium für Staatssicherheit?*

Ich fühle mich nach wie vor mit meiner Tätigkeit verbunden. Ich habe mir nichts vorzuwerfen. Ich war einige Zeit beim Wachregiment, wurde dann zum Kaderorgan des MfS versetzt. In den Bereich Ausbildung. In den letzten Jahren war ich als Militärfachmann in der Terrorabwehr tätig. Da das alles Aufgaben sind, die in jedem Staat gelöst werden müssen und ich auch keine Andersdenkenden behandelt habe, gibt es für mich da keine Probleme. Ich war zum Schutz aller Menschen vor terroristischen Akten da – egal, ob nun für SED-Funktionäre, für Pfarrer oder für Kindergärtnerinnen. Deshalb finde ich diese Pauschalisierungen, die hier gegenüber der Staatssicherheit stattfinden, ungerechtfertigt. Wir werden mit Leuten über einen Kamm geschert, die eindeutig sozialistische Gesetzlichkeit verletzt haben. Es ist auch dummes Geschwätz, wenn da von der Reorganisation des MfS geredet wird. Selbst Fachleute des Bundesnachrichtendienstes halten das für unmöglich. Diese Atmosphäre des Rufmordes, der Unsachlichkeit führt natürlich bei den ehemaligen Mitarbeitern zu einer psychologischen Situation, die aus meiner unmittelbaren fachlichen Erfahrung zu einer neuen Qualität der Reaktion führen könnte.

□ *Haben Sie überhaupt eine Vorstellung, woher dieser Haß gegenüber der Staatssicherheit, die daraus resultierende Pauschalisierung kommt?*

Diese MfS-Psychose wurde durch die gegnerischen Geheimdienste hereingetragen. Aus dem einfachen Grund: Bei einem voll funktionstüchtigen MfS wären viele Sachen der Wende ganz anders gelaufen. Die Staatssicherheit hätte nachweisen können, welche Leute, die da rumkrakeelen, geheimdienstlich gesteuert sind. Und daß einige Aktionen geheimdienstlich gesteuert wurden, da brauchen wir uns nichts vorzumachen. Mir braucht auch niemand zu erzählen, daß die Leute, die da an die Regierung gekommen sind, alle eine saubere Weste haben. Also mußte als erstes das MfS weg. Das wurde sehr geschickt gemacht – ich habe vor meinen Gegnern große Achtung ... Und die Masse mußte dafür motiviert werden. Und zwar so, daß sie überhaupt keine andere Argumentation mehr hört. Wie viele ehemalige Mitarbeiter haben Briefe an Zeitungen, an die Regierung geschrieben und sich zu bestimmten Vorwürfen geäußert.

□ *An dieser Stelle möchte ich Sie unterbrechen – sehen Sie wirklich den anderen Geheimdienst als Hauptursache für den Zusammenbruch des MfS? Wenn ein System auf gesunde Art und Weise stabil ist, wird auch kein Geheimdienst es zerstören können.*

Nein, das habe ich nicht gesagt. Die Hauptursachen liegen in der verkehrten Politik. Im Prinzip – die Kohlen herangeschafft haben andere. Doch unser Geheimdienst hat sie dann in den Ofen geschmissen. Aber ich glaube trotzdem nicht, daß das Neue Forum und die anderen Gruppierungen richtig einschätzen konnten, wann das Ding losgehen muß. Aber ein BND, ein Bundeskriminalamt oder ein Verfassungsschutz konnte das genau sagen.

□ *Einige ehemalige Mitarbeiter des MfS fordern gegenwärtig, die gesamten Materialien und Unterlagen der Staatssicherheit zu vernichten. Dann wäre jedoch eine Aufarbeitung der Vergangenheit erst recht nicht möglich. Wie stehen Sie dazu?*

Aufarbeitung ist sowieso nicht möglich. Ich war bis in den Februar mit der Auflösung einer Dienststelle beauftragt. Es ist erschreckend, welche Vorstellungen dort bei den Mitgliedern des Bürgerkomitees vorhanden sind. Vierzehn Tage dasitzen, Akten studieren ... und am Schluß dann sagen: Das ist schön, was wir hier von Ihnen gesehen haben, aber nun wollen wir mal die Geheimakten sehen. Ich machte den Schrank auf und sagte: »Bitteschön, hier steht es doch drauf – Geheime Kommandosache GVS.« »Das haben wir jetzt 14 Tage gelesen.« »Was wollt ihr dann sehen?« »Na, die Geheimakten!« »Was für Geheimakten?« »Wo das Geheime drinsteht.« »Was denn noch für Geheimnisse?« »Das müssen Sie doch wissen ...«

□ *Solche Vorstellungen sind in den Jahren gewachsen. Ihre Ursachen haben sie meist in der Tätigkeit des Ministeriums ...*

Diese Vorstellungen sind besonders in den letzten zehn, zwölf Jahren gewachsen. Ursachen haben wir selber gesetzt. Da wurde zum Beispiel Mitte der 70er Jahre die Abteilung für öffentliche Verbindung des MfS aufgelöst. Die hatte bis dahin Öffentlichkeitsarbeit gemacht. Doch die verschärften Sicherheitsdoktrinen ließen das wohl nicht mehr zu ...

□ *Auf wessen Betreiben wurde sie aufgelöst?*

Ich habe das nur zur Kenntnis bekommen. Ich weiß nicht, wer das entscheidende Wort gesprochen hat. Bis dahin hatten wir die Öffentlichkeit zum Beispiel über Spionagefälle und ihre Aufklärung informiert. Aber mit der sich nach dem VIII. Parteitag entwickelnden Sicherheitspolitik der SED wurde eben diese Arbeit eingestellt. Die MfS-Mitarbeiter wurden in zunehmendem Maße der Geheimhaltung verpflichtet. Und wir haben uns daran gehalten – es ging ja um unsere Existenz. Und heute kann jeder etwas über das MfS erzählen, und die Journalisten und die Leute glauben das. Da ist die Sorgfaltspflicht nicht gegeben. Das Ganze führt zu einer Art Pogromstimmung. Daraus resultiert natürlich auch die Frage der Vernichtung der Unterlagen. Was der BND braucht, das hat er. Und wer wissen will, was das MfS den ganzen Tag gemacht hat, der muß das Buch »Ich liebe Euch doch alle« durchblättern. Es hat Tag für Tag die Parteiführung darüber informiert, wie die Stimmung in der Bevölkerung ist. Das geht eindeutig daraus hervor.

□ *Das Buch zeugt jedoch auch von der Kriminalisierung Andersdenkender durch die Staatssicherheit. Gegen die nicht einmal offiziell anerkannte Opposition wurden ständig Maßnahmen eingeleitet.*

Moment, die Kriminalisierung ergab sich aus den Gesetzen, und die Gesetze wurden in der Volkskammer beschlossen.

□ *Aber die Staatssicherheit hat sie mit aller Macht durchgesetzt.*

Dazu war sie ja da. Es ist egal, in welchem Staat – das Gesetz ist für die staatlichen Institutionen bindend. Das ist Rechtsstaatlichkeit.

□ *Es war Gesetz. Und es war in einem makabren Sinne Rechtsstaatlichkeit. Wenn aber der einzelne erkennt, daß seine Aufgaben moralisch nicht vertretbar, vielleicht sogar verbrecherisch sind, dann frage ich trotzdem nach der Verantwortlichkeit.*

Dazu kann ich mich nicht äußern. Das betrifft die Linie, die sich mit den oppositionellen Gruppen beschäftigt hat. Jeder hat seins gemacht. Und ich meine Terrorabwehr. Bitteschön – wenn ich einen Hinweis für einen Anschlag einer radikalen Gruppe bekommen habe, dann ließ ich mir natürlich was einfallen. Und das war meine Arbeit. Und es ist selbst nach Bundesgesetz unmöglich, mich in rechtlicher Hinsicht zu belangen. Alle, die mir da etwas anhängen wollen, müssen von meiner Seite mit einer Verleumdungklage rechnen.

□ *Pfarrer Schorlemmer wurde vom MfS als feindlich-negativ und als reaktionär bezeichnet. Ist das für Sie heute ein Problem?*

Das ist für mich überhaupt kein Problem. Weil man es sich mit solcher Schubfachpolitik oft selber einfach gemacht hat. Ich sagte, daß ich jahrelang in der Hauptabteilung Kader und Schulung tätig war und dann dort ausgestiegen bin. Dieses Schubfachdenken auch in der Kaderpolitik des MfS war eine Ursache dafür. Das konnte nicht funktionieren.

□ *War die Kaderpolitik zu formalistisch?*

Zu formalistisch und zu subjektivistisch. Das hat aber etwas mit der Aufblähung des MfS Anfang der 70er Jahre zu tun. Zu diesem Zeitpunkt verlor die Arbeit des MfS ihren eigentlichen Charakter. Ihren Charakter zur alleinigen Gewährung der Sicherheit des Staates. Ursachen gibt es viele. Da wird zum Beispiel festgelegt: Es ist eine neue Diensteinheit aufzubauen. Jede Abteilung hat Leute abgestellt. Die haben sich erstmal einen Kopf gemacht – über Struktur, Organisation der Arbeit ... Das zog sich zwei bis drei Jahre hin und dann waren die Funktionen aufgeteilt. Damit fing das Problem an. Denn jetzt wurden qualifizierte Kader zugeführt. Und nun biste Abteilungsleiter und hast 'nen schönen Stuhl, hast Privilegien. Nun kommt einer, der kann das besser als du. Du bist natürlich so erzogen, daß du sagst: Du bist besser als ich, hier hast du meinen Stuhl, mein Auto, ich gehe ... Denkste!! Das lief dann anders – nämlich Daumen drauf. Ende. Die konnten es streckenweise alle besser da unten. Aber die da oben haben sich an ihren Stuhl geklammert. Und dort ist auch eine Ursache, warum dann eben kategorisiert wurde.

□ *Gab es im MfS ähnlich feste Strukturen wie in der SED?*

Ja, das kann man so sagen. Und dann gab es noch ein anderes Problem – das Informationsmonopol in der Leitungsebene. Der Mitarbeiter konnte nicht einschätzen, was denn nun bei ihm ankommt. Die Informationen gingen zuerst auf den Tisch des Leiters. Der entschied dann, wer welche Info bekommt. Und so war ich überhaupt nicht in der Lage einzuschätzen, ist denn das rechtens, was der Leiter sagt, oder ist das nicht rechtens. Woher kommt die Information? Hat er sich das ausgedacht oder ist das tatsächlich eine Auflage? Das war nämlich im MfS eine große Mode, sich auf die Ebene Stellvertretender Minister zu berufen. Der Generalleutnant hat, der Minister hat, das Politbüro hat ... Selbst wenn ich einen mündlichen Befehl vom Nationalen Verteidigungsrat bekomme, habe ich zu organisieren. Da zuckt nichts. Wir unterlagen ja schließlich der Militärgesetzgebung. Was auf Befehlsverweigerung stand, ist klar. Und jetzt hier zu sagen, du hättest das nicht machen brauchen, du hättest in den Kahn gehen können, das ist eine Möglichkeit. Ich hätte in den Kahn gehen können. Und was habe ich davon, wenn ich in den Kahn gehe? Gar nichts. Ich achte die, die das für ihre Überzeugung machen. Ich bin davon ausgegangen – das ist zwar ein Trottel, aber jetzt mußt du versuchen zu glätten. So, daß die Aufgabe gelöst, die Gesetzlichkeit eingehalten und das Interesse der Mitarbeiter beachtet wird. Wütend machten mich solche Aufgabenstellungen: Auf dem Alex ist Bambule. Klär das Ding sauber und politisch klug. Das ist doch keine Aufgabenstellung! Damit ist der Leiter nur fein aus seiner Verantwortung heraus. Das haben sie ja gar nicht gesagt, was am 7. und 8. Oktober gemacht wurde ... natürlich haben sie's nicht gesagt.

□ *Welche Rolle spielten Sie am 7. und 8. in Berlin?*

Gar keine.

□ *Sie sprachen vom extremen Subjektivismus bei der Informationsverteilung vieler Leiter. Funktionierte dieses Prinzip ebenso bei Informationen, die von unten nach oben gingen?*

Ja. Da wurde eben entschieden, das ist Tratsch. Und da ging die Information eben nicht weiter.

□ *Ist Ihnen so etwas bekannt gewesen?*

Natürlich, deshalb fiel ich ja in den letzten Jahren in Ungnade. Weil ich dagegen Sturm gelaufen bin.

□ *Spielte das auch bei Ihrem Wechsel von der Kaderabteilung in die Terrorabwehr eine Rolle? Wie haben Sie sich gegen solche Vorgehensweisen gewehrt?*

Selbstverständlich spielte das eine Rolle. Ich kümmerte mich vor allem um den Bereich Aus- und Weiterbildung von militärischen Kadern des MfS. Meine Vorgesetzten waren alle keine Militärs. Und über bewaffnete Organe und deren Strukturen hatte sie streckenweise gar keine Vorstellungen. Wenn ich einen Mitarbeiter ausbilde, der ein Boot für die Grenzkontrolle führen wird, dann muß ich zur Volksmarine gehen. Und dann kommen die Vorgesetzten: Du fährst jetzt nach Potsdam zu den Landstreitkräften. Und ich erkläre, daß die Landstreitkräfte keinen Bootsführer ausbilden können. Dann kommt die Antwort: Befehl ist Befehl ... Das konnte man natürlich nur bis zu einem gewissen Punkt aushalten. Ich habe mich dann an meinen Parteisekretär, an die Abteilung für Sicherheitsfragen im ZK und letztendlich an meinen Hauptabteilungsleiter gewandt. Sie haben mir alle recht gegeben. Aber alle konnten an diesem Gesamtapparat nichts Grundlegendes ändern.

□ *Konnten Sie Ihre Kritik in Dienstbesprechungen oder in Parteiversammlungen anbringen?*

Theoretisch hätte ich sie anbringen können. Da gab es aber die wunderbare Methode des Abbiegens: Die Chefs nahmen die Kritik zur Kenntnis und dann kam das Ding auf der Stelle zurück. Jeder hat Punkte, an denen er angreifbar ist. Das machst du einmal, zweimal ... beim dritten Mal bist du weg vom Fenster. Denn du greifst ja inkompetente Leute an. Und das läßt sich kein Inkompetenter gefallen. Als ich dieses Privilegiendenken kritisierte, bekam ich gleich eine gelbe Karte von der Partei.

□ *Hätte die Menge der Mitarbeiter gemeinsam eine Möglichkeit gehabt, sich zu wehren?*

Vielleicht. Zum anderen war es aber für viele ein erstrebenswertes Ziel, bestimmte Privilegien zu erhalten. Einen Dienstwagen, mit dem man auch am Wochenende fahren konnte, zwei tolle Ferienplätze im Jahr ... Ich war in meiner 24jährigen Dienstzeit zweimal in einem MfS-Ferienheim. Ein Leiter konnte das in nur einem Jahr machen.

□ *Was verstehen Sie unter »Leiter«?*

Abteilungsleiter, Hauptabteilungsleiter und höher – ich gehe da aber von den Verhältnissen im Ministerium in Berlin aus. Alles, was darunter war, stand ja dem Fußvolk so nah, daß solche Privilegien gar nicht möglich waren.

□ *Wie hoch waren die Gehälter eines Abteilungsleiters und eines Hauptabteilungsleiters im Ministerium für Staatssicherheit?*

Ein Abteilungsleiter in einer operativen Diensteinheit bekam ungefähr 3500 Mark. Ein Hauptabteilungsleiter 4000 Mark. Aber die Leute trugen natürlich auch eine Menge Verantwortung. Zum Beispiel der Verantwortliche im Leuna-Kombinat. Wenn dort ein Verkehrsunfall passierte, war der Mode. Wenn einer vom Gerüst stürzte, war der Mode ... Und der ganze Dienstkram, der dann außerdem noch dranhing ... Wie oft haben wir 24 Stunden durchgearbeitet. Du mußtest ja noch einen Bericht schreiben.

□ *War die Bürokratie im MfS sehr stark ausgeprägt?*

Ja, wir hatten einen riesigen Bürokratieapparat. Dadurch war es aber möglich, Leute zu beschäftigen, die untergebracht werden mußten. Das macht jeder Geheimdienst. In den westlichen Ländern wird ihnen eine hohe Abfindung gezahlt oder sie werden in hochdotierten Stellungen in der Industrie untergebracht. Und wenn hier einer 25 Jahre bei der Staatssicherheit war, dann mußte er auch weiter beschäftigt werden. Also hatten wir Berichte zu schreiben, damit diese Leute die Berichte zusammenfassen und analysieren konnten.

□ *Kommen wir wieder zu Ihrem Entschluß, die Hauptabteilung Kader und Schulung zu verlassen. Konnten Sie problemlos gehen?*

Mein Glück war, daß eben mein Hauptabteilungsleiter meine Argumente gut verstand. Und da er nicht in der Lage war, die Bedingungen kurzfristig zu ändern, hat er meinem Versetzungsgesuch zugestimmt.

□ *War es für Sie natürlich oder schockierend, daß Ihr Hauptabteilungsleiter ebenfalls solch eine Resignation zeigte?*

Es war überhaupt nicht schockierend – ich kannte ja seine Positionen. Und ich wußte auch, daß er Bauchlandung über Bauchlandung machen mußte, weil andere nicht mitgespielt haben. Er war beispielsweise seit Ende der 70er Jahre bestrebt, die Tätigkeit im MfS offiziell zu machen. Er wollte in Bereichen, in denen es möglich war, einen Status einführen. Die Leute der Kreisdienststelle zum Beispiel waren doch sowieso bekannt wie bunte Hunde. Aber er ist mit seinem Vorschlag mächtig auf die Nase gefallen. Nicht bloß beim Minister, auch beim Politbüro. Er habe die Zeichen der Zeit nicht verstanden, wurde ihm gesagt. Das war auch eine Ursache seiner Ablösung. Eine andere war seine Haltung, immer im Interesse der Mitarbeiter zu handeln.

□ *Gab es viele Mitarbeiter, die mit ihren Problemen allein gelassen worden?*

Für den einzelnen war im Ministerium für Staatssicherheit sehr wenig Verständnis da. Denn es ging immer um den Grundsatz: Im Mittelpunkt steht die Erfüllung der Aufgabe. Deine persönlichen Probleme mußtest du selber klären. Und wenn man sich dann mal für einen Unterstellten engagiert hat, konnte man mit Prügel von den Vorgesetzten rechnen. Da ging es immer nur um den einfachsten Weg der Klärung des Problems. An den Menschen selber wurde da kaum gedacht. Wenn ich dann so argumentiert habe, wurde das nicht zur Kenntnis genommen. In den letzten Jahren hatte ich überhaupt eine gewisse Narrenfreiheit erreicht. Ich konnte sagen, was ich wollte, ich erfuhr keinerlei Reaktion. Mein Glück war, daß man mich brauchte. Doch im Prinzip habe ich nichts erreicht. Weil die subjektivistischen Grundhaltungen vieler auf die Befriedigung ihrer persönlichen Bedürfnisse ausgerichtet war. Und das zu Lasten anderer Mitarbeiter.

□ *Haben Sie diesen starken Subjektivismus ausschließlich an den Personen festgemacht?*

Nein, auch an Strukturen. Und wo es für mich eine Möglichkeit gab, dies zu verändern, habe ich das versucht. Beispielsweise gab es in der DDR etliche Bereiche, die sich mit Terrorabwehr beschäftigten. Die Abteilung XXII, die operative

Terrorabwehr, dann den Bereich der Arbeitsgruppe des Ministers, die militärische Terrorabwehr, eine kleine Truppe beim Ministerium des Inneren, bei der Volksmarine, bei den Landstreitkräften, in den meisten Diensteinheiten existierte eine Gruppe zur sofortigen Verfügbarkeit. Und jeder sagte: Das ist meins, dir sage ich überhaupt nichts. Auf unterer Ebene hatte ich angefangen, mich mit den militärischen Kräften ein bißchen zu verständigen. Als unsere Großfürsten das mitbekamen, gingen sie sofort dazwischen. Und das war überall so im MfS. Aber wohl auch in der SED, in den Betrieben ...

□ *Hatten Sie Privilegien, die Ihnen sehr wertvoll waren?*

Ja, ich hatte ein Einzelzimmer. Aber ernsthaft: Wenn ich Dienst hatte, fuhr ich mit meinem Dienstauto. Und sonst bestanden meine Privilegien darin, das zu erledigen, was andere nicht wollten. Das fiel schon auf ...

□ *Haben Sie einmal in den 24 Jahren Ihrer Dienstzeit einen Ausstieg aus dem MfS als Möglichkeit in Betracht gezogen?*

Ich war als Spezialist zum Schutz von Menschen da. An einer Stelle zu sagen: Paßt auf, ich mache hier nicht mehr mit – das geht nicht. Obwohl ich mit dem Gedanken gespielt habe und es mir manchmal bis zum Hals stand. Ich habe auch keinen anderen Beruf gelernt. Ich bin Anti-Terror-Spezialist.

□ *Welche Ihrer Ideale sind mit dem Zusammensturz des politischen und ökonomischen Systems in der DDR zu Bruch gegangen?*

Davon ist gar nichts zu Bruch gegangen. Weil ich nach wie vor die gleiche Haltung habe. Soziale Marktwirtschaft gibt es nicht. Eine Zweidrittel-Gesellschaft kann nicht sozial sein. Ich muß zur Kenntnis nehmen, bald in solch einer Gesellschaft mit Millionen Arbeitslosen zu leben. Aber ich bin dagegen. Ich war in der SED und bin in der PDS. An dem Programm der SED kann ich heute noch nichts Schlechtes finden. Man muß es anders, menschlich, ehrlich umsetzen. Man muß Strukturen schaffen, die demokratisch sind und die extremen Subjektivismus verhindern.

Zur Zeit tätig als Anti-Terror-Spezialist

»Ich fühle mich eher mißbraucht. Denn ich war der Meinung, daß wir die gesamte Gesellschaft schützen und nicht nur diese Clique ...«

Aufklärer/Kompaniechef Wachregiment; Berlin, Mai 1990

Er verließ eine Frau, die er liebte.
Er saß zehn Tage in Haft, sicherlich, in Luxus-Haft in einer Villa des MfS.
Er wurde überprüft, seine Kontakte, seine Freunde, Bekannte, er wurde degradiert, versetzt, später rehabilitiert.
Frau und Freunde waren dem Ministerium für Staatssicherheit nicht genehm. Seine Meinungen waren für manchen Vorgesetzten nicht bequem. Vieles, was er sah, erlebte, mitfühlte im Apparat des »Organs« ließ ihn zweifeln. Ausstiegsgedanken, Verzweiflung, Mattheit, Motivationskrisen – er fand nicht zur Konsequenz. Während der letzten Tage der alten Macht am 7. und 8. Oktober in Berlin stand er auf der Seite der alten Macht, als »Teil des Volkes« hatte er mit dem Volk gebrochen, letztlich, trotz der Zweifel, weil er nicht zu brechen gewagt hatte mit der alten Macht. Wegen der Ideale, aus Disziplin, vielleicht mehr noch wegen der Eltern; Mutter und Vater waren selbst Mitarbeiter des Ministeriums. Er wollte ihnen keine Schwierigkeiten machen …
Er wurde sehr früh geworben für die Staatssicherheit, mit 18, kein Problem damals, obwohl es ein anderer Beruf hätte sein sollen. Nach dem Abi mit »Auszeichnung« Offiziershochschule in Plauen, dort lernte er Söhne derer »von oben« kennen, Westzigaretten fielen aus Spinden …
Er wurde Mitarbeiter der Hauptverwaltung Aufklärung (HVA). Der Job in der Aufklärung war hart, der Erfolg zäh. Das reichte ihm nicht. Er wechselte in die Wach- und Sicherungseinheit, wurde strafversetzt, kehrte zu seinen Soldaten zurück. Im Januar 1989 wurden die Einheiten dem Wachregiment des MfS Feliks Dzierzynski zugeordnet. Dort erlebte er die Tage in Berlin, dort wurde er mit seiner Einheit in der Kohle versteckt, dort blieb er bis zu seiner Entlassung …

□ *War es für Dich aufgrund der Stellung Deiner Eltern im Ministerium für Staatssicherheit klar, daß auch Du Mitarbeiter dieser Einrichtung werden würdest?*

Nein. Ich hatte ganz andere Interessen, wollte Verkehrswesen studieren. Später dann Außenwirtschaft. Ich hatte dafür schon meine Studienzulassung. Dann kamen eines Tages Mitarbeiter der Staaatssicherheit und fragten, ob ich nicht Mitarbeiter werden wolle. Und wie das so ist, 10. Klasse, dazu die Erziehung, da sagtest du eben ja. Erst sollte ich in ihrem Auftrag Außenwirtschaft studieren. Dann war ich für die Offiziershochschule vorgesehen ... Das ging hin und her. Jedenfalls erfuhr ich drei Tage vor der Offiziershochschule, daß ich dort anfangen solle. Das sei der kürzeste Entwicklungsweg. Ist er ja auch. Doch heute bereue ich das – weil du mit diesem Mist nichts anfangen kannst. Was soll ich mit diesem imaginären Berufsabschluß: Hochschulingenieurökonom. Davon habe ich überhaupt keine Ahnung. Na ja, und dann ging das los. Von der eigentlichen Staatssicherheitsarbeit hast du dort in Plauen nichts mitbekommen. Ich wußte zwar, ich soll zur Hauptverwaltung Aufklärung, aber was das genau ist ... Da gab es ja schon zu Hause das eiserne Prinzip: Über die Arbeit wird nicht gesprochen. Ich wußte zwar, daß meine Eltern beim MfS arbeiteten, daß sie viel unterwegs waren, spät nach Hause kamen. Und ich wußte, daß die Staatssicherheit zu feiern verstand ...

□ *Bist Du dort in Plauen von Anfang an mit der Militärstruktur des MfS konfrontiert worden? Wie ging es Dir dabei?*

Das war schon etwas problematisch. Ich bin kein klassischer Militär. Ich war damals nicht gerade der Sportlichste. Habe kaum eine Norm erfüllt. Aber zum Schluß hatte auch ich in Sport eine Eins. Es war ein gesunder Druck da. Da stand eben der Zugführer mit deinem Urlaubsschein an der Sturmbahn, da bist du automatisch schneller gelaufen. Das war alles nichts anderes als normales Soldat-Sein. Nur, daß du nach drei Jahren zum Offizier ernannt wurdest und nebenbei studiertest.

□ *Kamst Du dann gleich in das Ministerium? Hast Du sofort in der »Zentrale« gearbeitet?*

Nach einer kurzen Zeit in Außenstellen, ja.

□ *Wie war dort das Verhältnis der Kollegen untereinander?*

Gut. Ich denke, da muß man die Abteilungen des MfS differenziert sehen. Die Hauptverwaltung Aufklärung bestand zu 96 Prozent aus Hochschulkadern. Also alles hochqualifizierte, kluge Leute. Die im Umgang mit Menschen, die anders denken – denn das ist ja hauptsächlich Arbeit mit Leuten aus einem anderen System – viel weltoffener waren. Auch weltoffener als manche der heutigen Oppositionellen. Wir haben dort Diskussionen gehabt, in denen offen gesagt wurde: Also, das ist Scheiße, das geht so nicht.

□ *Drang eure Meinung auch über die Grenzen eurer Abteilung hinaus oder war in der Abteilung Schluß?*

Die Diskussionen wurden in der Abteilung geführt. Es ging ja um konkrete Arbeitsprobleme. Doch zwangsläufig bist du in der Diskussion auf Systemfragen gekommen, weil diese Arbeit Systemauseinandersetzung war. Du mußtest die Leute davon überzeugen, daß sie für dieses System etwas tun. Das ist der Grundgedanke dieser Arbeit, das ist typische Geheimdienstarbeit.

□ *Was war der kleinste Nenner, auf den man mit den Leuten aus einem anderen Gesellschaftssystem bei einer solchen Arbeit kommen mußte?*

Der kleinste Nenner ist sicherlich die materielle Basis gewesen. Das ist international auch so üblich, daß man Leute kauft. Man kennt Schwachstellen der Leute und arbeitet auch mit Druckmitteln. Aber in der Hauptsache versuchten wir, über das allgemeine Interesse der Friedenserhaltung mit den Leuten ins Gespräch zu kommen. Die Friedensbewegung war stark im Anwachsen. Auf dieser Basis hast du relativ viele Leute bekommen. Das war eigentlich erstaunlich. Wir haben nicht versucht, irgendjemanden zum Marxisten zu machen. Deshalb kann ich nur lachen, wenn ich die Idioten höre, die nach Abschaffung der Geheimdienste brüllen, die wissen ja gar nicht, was auf sie zukommt ... Ich weiß es, weil ich die Strukturen westlicher Geheimdienste kenne. Und auch die Mittel und Methoden, die sie anwenden. Das ist keine Propaganda. Das ist so. Ich wünsche es nicht, aber laß hier mal eine Flugzeugentführung kommen – da werden viele aufwachen. Wir hatten früher eine Flugbegleitung von der Hauptabteilung XXII ... Das ist alles weg. Unsere Leute standen der bundesdeutschen Antiterrorgruppe, der GSG 9, in nichts nach. Und nach der Auflösung der GSG 9 schreit ja auch keiner.

□ *Hattest Du Kontakte zu Leuten, die im MfS, aber außerhalb der Hauptverwaltung Aufklärung gearbeitet haben?*

Ja, wenn du Außenarbeit machen willst, dann brauchst du auch das Netz hier. Du hattest inoffizielle Mitarbeiter, brauchtest konspirative Wohnungen, Deckadressen. Die Leute können dir ja ihre Post nicht ins Haus schicken. Dann brauchtest du Reisekader, weil du ja selbst nicht reisen durftest. Seit dem Verratsfall Stiller Ende der siebziger Jahre. Und so mußten wir uns Leute schaffen, die diese Aufgabe erledigen. Dazu wiederum sind Ermittlungen nötig ... Wir haben allerdings aus anderer Sicht ermittelt. Wir konnten mit dem Mist, den uns die Kreisdienststellen und die Bezirksverwaltungen schickten, nichts anfangen. Weil da drin stand, daß dieser oder jener Westfernsehen guckte. Das hat mich nicht interessiert. Mich haben andere Sachen interessiert. Wir wollten die Person nicht verhaften, wir wollten sie für uns gewinnen. Das hat man bei uns schon sehr differenziert gesehen. Auch, was die Motivationsbasis betrifft.

□ *Was waren die wichtigsten Kriterien, die der Betreffende zu »erfüllen« hatte?*

Flexibilität, Kontaktfreudigkeit, sicheres Auftreten. Sicher auch irgendwo eine politische Haltung. Aber die war kein Dogma. Ich habe auch Leute gehabt, da hätte mancher Mitarbeiter gesagt, um Gottes willen, bloß keinen Kontakt zu denen. Aber sie haben ihre Arbeit gut gemacht. Und auch einen Sinn darin gesehen. Für die Sache lohnte es sich für die Inoffiziellen. Bespitzelung von Kollegen – nein, aber in die Richtung – ja.

□ *Haben die inoffiziellen Mitarbeiter dafür Geld bekommen?*

Nein, das ist ja auch die große Lüge. Bei der Aufklärung jedenfalls wurde das so gehandhabt: Wenn Inoffizielle Geburtstag hatten, bin ich hingefahren, habe Kaffee oder eine andere Aufmerksamkeit mitgebracht. Aber das hab ich oft noch aus meiner eigenen Tasche bezahlt. Und wenn jemand 15, 20 Jahre für uns arbeitete, dann bekam er auch mal einen Orden. Aber ohne finanzielle Zuwendung. Der sah kurz die Urkunde und dann verschwand alles im Panzerschrank. Die DDR-IM (Inoffizielle Mitarbeiter) haben bei uns grundsätzlich auf politisch-ideologischer Basis gearbeitet. Spesen haben sie bekommen – aber nur gegen Quittung. So eine strenge Geldabrechnung wie im MfS habe ich noch nirgendwo erlebt.

□ *Was meinst Du zu den Praktiken innerhalb des MfS?*

Es gab eine ganze Reihe von Sachen, wo du mit Befehlen und Weisungen nicht einverstanden warst. Zum Beispiel mit der Art und Weise der Kaderpolitik. Im Prinzip hast du damals schon die Katze im Sack gekauft. Friß oder stirb. Ja oder nein. Entweder du wolltest oder du wolltest nicht. Niemand sagte dir, was genau du machen wirst. Du warst auf einmal drin – und wenn du drin warst, kamst du eigentlich gar nicht so schnell wieder raus. Und wenn du raus wolltest, das stimmt schon, was viele heute sagen, dann war das wirklich mit Schwierigkeiten verbunden. Die Staatssicherheit hätte dir das Leben schwer gemacht. Obwohl das eigentlich unlogisch ist, denn man verprellt keine Leute, die etwas wissen. Und gerade die Mitarbeiter der Aufklärung wußten viel. Unser Referat war beispielsweise für das Bundeskriminalamt, Abteilung Staatsschutz, verantwortlich.

□ *Hast Du es geschafft, dort jemanden reinzubringen oder als Informant zu gewinnen?*

Ich nicht. Aber unser Referat hat insgesamt sehr erfolgreich gearbeitet. Zum Beispiel der Fall Tiedke. Das hat ein junger Leutnant gemacht, der war gerade ein halbes Jahr dabei. Der hat dann vom Minister einen Orden bekommen. Bei der Verleihung hatte er einen blauen Anzug und braune Schuhe an. Bemerkung des Ministers: »Von dem Geld kaufst du dir erst einmal ein Paar ordentliche schwarze Schuhe!« Das war unser Minister. Der hat viel Wert auf das Äußere gelegt. Du mußtest eigentlich immer im Anzug und Schlips herumlaufen. Er hat sich erst später davon überzeugen lassen, daß man seine Arbeit auch in Jeans gut machen kann. Wenn ich allerdings nach draußen ging, dann hatte ich auch den Anzug an. Denn die Leute erwarteten das von dir. Die haben die Staatsmacht in dir gesehen.

□ *Hast Du dich auch so gefühlt?*

Ja, schon. Es war Stolz dabei.

□ *Hat Dir diese Arbeit in der Aufklärung Freude und Erfüllung gebracht?*

Ja. Du hast eine Unmenge von Leuten kennengelernt. Aus den verschiedensten Bereichen. Von hier und von drüben. Was wir alles angestellt haben, um an die Leute heranzukommen ... Eine Geschichte weiß ich noch. Ich bekam den Namen eines BRD-Bürgers auf den Tisch, der für mich im Zentralarchiv des MfS erfaßt war, einschließlich Suchzettel und Material. Die Person, die mich interessierte, machte im Kreis Stollberg mit Freunden Urlaub. Sie kamen mit einem VW-Bus. Und ich bin erstmal runtergefahren, über Kreisdienststelle des MfS, ABV und so weiter ... Ich bin an den eigentlichen Hausbesitzer rangekommen. Der war auch noch Genosse ... Ich hatte ihn dann ganz schnell auf meiner Seite. Und ich wurde dort gleich eingeführt. Als Neffe, der dort Ur-

laub macht. Die Jugendlichen kamen. Drei, vier Tage passierte nichts. Dann ging der VW-Bus kaputt ... Das war meine Stunde. Ich habe mitgeholfen, den VW-Bus zu reparieren. Mit der Zeit haben sich nähere Kontakte entwickelt. Und so etwas hat ja auch Spaß gemacht. Du hast gearbeitet und gelebt. Beides nebeneinander. Du standest natürlich immer unter einer sagenhaften Nervenanspannung. Es war alles mit einem konkreten Ziel verbunden. Dazu noch der Papierkrieg – wie das bei den Deutschen so ist. Der will dann für alles eine Konzeption und einen Plan und einen Bericht und noch einen Bericht und noch einen Bericht. Und eine Akte. Und die Überprüfung, damit alles schön rund ist. Es war auch für dich ein Alibi. Du hattest etwas gemacht. Gerade bei dieser Arbeit war es so, daß du hundert Sachen anfassen konnest und nicht eine wurde. Es gab Mitarbeiter, die haben 15 Jahre gearbeitet – ohne Erfolg. Ein anderer kam und siegte. Das war eine ganz normale Sache und für viele Mitarbeiter ein Problem. Das ist eine ganz komplizierte Arbeit. Da konnte man hundert Varianten erarbeiten. Und selbst wenn der Kontakt geklappt hat, muß es noch nicht zur Werbung kommen.
Wir beschäftigten uns hauptsächlich mit jungen Leuten zwischen 18 und 25 Jahren. Die kannst du langfristig dorthin bringen, wo du sie hinhaben willst. Wir wußten, wie das drüben funktioniert, wie du in eine bestimmte Position kommst. Das hat auch recht oft funktioniert, die Erfolge der Aufklärung beweisen das. Wir hatten absolute Spitzenleute. Von manchen weiß man heute leider nicht, wo sie sind. Bis dann drüben irgendwo bestimmte Artikel in der Zeitung erscheinen, dann denkst du dir deinen Teil ...

□ *Du hast von den Konzeptionen erzählt. Wovon bist Du dabei ausgegangen? Wie hast Du so etwas ausgearbeitet?*

Das hing immer vom jeweiligen Vorgang ab. In der Regel lief das so: Zu den Leuten, die hier in die DDR eingereist waren, hast du einen Suchzettel bekommen. In der Hauptabteilung VI wurden diese Einreisezettel für die entsprechenden

Diensteinheiten geordnet. Wenn so ein Stapel dieser Einreisezettel bei mir eintraf, suchte ich geeignete »Ziehpersonen« heraus. Interessant waren für uns zum Beispiel immer Studenten und Polizeibeamte. Dann hast du die DDR-Rückverbindungen überprüft, da die wenigsten aus touristischen Zwekken eingereist sind. Die meisten hatten eine Besucheradresse angegeben. Auf den Zetteln standen Name, Vorname, Geburtsdatum, Einreisezeit aufgrund der Angaben, die der DDR-Bürger bei der Volkspolizei abgegeben hatte. Diese Angaben wurden in der Hauptabteilung VI erfaßt. PKW, Kennzeichen, Anreise der mitfahrenden Personen. Dann ging die richtige Überprüferei erst richtig los: Erfassung im Zentralarchiv, Überprüfung des Speichers der Hauptabteilung VI. Das war die SRT-Überprüfung.

□ *SRT-Überprüfung?*

Speicher Reisen und Touristik. Die Abkürzungen sind so drin, ich weiß manchmal gar nicht mehr so recht, was sie bedeuten. Aus dem SRT-Speicher bekamst du sämtliche DDR-Einreisen der Person in den letzten Jahren. Dann ließ ich mir die Informationen aus der Kreismeldekartei und der zentralen Meldekartei geben. Dazu die aus dem Bereich der Abteilung M. Die M hat stichprobenartig den gesamten Postverkehr überwacht. Nicht alles. Aber Stichproben haben sie gemacht. Wenn alle Speicher überprüft waren, bist du selber losgefahren und hast selbst ermittelt. Zur DDR-Rückverbindung. Dazu bist du in den Kreis gefahren, zum jeweiligen ABV. Das habe ich schon gesagt. Es war so, daß in jeder Kreisdienststelle des MfS Auskunftspersonen erfaßt waren, die regelmäßig angelaufen wurden. Wenn du Glück hattest, gabs eine IM-Verbindung. Dann bist du zum zuständigen Mitarbeiter gegangen. Im Prinzip hast du das gesamte Potential, das die Kreisdienststellen hatten, ausgeschöpft. Dann hast du legendiert ermittelt. Unter der Legende der Kripo oder einer anderen staatlichen Institution. Die DDR-Bürger sind ja so gutgläubig ... Du hast oftmals gar kein Dokument in der Tasche gehabt, um dich ausweisen zu können, und trotzdem haben sie erzählt wie ein Buch. Danach hast du deinen Ermittlungsbericht geschrieben. Hast angefangen, das gesamte Material zu analysieren. Hast überlegt: Wie kommst du jetzt an die DDR-Rückverbindung ran. Du mußtest ihn gewinnen. Dann hast du mehrere Kontaktvarianten konzipiert. Meistens hast du erst einmal getestet, ob die Leute überhaupt bereit sind, mit dem MfS zusammenzuarbeiten. Das heißt, ob sie zum Beispiel bereit sind, Auskunft über Leute im Haus oder auf Arbeit zu geben. Die Ergebnisse waren mir natürlich völlig egal. Du hast dann versucht, dich über einen längeren Zeitraum mit der Person zu treffen. Und irgendwann hast du die direkte Frage gestellt: »Wir sind an Deinem Besuch aus der Bundesrepublik interessiert. Wärest du bereit, uns zu helfen?«

□ *Hast Du einmal erlebt, daß einer gesagt hat: »Also hör' mal. Du bist doch vom MfS. Verschwinde!«?*

Ja. Mich hat aber noch keiner rausgeschmissen. Es kriegte öfter einer mit, wo du herkamst. Das war aber hin und wieder gar nicht unbeabsichtigt. Dann lief der Kontakt direkt unter Staatssicherheit. Für die Arbeit in der Aufklärung hatte ich auch einen zweiten Personalausweis. Das klingt jetzt ganz schön kriminell, ist aber in Geheimdiensten so üblich. Im Bundesnachrichtendienst wird sogar im Verkehr untereinander immer ein Pseudonym gebraucht. Die haben einen so hohen Grad der Konspiration untereinander, der ihnen jeglichen persönlichen Kontakt untersagt. Sie haben ganz strenge Regeln. Bei uns war der zweite Ausweis zum Schutz unserer eigenen Person notwendig. Du mußtest ja immer damit rechnen, daß der Bundesnachrichtendienst dran hängt und sich das Ganze ins Gegenteil verkehrt. Damit nicht mit einem Mal du der Bearbeitungspunkt bist. Deshalb mußtest du dir eben auch die Legende aufbauen. Du hast immer mit dem anderen Ich gelebt. Das ist auch irgendwo belastend ...

□ *Wenn die DDR-Bürger bereit waren, mit Dir zusammenzuarbeiten, wie arbeitetest Du dann weiter?*

Du wurdest meist in die Familie eingebaut. Als Bekannter oder entfernter Verwandter. Dann warst du eben zufällig da und hast versucht, mit dem Besuch aus der BRD ins Gespräch zu kommen. Es ist ja nicht eine Sache von zwei, drei Stunden, sondern das dauerte manchmal mehrere Jahre, bis es zur eigentlichen Werbung kam. Hatte der Betreffende ein sehr starkes materielles Interesse, dann sagte er sehr schnell »Ja.« Waren es andere Motive, mußtest du erst die Punkte herausfinden, wo er angreifbar war. Und das konnte dauern, sehr lange ...

□ *Du sprachst von den Stichproben der Abteilung M, der Postkontrolle. Waren diese Kopien nur dann legitimiert, wenn ein begründeter Verdacht vorlag?*

Nein. Bei uns war das so: Ich habe zu jeder Akte M-Kopien gehabt. Wenn ich einen Vorgang bearbeitete, dann lag kein Verdacht einer Straftat vor. Es ging nur darum, mehr über die Person und ihre Verbindungen zu erfahren. Du hast sämtliche Kopien der Post, die der Betreffende aus dem Ausland zugeschickt bekam, bekommen. Die Entscheidung über eine M-Kontrolle konnte der Abteilungsleiter treffen.

□ *Wurden Telefonkontrollen ähnlich unkompliziert gehandhabt?*

Dazu war ein spezieller Verdacht Voraussetzung. Das mußte auch der stellvertretende Minister unterschreiben. Das war wohl in unseren begrenzten technischen Möglichkeiten begründet. Noch schwerer bekamst du eine Erlaubnis für eine konspirative Beobachtung oder eine konspirative Wohnungsdurchsuchung. Das hing auch mit den technischen Möglichkeiten zusammen. Ich glaube, wenn unsere Technik besser gewesen wäre, wir hätten viel mehr gemacht. Gerade bei einer Wohnungsdurchsuchung ist ein riesiger Aufwand notwendig. Du mußt absichern, daß keiner zu Hause ist, du brauchst irgendjemanden in der Nachbarschaft, mit dem du zusammenarbeiten kannst. Der muß absolut zuverlässig sein.

Denn das ist ja nun eine Sache außerhalb jeglichen Gesetzes. Ich habe einmal erlebt, wie eine Person wegen eines Spionageverdachtes bearbeitet wurde. Die Gespräche wurden mit Hilfe eines Richtmikrophons aus einem Nachbarhaus abgehört. Das ist geheimdienstlich üblich. Nicht üblich ist diese massenhafte Postkontrolle. Das hielt ich nicht für legitim.

□ *Du hast sie aber selber beansprucht.*

Ich war in der Arbeit dazu gezwungen. Wenn ich sie nicht eingeleitet hätte, hätte mich mein Chef gefragt, wo die M-Kontrolle ist. Dazu der Vorwurf, daß man nicht die Arbeitsmittel ausgenutzt hat. In diesem Widerspruch standest du ständig. Du mußtest dein gesamtes nachrichtendienstliches Instrumentarium anwenden, wolltest du Erfolg haben. Im Grunde genommen störten dabei nur Skrupel. Du hattest ja auch keine, weil immer gesagt wurde, daß es im Klasseninteresse ist. Und wenn der Gegner die Methoden anwendet, dann mußt du es auch tun. Daß es letztendlich nur dazu gedient hatte, nicht die Klasse an sich zu schützen, sondern nur diese Clique, das steht auf einem ganz anderen Blatt ... Und wir dachten, daß es für den Frieden ist ...

□ *Die Bundesbürger, die Du für Dich gewonnen hattest, wurden die bezahlt?*

Ja. Aber nicht in der Werbephase. Es gibt auch Leute, die nehmen kein Geld. Bei vielen ist auch Abenteuerlust ein Motiv gewesen.

□ *War dies für Dich in gewisser Hinsicht auch ein Motiv, in der Aufklärung zu arbeiten?*

Nein, eigentlich nicht. Ich bin kein Abenteurer.

□ *Aber die Arbeit hat Dich gefordert?*

Ja, sie hat den ganzen Mann gefordert. Du konntest nicht tei-

len ... Ich war von sieben Tagen in der Woche sechs unterwegs. Habe nur aus dem Koffer gelebt. Bin kreuz und quer durch die DDR gefahren. Habe mehr in der Bahn und im Auto gesessen als zu Hause. Da sind bei vielen Mitarbeitern natürlich die Ehen kaputtgegangen. Man schimpft heute auf die Leute. Aber auch Mitarbeiter der Staatssicherheit haben viel mitgemacht in vielen Dienstjahren. Und nicht in erster Linie wegen des Geldes ... Ich verdiene jetzt mehr als vorher. Und bei einer Arbeit, die interessant ist, mir Spaß macht. Das Geld war auch bei mir nicht das Motiv.
... Irgendwann hatte ich dann alles satt, ich meine, die Arbeit in der Aufklärung. Mein Vater war Oberst in der HVA, und du warst immer nur der Sohn des Vaters. Überall kam das. Ich hatte das einfach satt. Außerdem hatte ich keine Lust darauf zu warten, bis es mir so geht wie vielen anderen. Du arbeitest 20 Jahre in der Aufklärung, und unterm Strich sagst du, daß du nichts geschafft hast. Ich bin jemand, der Ergebnisse sehen will. Wenn ich jetzt als Manager einen Vertrag in der Hand halte, dann ist das was Greifbares ...Und das hattest du in der Aufklärung kaum. Deshalb wollte ich dort weg.

□ *Gab es noch mehr Gründe, die Dich zum Weggehen veranlaßten?*

Ja, es gab noch zwei entscheidende Gründe. Einer war mein Abteilungsleiter. Der hat sich in den Dienstversammlungen hingestellt und von sozialistischen Normen geredet und dann ganz anders gelebt. Mit seinem Sohn bin ich zur Offiziershochschule gegangen. Dem fielen schon damals die Westzigaretten stangenweise aus dem Schrank. Von der Schule her kenne ich auch den Sohn von Herrn Schalck. Der war genauso. Auf einer Fete habe ich Schalck persönlich kennengelernt. Ein echter Großkotz ... Als ich das erste Interview im Fernsehen mit ihm gesehen habe, als er sagte, er sei gegen Privilegien, saß ich allein hier in meiner Wohnung und habe schallend gelacht. Und mein Herr Oberst damals war die gleiche Type. Für die Datsche konntest du den eigentlichen Begriff nicht mehr benutzen. Wenn du da sagen würdest, alles, was nicht seins ist, weg, ich glaube, der säße nicht mal mehr auf seinem Fundament. Jedes Jahr ein neues Auto aus dem Autohaus. Nicht nur für sich, auch für Frau, Sohn, Tochter. Die Tochter fuhr mit 18 einen nagelneuen Lada 1500 S – eine kleine Verkäuferin aus der Rhinstraße.

□ *Und das funktionierte?*

Das funktionierte bestens.

□ *Hättest auch Du das machen können?*

Nein, ich nicht. Das konnten nur die Oberen. Es gab auch einen sogenannten Leitershop im Ministerium. Die Sachen verbilligt – gut, ich halte das für eine einigermaßen vertretbare Sache. Leuten, die ständig mit einer Menge Geld, auch Westgeld, arbeiten, ein Ventil zu schaffen. Und außerdem hat ein Leiter im Ministerium viel Verantwortung gehabt. Und viel Arbeit. Ich muß sagen, mein Vater ist auch erst gegen neun, halb zehn von der Arbeit gekommen. Und hatte sich dann noch einen Packen Arbeit mitgebracht. Da halte ich gewisse Privilegien für berechtigt. Aber daß man übertreibt, sich Sachen aneignet, die für operative Dinge gedacht waren, Video-Rekorder, Fernseher, und das direkt klaut, dafür habe ich kein Verständnis. So etwas habe ich aber erlebt, gerade in der Aufklärung. Denn da boten sich für die Leiter beste Bedingungen. Es waren ja die entsprechenden operativen Gelder in DM da. Da wurde eben dem IM gesagt, daß er das und das mitbringen solle ... Der IM »schenkte« das dann dem Offizier. So lief das ab. Die Masse der Mitarbeiter hatte aber keinen Zugang zu solchen Dingen. Wir mußten jeden Pfennig abrechnen. Von den Leitern wußte man es, konnte es aber nicht beweisen. Mein Herr Oberst ist dann auch vorzeitig pensioniert worden. Das war mir schon eine Genugtuung. Aber zur Verantwortung gezogen wurde er nicht ...

□ *Du sprachst von zwei entscheidenden Gründen.*

Entscheidend waren damals noch die hohen Sicherheitserfordernisse. Es gab im Ministerium verschiedene Sicherheitsstufen und die HVA hatte die höchste. Ich lebte mit einer Frau und zwei Kindern zusammen. Und dann kam die Ablehnung. Ich wurde vor die Alternative gestellt – die Sicherheit oder diese Frau. Ich habe das damals nicht so richtig verstanden. Aus heutiger Sicht ist das eh alles lächerlich. Eigentlich darf ich heute darüber nicht mehr nachdenken. Ich müßte in schallendes Gelächter ausbrechen. Oder anfangen zu heulen ... Der Vater von ihr war Verfolgter des Naziregimes, die Mutter früh gestorben. Die Großeltern im KZ Buchenwald umgebracht.
Sie selbst im Dienstleistungsamt für ausländische Vertretungen tätig. War Genossin ... Und der Grund der Ablehnung war, daß sie ein halbes Jahr als Sekretärin des norwegischen Botschafters gearbeitet hatte. Das war der Ablehnungsgrund, der mir mitgeteilt wurde. Na gut, ich habe die Akte nicht gelesen ...

□ *War das der entscheidende Grund für Deinen Wechsel ins Regiment?*

Das spielte alles eine Rolle. Diese Unsicherheit insgesamt und das und das ... Ich wollte dort weg.

□ *Hast du Dich aufgrund der Ablehnung von der Frau getrennt?*

Ja. Aus heutiger Sicht war das saudumm. Wir haben damals alles vesucht. Sie ist sogar ins Ministerium gelaufen. Hat sich beschwert. Hat aber alles nichts genützt. Bei der anderen Truppe hätte das alles keine Rolle gespielt. Ein viertel Jahr später ...

□ *Warum hast Du Dich für Deine Arbeit im MfS entschieden?*

Weil ich grundsätzlich das, was ich anfange, auch beende.

Ich hatte mich damals entschieden, ich mache das. Und das ist eine Entscheidung, die man für das Leben trifft. Außerdem hattest du eine richtige verfestigte Einstellung. Natürlich war ich sauer auf das MfS. Und irgendwie auch auf die Abteilung. Ich bin ja kurz darauf weg.

□ *Verlief dieser Wechsel völlig problemlos?*

Natürlich nicht, die wollten mich ja nicht gehen lassen. Ich hatte mehrere Kaderaussprachen, bin aber fest geblieben. Ich hätte operativer Dolmetscher werden können. Doch das habe ich abgelehnt. Drei Jahre hier, drei Jahre Ausland, drei Jahre hier ... Das ist nichts. Das ist kein Leben. Also auch das war es nicht, was mich an dieser Arbeit gereizt hat – das Reisen ... Dann war ich noch als Adjutant eines Generals im Gespräch. Das wollte ich auch nicht – ich mache keine Kaffee-Ulla für irgendeinen. Viele haben gesagt: Mensch, da kannst du Karriere machen. Aber das interessierte mich nicht. Ich wollte irgendetwas, was mir richtig Spaß macht. Und ich habe um die Versetzung ins Regiment gebeten.

□ *Wie alt warst Du zu diesem Zeitpunkt?*

'84 war das, da war ich 26. Da draußen in Glienicke, das hat mir viel Spaß gemacht. Die Arbeit mit den Leuten, mit hundert verschiedenen Charakteren. Ich wurde dann für ein Jahr in die Schule versetzt. Das hat mir weniger Spaß gemacht, Lehrer erzählen ja doch immer das Gleiche. Nach einem Jahr bin ich wieder zurück ins Regiment.

□ *Warum mußtest Du an die Schule? Geschah das auf eine Anweisung hin?*

Die Geschichte ... Ich weiß nicht, das ist alles ein bißchen kompliziert. Ich bin damals nicht ganz freiwillig aus Glienicke weggegangen. Ich wurde gegangen. Ich war nicht mehr tragbar.

□ *Aus welchem Grund warst Du nicht mehr tragbar? Politisch? Oder persönlich?*

Persönlich. Man hat mir meinen Umgangskreis vorgeworfen. Ich wurde dort erst zehn Tage unfreiwilligerweise festgehalten. Also, die haben mich regelrecht eingebuchtet. Und nach zehn Tagen mußten mich meine Mutter und mein Vater abholen ... Wenn ich mir das jetzt überlege, finde ich das fast schon amüsant. War 'n Luxusknast. Römerweg in Karlshorst. Schöne Villa. Wir hatten ja so einen schönen großen Apparat, der hat sich mit sich selber beschäftigt. Der war so groß, daß er noch einen Apparat brauchte, der sich mit dem Apparat beschäftigte. Das war die Hauptabteilung Kader und Schulung. Die war riesig aufgebläht. Und da gab es eine Abteilung Disziplinar, die für solche Fälle zuständig war ... Ich war krank geschrieben und arbeitete den ersten Tag wieder. Ich war Offizier vom Dienst. Hatte mich extra gesund schreiben lassen für den Dienst. So blöd war ich ... Aber es kam nicht zur Dienstübernahme. Weil mich Mitarbeiter der Hauptabteilung Kader und Schulung abholten. Nicht in langen Ledermänteln, aber im Lada und zu zweit. Ich wurde ins Zentralobjekt Wuhlheide gefahren. Dort saßen wieder zwei andere. Die stellten sich als Mitarbeiter der Abteilung Disziplinar vor. Und sie wollten mit mir reden. Nach diesem Verhör war ich dann zehn Tage verschwunden ... Spurlos verschwunden, verschollen ...

□ *Was konkret wurde Dir denn von diesen Mitarbeitern vorgeworfen?*

Mein Freundeskreis. Da waren B. und M., die Westverwandtschaft hatten und in kirchlichen Kreisen verkehrten. Und noch eine andere Sache ... Die brauchten zehn Tage, um das zu klären. Im Endeffekt hat man mir empfohlen, den Kontakt abzubrechen. Man hat es von mir gefordert. Ich habe es nicht gemacht. Ich habe mich einen Scheißdreck um diese Empfehlung geschert.

□ *Hattest Du zu dieser Zeit Angst um Dich, Angst vor dem Apparat im Apparat?*

Ich habe keine Folterhölle erlebt. Es war nicht gerade angenehm dort, von zwei Leuten ständig bewacht. Die haben mich aber nicht behandelt wie einen Verbrecher, weil die Sache ja nicht aufgeklärt war. Außerdem waren das zwei von unserer Kadertruppe – jede Abteilung hatte eine Kadertruppe – die kannte ich schon lange. Mit denen habe ich schon vorher und dann auch später wieder zusammengearbeitet. Das ist schon komisch ...

□ *Zehn Tage. Warum hast Du trotzdem weitergemacht?*

Sicherlich aus denselben Gründen wie vorher. Aber da kam noch etwas anderes hinzu. Ich habe dann gesagt: Na wartet! Ich wußte genau, ich gehe an die Schule, und ich komme wieder. Die hatten mich in der Dienststellung herabgesetzt – ohne jeglichen Grund. Ich war damals Referatsleiter. Bin dann an die Schule – das ist eine einfache Mitarbeiter-Planstelle gewesen. Rein vom Verfahren her mußten sie das aber begründen, wenn sie dich herabsetzten. Das war ja eine andere Planstelle. Und an der Schule ... Die war übrigens in Döllen, schräg gegenüber vom schönen Jagdschloß des Herrn Honecker. Da haben wir auch Stories erlebt. Denn Herr Mittag hatte auch seine Datsche gegenüber am See. Mit dem Boot durftest du nur bis zur Seemitte fahren. Ansonsten beschwerte sich Herr Mittag. Du durftest nicht zuviel Krach machen, und angeln durftest du auch nicht ... Na ja, zurück zur Schule. Ich wollte es ihnen zeigen. Ich habe es drauf ankommen lassen. Habe den Kontakt nicht abgebrochen und bin nach einem halben Jahr Sturm gelaufen. Da ist dann so richtig die Wut gekommen. Vorher war ich durch die zehn Tage etwas eingeschüchtert. Und dann dachte ich, jetzt fängst du an zu kämpfen. Ich hatte mehrere Auseinandersetzungen mit dem Leiter dort an der Schule. Dann habe ich ein Gespräch mit dem zuständigen Abteilungsleider Kader gehabt, ein total verknöcherter Stalinist ist das gewesen. Ich würde gern mal wissen, an welchem Postschalter der jetzt sitzt. Ich muß ganz ehrlich sagen: Für manche freue ich mich sogar, daß es so gekommen ist. Die gehören nur in Hilfsarbeiterpositionen. Weil die bei der Arbeit mit den Leuten im Ministerium so viel kaputtgemacht haben. Sich immer nur mit sich selbst beschäftigt haben ... Dienstwagen, Datsche und so weiter.

□ *Wir waren noch bei der Zeit nach den zehn Tagen. Was passierte danach?*

Ich habe mir einen Termin geben lassen bei diesem zuständigen Kaderoffizier. Dort gings hin und her, wir haben uns gegenseitig angebrüllt. Ich habe klipp und klar meine Forderungen auf den Tisch gepackt. Ich habe meine Rückversetzung in meine Einheit gefordert. Und meine vorherige Einstufung als Kompaniechef. Ich habe gesagt, daß ich ansonsten wegen der zehn Tage gerichtliche Maßnahmen einleiten werde. Schließlich ging es um Freiheitsberaubung.

□ *Du meinst, das wäre gegangen?*

Ja, aber sicher. Es existierte kein Strafbefehl. Nach den Gesetzen der DDR kann man ohne Haftbefehl bis zu 24 Stunden zugeführt werden. Oder es gibt einen Strafbefehl. Den kannst du bei den Offizieren oder beim Minister unterschreiben lassen. Einen Strafbefehl, daß ich zehn Tage Arrest bekomme.

□ *Den gabs aber auch nicht?*

Den gabs auch nicht. Mit welcher Begründung wohl auch?

□ *Du hättest Dich an den Militärstaatsanwalt wenden müssen?*

Ja. Aber das ist ja alles nicht passiert. Ich hatte auch genug Zeugen dafür, daß ich dort gesessen habe. Ich meine, dabei ist auch ein ernstzunehmender menschlicher Schaden verursacht worden. Ich wurde ja damit in der Diensteinheit völlig unmöglich gemacht. Deshalb wollte ich meine Rehabilitierung. Und das habe ich letztlich auch erreicht. Ich habe mich durchgesetzt. Ein paar Tage später wurde ich zurückversetzt ... Und ich war froh, daß ich dort weg war. Mein Leiter kannte nur drei Wege: zum Friseur, zur Massage, nach Hause. Aber gut, darum geht es ja gar nicht. Daran sieht man nur, daß dieses Leben im Ministerium auch nicht ganz unkompliziert war. Denn du hast auf der einen Seite viele gute Sachen erlebt. Viele wirklich kompetente Leute kennengelernt. Auch richtige Freunde. Und auf der anderen Seite eben auch viel Mist. Genauso wie es überall war. Aber es funktionierte eben alles noch viel besser als in der Volkswirtschaft. Weil die Leute fleißiger waren.

□ *Spielte das Geld wirklich eine so geringe Rolle?*

Ich habe nicht allzuviel davon gehabt.

□ *Kommen wir noch einmal auf die zehn Tage zurück. Du sagtest, Deine Eltern haben Dich dort in der »Villa« abholen müssen.*

Ja. Dann mußte ich für ein Jahr lang in psychologische Behandlung.

□ *Auf wessen Geheiß?*

Auf Geheiß der Abteilung Disziplinar.

□ *Welche psychologischen Defekte meinte man denn bei Dir festzustellen?*

Vielleicht die psychologischen Defekte, die bei mir durch die Zentrale entstanden waren. Ich habe keinen Sinn darin gesehen. Die Psychologin war eine sehr nette Frau. Eine gute Ärztin. Wenn man wirklich mal etwas hat, kann man dort ruhig hingehen.

□ *Du hast auch danach im MfS weitergearbeitet.*

Vielleicht bin ich deshalb ein bißchen verrückt ...

□ *Wie haben es Deine Eltern aufgenommen, daß Du von der Hauptverwaltung Aufklärung weggegangen bist? War Dein Vater enttäuscht?*

Nein, eigentlich nicht. Er hat das schon verstanden. Er war ja froh, daß ich überhaupt drin geblieben bin. Das spielte immer noch eine Rolle. Bei allem, was ich getan habe, habe ich immer auch versucht, meine Eltern zu schützen. Ich konnte, ja schon deshalb nicht so, wie ich wollte ...

□ *Habt ihr über solche Dinge zu Hause beraten oder hast Du immer selbst entschieden?*

Ich habe immer allein entschieden. Meine Eltern haben meine Entscheidungen akzeptiert. Sie haben letztlich auch akzeptiert, daß ich meine Verbindungen zu B. nicht abgebrochen habe. Ich habe die Kontakte dann ja nicht heimlich gemacht.

□ *Hat Dein Vater länger gebraucht, um dies zu verstehen oder war er prinzipiell so aufgeschlossen?*

Ich glaube, gesagt hat er nach außen etwas anderes als er dachte. Bei uns in der Familie gab es immer so eine Skatrunde. Dazu gehörten mein Vater, der Bürgermeister von Friedrichshain und der damalige stellvertretende Minister für Handel und Versorgung. Die haben schon seit Jahren gesagt, daß der große Knall nicht lange auf sich warten läßt. Vielleicht seit fünf, sechs Jahren sagten sie, daß die Wirtschaft am Ende sei. Später wurde das ja ganz akut. Mein Vater ist im Juni 1989 gestorben. Das letzte Gespräch hatte ich mit ihm draußen auf der Datsche. Das war einen Tag vor seinem Geburtstag. Zwei Tage später ging er dann zur Herzoperation. An diesem Tag habe ich zu ihm gesagt: »Ich will weg!« Ich wollte raus zu diesem Zeitpukt. Daraufhin hat er zu mir gesagt, ich solle meine 15 Dienstjahre noch voll machen und dann aufhören. »Dann aber mach Schluß«, meinte er. »Länger geht das auf keinen Fall hier. Wenn's nicht schon früher zum Knall kommt«. Er hat dieses Ende vorausgesehen. Ein paar Monate später war es ja dann soweit ... Wir haben das eigentlich alle gespürt. Viele von uns. Du hattest doch als Mitarbeiter der Staatssicherheit einen viel größeren Einblick. Mein Schwager war bei der Hauptabteilung XVIII, Wirtschaft. Er erzählte, Vater erzählte, Mutter erzählte, da formte sich schon ein konkretes Bild. Ich war damals so am Ende, ich hatte schon regelrechte Putschpläne. Ich wollte meine Kompanie nehmen, Wandlitz umstellen und das ganze Politbüro hops nehmen. Ich hab' das damals zu B. gesagt. Ihr könnt ihn fragen. Man hätte das vielleicht machen sollen. Vielleicht wärst du heute ein Held. Denn wir habens doch gewußt ... Wir haben doch gemerkt, wie es war. Aber der Apparat wurde durch den anderen Apparat im Griff gehalten. Und du wußtest nicht, ob dein Nachbar mitzieht oder nicht. Dreht er die Waffe um und hält sie auf dich? Ich weiß, die Sache mit Wandlitz wäre schief gegangen. Weil ich am 7. und 8. Oktober in Berlin ganz andere Befehle geben mußte, und die wurden prompt ausgeführt.

□ *Hattest Du Angst vor diesem Wochenende?*

Sicher ... Ich hatte Angst. Ich hatte vor allem Angst rauszumüssen. Ich denke, ich hatte schon ziemlich weit gedacht. Die Auseinandersetzungen mit den Eltern hatten schon zwei, drei Jahre eher begonnen. Allerdings denke ich, daß mich mein Vater zu schützen versucht hat. Im Prinzip hat er genauso gedacht. Es war doch im Ministerium tatsächlich so, daß du als untragbar hingestellt wurdest, wenn du andere Meinungen vertreten hast. Mein Vater hat versucht, mich davor zu bewahren. Er sagte immer, daß wir uns zu Hause gern darüber unterhalten könnten, daß ich aber die Klappe halten solle im Dienst. Ich habe das nicht gemacht. Ich hab auch mit anderen Leuten im Ministerium regelrechte Streitgespräche geführt. Manche Dinge habe ich sogar vor meinen Soldaten so gesagt wie sie waren. Vielleicht haben sie mich deshalb so geachtet ... Aber wir waren beim 7., 8. Oktober. Ich hatte eigentlich keinen Dienst. Am Sonnabend bin ich einfach mal in die Dienststelle gefahren.

□ *Warum?*

Das hab ich oft gemacht. Überhaupt – der 7. war doch Feiertag. Da kümmert man sich halt ein bißchen um die Leute. In Glienicke war ich mehr in der Diensteinheit als zu Hause. Das war den Leuten zwar nicht immer recht, aber du hattest ja erst nach 17 Uhr richtig Zeit, dich um sie zu kümmern. Meist sind es dann zwei, drei Stunden geworden, wir saßen dann auch oft in der Objektgaststätte. Wenn sie ein Bierchen getrunken hatten, wurden die Jungs lockerer ... Am 7. aber, das war Zufall.

□ *Du hattest aber vermutet, daß es am 7. losgeht ...*

Damit hatte ich gerechnet. Ich hatte ein ungutes Gefühl. Ich wußte, daß sich die Leute einen Kopf machen, denn sie waren ja darauf eingestellt, daß irgendetwas passieren wird. Viele hatten Angst, andere wiederum sind richtig heiß gewesen ... Dadurch war natürlich Spannung im Kollektiv. Ich war der Meinung, daß in diesem Moment mein Platz dort ist. Ich konnte auch zu Hause nicht ruhig sitzen. Du wußtest ja, wie es ist. In Glienicke waren wir immer wie eine große Familie. Die Soldaten hatten sich daran gewöhnt, daß ich sehr oft drin geblieben bin. Dadurch hab ich auch Ordnung gehabt. Meine Soldaten wußten, wenn etwas nicht läuft, dann kriegen sie eins hinter die Ohren, und wenn es gelaufen ist, konnten sie von mir alles haben. Ich war der, der am meisten belobigt hat, aber auch am meisten bestrafte. Beides.

□ *Am 7., was passierte, als Du drin warst?*

Ich war beim Abendbrotessen. Plötzlich stürmt der Gehilfe

des Offiziers vom Dienst in den Speisesaal. »Alle Offiziere zum OvD!« Da mußte ich ja nun mit hin ... Marschbereitschaft herstellen. Ausrüstung: Dienstuniform, Schlagstock, Offiziere mit Pistole. Zehn Minuten später stand ich mit meinen Soldaten. Die Atmosphäre war gespannt. Ein oder zwei Tage davor wurde uns in einer Einweisung gesagt, daß mit konterrevolutionären Aktionen zu rechnen sei und daß diese auch zu unterbinden seien. Wenn es sein muß, auch mit Gewalt.

□ *Du sagtest vorhin, Du wärest im Denken schon weiter gewesen. Dann mußte Dir doch klar gewesen sein, daß dies keine konterrevolutionären Aktivitäten sind, dann muß Dir doch dieser Einsatz zuwider gewesen sein!*

Du, in dem Moment hast du das anders empfunden. Du, ich wollte auch nicht, daß so etwas wie jetzt passiert. Das wollte ich nicht. Dieses deutsch-deutsche Einheitsgeschrei. Und ich hatte damals schon innerlich gespürt, daß es hier in die entgegengesetzte Richtung geht. Weil die Deutschen so sind. Die fallen immer von einem Extrem ins andere. Und solche Tendenzen gab es doch schon damals. Tendenzen, die über die Verbesserung dieses Systems hinausgingen. Obwohl es den meisten erst einmal darum ging, dieses stalinistische System zu vernichten. Aber eben auf sozialistischer Basis. Und was machen wir jetzt? Ich arbeite viel mit Leuten von drüben. Und da merkst du auch, wie knallhart es dort zugeht. Die Leute hier werden sich alle umgucken. Die eine Diktatur wird durch die Diktatur des Geldes ersetzt. Ist es das, was die Leute damals wollten? Aber selbst das, was die Leute damals an Forderungen hatten, haben wir nicht so gesehen. Darin siehst du, daß die Staatssicherheitserziehung nicht spurlos an einem vorübergegangen ist. Natürlich hatten wir zu einzelnen Fragen die gleiche Meinung, aber als es darauf ankam, haben wir gestanden, habe ich gestanden. Ich habe den Befehl gegeben: Marschbereitschaft herstellen! Aufsitzen! Abfahrt!

□ *Glaubtest Du an die Veränderung von oben?*

Ja. Ich habe gehofft, daß sich die Reformkräfte in ZK und Politbüro endlich finden und aufräumen dort oben. Insgeheim hoffte ich auch auf den Druck von unten. Sonst hätte sich wahrscheinlich nichts bewegt. Aber das Ventil fing an zu pfeifen und flog weg ... Man kann über viele Dinge heute klug reden. Man kann fragen: Warum hast du das nicht gemacht und das nicht ... Ich persönlich habe mir in den Oktobertagen eigentlich nur eine Sache vorzuwerfen. Aber dazu komme ich noch ... Wir sind am 7. gegen 18 Uhr rausgefahren. Abfahrt zum ZK. Also wenn Herr Krenz sagt, zwischen Staatssicherheit und Partei gab es keine Verbindungen, da kann ich nur lachen. Denn der Führungspunkt war im ZK. Und der Einsatz wurde von der Volkspolizei geführt. Die Staatssicherheit wurde der VP unterstellt. Im Führungspunkt der Staatssicherheit saß Schwanitz, im Haus des Lehrers.

□ *Wo waren Mielke, Mittig?*

Wo Mittig war, das weiß ich nicht. Viele sagen, sie hätten Mielke gesehen ... Mein Gott, die alten Daddies. Die haben am 7. auf der Tribüne gestanden, haben die Parade abgenommen. Dabei sind sie doch schon halb zusammengebrochen. Was sollen die denn abends noch durch die Stadt krauchen! Die haben sich zu Hause ihren Swimmingpool anheizen lassen, haben sich den Sekt kalt stellen lassen und haben auf den Nationalfeiertag angestoßen. Die hat doch gar nicht interessiert, was passierte. Das war ja auch gar nicht notwendig, weil sich der Apparat von selbst in Bewegung setzte. Der Apparat hat doch funktioniert.

□ *Was glaubst Du, auf welcher Ebenen die Entscheidungen getroffen wurden? Du hast gesagt, Schwanitz war auf eurer Seite. Und auf Parteiebene? Krenz?*

Sicher wird das schon Herr Krenz gewesen sein. Wer sonst? Ich kann mich aber nicht dafür verbürgen ...

□ *Welche konkreten Anweisungen hast Du dann am ZK-Gebäude bekommen?*

Erstmal hatten wir eine gute Stunde nur gestanden. Dann war die Rede von einem Pulk Rowdies und Randalierern ... Wir fuhren zum ZK. Schon die Fahrt war gespenstisch. Wir kamen die Leninallee herunter. In der Kolonne. So 40 Fahrzeuge. Das waren zwei Bataillone. Unten an der Mollstraße gings links rum. Dort war alles abgesperrt. Da stand die VP, dahinter die Räumfahrzeuge, dahinter die Wasserwerfer. Davor: die Massen. So etwas habe ich noch nie in meinem Leben gesehen. Das war wie im Horrorfilm. In diesem Moment hab ich gemerkt, daß es ernst wurde. Bis dahin hab ich noch gedacht, Reserveeinsatz oder so ... Aber es wurde ernst. Da rutscht einem ganz schön das Herz in die Hose. Am ZK selber kam der Befehl, Schönhauser Allee, Gethsemanekirche abriegeln! In der Stargarder Straße hinter der VP abriegeln! Wir sind in die Stadt rein. Das war schon furchtbar, denn da ging es eigentlich richtig los. Überall VP. Lärm. Wie Kreuzberg. Totales Verkehrschaos. Ein Mannschaftswagen der VP hinter dem anderen. Dann der Befehl: Absitzen! Ich mußte mit meiner Kompanie in die Stargarder Straße. Dort stand schon eine VP-Kette. Die Leute saßen friedlich vor der Kirche. Es ist ja nichts passiert. Es ging auch gar nicht um die Leute an der Kirche. Es ging darum, nicht zuzulassen, daß der Strom vom Alexanderplatz, wo schon Randale war, bis zu dieser Kirche gelangt. Wir sollten diesen Strom von der Kirche abdrängen. Hinter uns hatten sich Schaulustige angesammelt. Das Kino war zu Ende, und in der Schönhauser ist ja auch immer Betrieb. Ich hatte 1000 Mann im Rücken. Da habe ich kehrtmachen lassen. Da kam es schon zu übelsten Beschimpfungen. Die Leute haben die Soldaten angespuckt, es flogen Flaschen. Später beim Räumen haben sie einem von meinen Soldaten die Zigarette im Gesicht ausgedrückt. Wir standen jedenfalls dort noch zwei Stunden rum. Dann kam ein Streifenwagen der VP. Da saß ein VP-Hauptmann drin. Der befahl: Räumen! In Richtung Schönhauser Allee räumen.

□ *Du mußtest den VP-Befehl ausführen?*

Ja. Wir mußten den Befehl ausführen. Ich Major, er Hauptmann. Aber das spielte in diesem Moment alles keine Rolle. Ich dreh mich auf diesen Befehl hin um und sehe, daß mit einem Mal alle VP-Offiziere verschwunden sind. Alle weg! Was sollte ich machen? Ich hab den Befehl zum Räumen selbst gegeben. Wir räumten die Schönhauser Allee bis zum S-Bahnhof Schönhauser Allee.

□ *Wie räumt man?*

Mit Räumkette. Unterhaken, ins Koppel fassen – beidseitig, und drückt die Kette vorwärts. Man glaubt gar nicht, was da für eine Wucht dahintersteckt. Bei 100 Soldaten. Vor uns waren mittlerweile 3000 Leute. Aber es ging. Bis Höhe CDU-Bezirksvorstand, Ecke Wichertstraße. Dort war alles in Auflösung. Die VP hat Leute eingesackt, auf die LKW verladen und in die Zuführungspunkte gefahren.

□ *Wurde geprügelt?*

Ja, es wurde geprügelt. Allerdings nicht von meinen Leuten. Die konnten ja gar nicht, denn die haben ja geräumt. Aber die Kette der VP hinter uns hat geprügelt. Sie haben links und rechts zur Seite geschlagen. Dem einen vom sowjetischen Fernsehen schlugen sie die Kamera aus der Hand. Sie sind mit Hunden auf die Leute los. So ging dieser Einsatz zu Ende. Und am 8. passierte genau dasselbe. Wieder raus. Wieder Alarm. Das war dann eigentlich die größere Sache. Wir waren Gott-sei-Dank erstmal Reserve, wurden später im Hinterland zum Abriegeln eingesetzt. Also 100 Meter weg vom Geschehen. Als dann die VP mit der Räumung begann, kam an uns wieder Befehl: Willi-Bredel-Straße in Richtung Schönhauser Allee räumen! Weil die Leute nun alle in die Seitenstraßen strömten. Wir sollten verhindern, daß die Massen Richtung Staatsgrenze durchbrechen. Die ist ja dort gleich links. Also räumten wir bis zur Schönhauser Allee. Dort fuhr noch ein

Wartburg auf unsere Kette zu. Mit Vollgas. Dabei hätte es Tote geben können. Auf unserer Seite. Also friedlich war das wirklich nicht. Ich empfinde diese Sache dort als nicht friedlich. Auch aus heutiger Sicht. Denn das hat mit friedlich und Gewaltfreiheit nichts zu tun, wenn einer »Keine Gewalt!« brüllt und dabei einen Soldaten in die Weichteile tritt. Wieder zurücktritt und wieder sagt: »Keine Gewalt!« Oder wenn man mit Brechstangen auf uns losgeht. Was meinst du, was da alles auf der Straße rumlag anschließend, was die VP aufgesammelt hat. Das war keine Ausrüstung von uns.

□ *Der Wartburg fuhr direkt in die Kette?*

Ja. Die Leute von mir blieben stehen, und der fuhr wirklich bis auf einen Millimeter ran. Er hat 'ne Vollbremsung gemacht, nachdem er gemerkt hatte, daß meine Leute nicht zur Seite gehen. Mit Vollbremsung bis kurz vor die Kette ... Das war der einzige Moment, in dem ich wütend geworden bin. Den hab ich regelrecht aus dem Auto gezogen, mitsamt Sicherheitsgurt. Vor Wut ... Gott sei Dank konnte ich mich im nächsten Moment beherrschen. Ich hab ihm keine gedrückt ... Aber ich hatte – das muß ich sagen – Lust dazu.

□ *Hast Du auch Leute zugeführt?*

Ja. Als sich die Leute an der Ecke wieder sammelten, kam ein Oberst der VP. Der sagte zu mir, ich solle die Leute auffordern, daß sie nach Hause gehen, wenn sie nicht Folge leisten, zuführen. »Wohin«, fragte ich ihn. »Rummelsburg oder Immanuelkirchstraße.« Nach kurzer Zeit sammelten sich dort immer mehr Leute, der Oberst kam noch einmal. »Los! Zuführen!«, befahl er. Wir haben dann eine Kette gebildet, die Leute eingekreist. LKW von hinten ran, und dann wurde aufgeladen.

□ *Mit Gewalt?*

Nein. Die Leute sind freiwillig aufgestiegen. Das ist übrigens das Kuriosum: In der BILD-Zeitung, ich glaube, vom 18. Oktober, war ein Artikel drin von diesem Einsatz ...

□ *Und die Leute waren halbtot?*

Nein. Überhaupt nicht. Die haben uns im Prinzip bescheinigt, daß die Zuführung nicht gewaltsam erfolgte.

□ *Du warst beim Aufladen ...*

Ja. Ich hatte dann meinem Zugführer befohlen, die Zuführungen zu fahren. Der kannte sich aber nicht aus. Der wußte nicht, wo die Immanuelkirche ist, der wußte auch nicht, wo Rummelsburg ist. Da habe ich die Zuführungen selbst gefahren, vorneweg. Auf den zwei LKW waren vielleicht 40, 50 Leute. Wir sind zur Immanuelkirchstraße gefahren. Aus heutiger Sicht, was ich jetzt weiß, war es besser für die Leute, daß sie dort nicht hingekommen sind. Dort war es ziemlich schlimm. Es war voll dort. Deshalb haben die uns nach Rummelsburg geschickt. Ich muß sagen, was ich dort sah, war auch nicht gerade angenehm. Ich mußte ja rein und hab gesehen, wie sie die Leute durch eine VP-Kette gejagt haben. Die mußten alle da durch. Alle einzeln. Da wurde auch mit dem Schlagstock nachgeholfen. Ich bin dann hoch ins Gebäude. Dort oben lag ein Haufen Zettel, Strafvollzugsbefehle oder irgend so ein Schwachsinn. Es muß wohl ein Staatsanwalt gewesen sein, der die Dinger reihenweise in die Schreibmaschine tippte. Ich weiß nicht, welche rechtliche Bedeutung das hatte ... Jedenfalls sagten die mir, auch bei ihnen sei alles voll. Die schickten uns nach Mahrzahn in ein Objekt der VP. Also fuhren wir dorthin. Ich fuhr auf den Hof rauf ... Ich muß sagen, ich kam mir vor wie bei den Nazis ... Da standen die Polizisten, sogar Polizistinnen, mit Schlagstock, alle versetzt. Ich war dort der einzige Offizier der Staatssicherheit mit ingesamt vier Soldaten. Mehr saßen nicht auf den LKW zur Bewachung, jeweils zwei. Wenn das gewalttätige Demonstranten gewesen wären ... Die hätten ja auch locker die Soldaten runterschmeißen können.

□ *Ohne Probleme?*

Ohne Probleme. Die Soldaten waren ja nicht bewaffnet. Die hatten doch keine Waffen. Nur den Schlagstock ... Der ist aber während der gesamten Zeit nicht zum Einsatz gekommen. In der Einweisung zur Anwendung polizeilicher Mittel hatte ich die Anwendung verboten.

□ *Am Samstag und Sonntag?*

Am Samstag und Sonntag. Ich habe gesagt, der Einsatz geschehe nur auf meine Anweisung hin. Oder wenn wirklich das Leben irgendwie in Gefahr ist. Daran haben sich die Soldaten auch gehalten.

□ *Du mußtest den Befehl nicht geben?*

Nein. Und darüber war ich heilfroh. Egal, wen du da vor dir hast, so ein Schlagstock tut wirklich weh. Dazu muß ich noch sagen, daß wir solche polizeitaktischen Maßnahmen bis dahin nie geübt hatten. Das muß man sich vorstellen. Natürlich gab es im Regiment so eine Ausbildung, aber meine Soldaten waren ja erst ein halbes Jahr dabei. Und nun wurden sie losgeschickt mit den Dingern. Das war alles Instinkt. Auch ich bin nicht in die Verlegenheit gekommen, so etwas machen zu müssen. Es ist schon verdammt schwer, die Nerven zu behalten, damit du dir danach nichts vorzuwerfen hast. Ich habe mir aber vorzuwerfen, nichts gemacht zu haben, dort, in Marzahn, bei der VP. Da muß ich ganz ehrlich sagen: Eigentlich hätte ich dazwischengehen müssen. Vielleicht war das Feigheit ... Andererseits: Ich hatte nur vier Soldaten. Und ich wäre allein gewesen als Offizier der Staatssicherheit. Auf dem Hof standen so 50, 60 Polizisten. Die prügelten die Leute vom LKW. Den einen haben sie an die Wand gestellt. In dieser Spreizfingerstellung. Beine breit, daß er sich gerade noch halten konnte ... Dann sackte er zusammen, und dann haben die den regelrecht wieder hochgeprügelt ... Was ich dort gesehen habe ... Aber es war ja nichts. Es war ja nichts in Mahrzahn. Es war ja bis heute nichts. Wenn ich das schon höre! Ich glaube, da sitzt bis heute der gleiche Amtsleiter. Wirklich, das ist der einzige Vorwurf, den ich mir zu machen habe. Ich habe dort nichts getan. Das Ergebnis wäre von vornherein klar gewesen. Wir hätten zu fünft dann mit an der Wand gestanden. Auf mich hätte dort keiner gehört. Ich hatte denen gegenüber ja keine Befehlsgewalt.

□ *Kann es aber nicht sein, daß neben der Angst unterschwellig dieses Feindbild gegenüber den Demonstranten wirkte?*

Das vielleicht auch. Ich hatte ja vorher auf der Straße erlebt, daß einem meiner Leute die Zigarette im Gesicht ausgedrückt wurde. Daß meine Soldaten angespuckt wurden, mit Flaschen auf sie losgegangen wurde. Einmal konnte ich es gerade noch verhindern. Da hab ich einen durch die Kette gezogen, der gerade mit erhobener Flaschen auf einen Soldaten von mir zukam. Wenn der dem die Flasche über den Kopf gezogen hätte, ich weiß nicht, ob der Soldat noch leben würde ...

□ *Seid ihr nicht mit Stahlhelm raus?*

Nein. Schirmmütze. Also, es hatte sich doch schon viel angestaut. Aber trotzdem kann ich nicht akzeptieren, wenn grundlos ... So war es in dem Moment. Ich akzeptiere das gerade noch bei Gewalt auf der Straße. Ich finde es auch heute noch in Ordnung, wenn gegen Gewalttäter Gewalt eingesetzt wird. Aber Gewalt eben auch wirklich nur so lange, bis der Zweck erreicht ist. Ich kann die Leute nicht anschließend grundlos verprügeln. Und in Mahrzahn kam noch hinzu, daß keiner wußte, ob nicht auch Unbeteiligte unter den Zugeführten sind. Das muß doch erstmal geklärt werden. Aber selbst wenn es sich erweist, daß Beteiligte zugeführt worden sind, gibt es noch lange keinen Grund, im Nachhinein zu prügeln. Überhaupt, finde ich, wurde diese ganze Idiotie am 8. Oktober provoziert durch die massenhafte Anwesenheit der Polizei, unseres Regimentes, letzten Endes der Staatssicherheit. Am 9. hat man die Leute dann im Hintergrund gehalten.

□ *Wie waren für Dich die Stunden in der Nacht vom 7. zum 8. Oktober? Wie hast du Dich gefühlt, was hast Du gemacht?*

Ich weiß nicht, wie ich mich gefühlt habe ... Kaputt? Der Einsatz am 7. ging bis 2 Uhr. Das war so eine Nervenanspannung ... Wir haben anschließend noch im Dienstzimmer gesessen und 'ne Weile geredet. Dann hab ich mich hingelegt und wie tot geschlafen.

□ *Was hast Du über den Einsatz gedacht?*

Gar nichts. Denn das hast Du in dem Moment noch gar nicht verarbeitet. Ich hab bloß gesagt: »Scheiße! Jetzt bist du doch mittendrin ...« Das war alles, was du in dem Moment denken konntest.

□ *Habt ihr euch untereinander verständigt?*

Weniger. Es war ja sowieso so, daß die Stimmung unter den Soldaten sehr differenziert war. Es gab welche, die waren der Meinung, die Demonstranten müßten zusammengehauen werden, es gab andere. Von ersteren mußte ich zwei aus dem Einsatz nehmen. Die hab ich dann am 8. nicht mehr mitgenommen.

□ *Warum?*

Es gab dafür einen konkreten Anlaß. Die hatten sich am 7. einen aus der Masse gegriffen und wollten gerade ... Ich stand aber daneben. Ich habe gesagt: »Schluß!«

□ *Du warst bei der Differenzierung?*

Ja. Es gab auf der anderen Seite auch Soldaten, die mit den Demonstranten sympathisiert haben. Das hast du gemerkt.

Die haben sich auch mit den Leuten unterhalten, die vor ihnen standen. Wobei das unter den Demonstranten natürlich auch sehr differenziert war. Es gab auf der einen Seite sehr kluge Leute, es gab aber auch Dummköpfe. In der Kompanie gab es dann auch solche, die über nichts nachgedacht haben. Vielleicht war es auch das, was mir an der Arbeit so einen Spaß gemacht hat. Du hattest eben hundert verschiedene Leute. Aber irgendwie mußtest du mit allen fertigwerden. Du mußtest letztlich jeden überzeugen, jeden dazu bringen, daß er das macht, wie du es willst. Ich denke, hätte ich den Befehl zum Prügeln gegeben, ich bin überzeugt, daß sie auch diesen Befehl ausgeführt hätten.

□ *Du hättest es damals nicht verweigert, solch einen Befehl zu geben?*

Das weiß ich nicht. Das ist eine Frage mit Wenn und Aber. Es gibt Leute, die haben sich schon immer als Widerstandskämpfer gefühlt. Dazu gehöre ich nicht. Ich habe vorher mein Bild von den Vorgängen im Land gehabt. Viele meiner Freunde können das bestätigen. Aber letztlich ist auch das nur ein Alibi. Letztlich habe ich zu dem gestanden, was ich tat. Mir hat meine Arbeit sogar Spaß gemacht. Ich habe sehr viel Schönes erlebt, aber auch sehr viel Negatives. Insofern habe ich mich als Kompaniechef in nichts von dem Betriebsdirektor unterschieden. Natürlich würde jetzt wieder jemand sagen, ich hätte 'ne Meise, solche Vergleiche anzustellen. Aber man muß das so sehen: Die Mitarbeiter der Staatssicherheit, das sind 100000 Mann gewesen, einschließlich einer inoffiziellen Basis von vielleicht einer Million. Das sind zehn Prozent der DDR-Bevölkerung. Alles Verbrecher? Das geht nicht. Ganoven und Verbrecher hab ich genug kennengelernt. Manchen Handwerker zum Beispiel ... Leute, die sich auf Kosten der Gesellschaft gesundgestoßen haben und heute am lautesten brüllen. Die dürften sich so einen Wechsel gar nicht wünschen, denn jetzt müssen sie arbeiten. Wir sind gewöhnt zu arbeiten. Das merkst du auch jetzt, wenn du drüben bist. Dort zählt Kompetenz. Und da ist es egal, wo du herkommst, was du denkst. Wenn sie mich fragen, sag ich ehrlich, was ich hier gemacht habe. Viele von unseren Leuten haben jetzt bei Versicherungsgesellschaften angefangen oder bewerben sich bei der amerikanischen Militärpolizei. Und werden angenommen. Wach- und Schließgesellschaften, Detektivbüros – die reißen sich um uns. Wir sind ausgebildete Leute. In der Aufklärung gab es fast nur Spitzenleute. Davon kann der Bundesnachrichtendienst nur träumen ... Was wir hier wegwerfen an Ausbildung. An guter Ausbildung. Da sind Computerfachleute dabei, die schicken wir als Flaschenstapler in die Kaufhalle. Das ist doch lächerlich. Das ist doch alles lächerlich, was in diesem Land passiert. Ich sitze manchmal hier und lache nur noch vor mich hin ... Dieses idiotische Volk ...

□ *Du bist zynisch.*

Ja, das ist irgendwo Zynismus. Und eigentlich auch ein bißchen Schadenfreude. Die werden schon sehen. Wir werden bald wieder einen Geheimdienst haben. Nach den gesamtdeutschen Wahlen gibts den Verfassungsschutz hier in der DDR. Der Sicherheitsapparat, den wir hier hatten, der war ja sehr kompakt. Es war alles in einem vereint. Die Spionageabwehr, die Terrorabwehr, die Aufklärung. Drüben ist das alles zersplittert. Die haben den Bundesnachrichtendienst, ein Bundesamt für Verfassungsschutz, die Landesämter, die haben eine Abteilung Staatsschutz mit den Abteilungen Politische Polizei in den Landeskriminalämtern. Die haben den militärischen Abschirmdienst, das Amt für Nachrichtenwesen der Bundeswehr. Und dann die Polizei, die ja zum Teil Aufgaben hat, die bei uns die Staatssicherheit machte. Wir haben das alles sehr schön konzentriert. Und damit entstand bei uns natürlich so ein aufgeblähter Apparat. Das war die logische Folge. Andererseits war die Technik trotz aller Zuwendungen so schwach entwickelt, daß du für die gleiche Arbeit eben mehr Leute brauchtest. Mit 60 000 Akten, wie bei uns, würde sich drüben überhaupt kein Mensch belasten. Und natürlich wurde bei uns der Apparat größer, je unzufriedener die Leute wurden. Damit nahm aber wieder die Unzufriedenheit der Leute zu. Druck – Gegendruck – Druck. So spulte sich das immer mehr hoch. Das ist alles ziemlich kompliziert ... Aber ich denke, jeder sollte sich die Mühe machen, sich die Dinge zu durchdenken. Man redet so leicht so vieles hin. Eine sachliche Aufarbeitung wird Jahre dauern, weil du juristisch vieles wirklich nicht festmachen kannst. Aber Hauptsache, erstmal Stimmung machen, nicht?! Wenn ich dann an die Diskussionen um die Staatsrente denke ... Wenn ich mein SV-Buch raushole und mal reingucke, da sehe ich, daß ich allein in meinen 14 Dienstjahren 20 000 Mark Freiwillige Zusatzrentenversicherung bezahlt habe. Das ist mein Geld. Niemand hat das Recht, mir das wegzunehmen.

□ *Du hast heute keine schlechtes Gewissen?*

Nein. Ich habe eigentlich keins. Ich fühle mich eher mißbraucht. Denn ich war der Meinung, daß wir die gesamte Gesellschaft schützten und nicht nur diese Clique ...

□ *Du sagst, Du hast kein schlechtes Gewissen. Gut, nun warst Du nicht permanent an Repressalien beteiligt, außer am 7. und 8. Oktober, als auch Du gegen die Demonstranten vorgegangen bist. Aber Du hast doch trotzdem einen Apparat gestützt, der so massiv und unrechtmäßig gewirkt hat ...*

Ja. Eigentlich ja. Aber trotzdem habe ich kein schlechtes Gewissen. Weil ich mir sage, daß auch mein Stellvertreter in Berlin das Kommando hätte haben können. Und da wäre die Sache nicht so abgelaufen, wie sie bei uns gelaufen ist. Ich hatte mit ihm schon mal eine Auseinandersetzung wegen des Sputnik-Verbotes. Ich war der Meinung, daß dies keine Art und Weise war, sich mit anderen Meinungen auseinanderzusetzen. Das erinnerte doch sehr an die 50er Jahre. Hinzu kommt das politische Porzellan, das zerschmissen wurde. Mit dieser Meinung bin ich zu meinem Politstellvertreter gegangen. Der sah das völlig anders. Deshalb bin ich mir sicher, daß er hätte dazwischenschlagen lassen. Insofern bin ich ganz froh, daß ich mit draußen war.

□ *Wie lief dann nach dem 8. Oktober der Dienst bei euch weiter?*

Nach dem 8. wurde vom Minister die Einsatzbereitschaft befohlen. Wir sind dann wochenlang in der Dienststelle geblieben. Haben zunächst noch Bereitschaft gesessen in der Kompanie. Drei Tage später kamen dann Schild und Helm, Schlagstock lang. Das war so am 11., 12. Oktober. Jedenfalls begann noch eine hektische Ausbildung. An der neuen Ausrüstung. Das war ja Sonderausrüstung. Die hatte ich am 8. bei der VP gesehen. Am 7. gar nicht. Am 14., 15. Oktober wurden täglich zwei Kompanien in die Bezirksverwaltung gefahren. Bereitschaft. In voller Sonderausrüstung. Das ging dann so – das muß man sich vorstellen – bis Mitte November.

□ *Wolfgang Herger und Rudolf Mittig sprechen von der Weisung zu äußerster Zurückhaltung schon für den 9. Oktober.*

Sonderausrüstung und die Ausbildung daran beißen sich irgenwie mit äußerster Zurückhaltung. Jeden Montag wurde vom Kommando ein Bataillon nach Leipzig versetzt. Jeden Montag. Bis Mitte November wurden wir an den neuen Gerätschaften ausgebildet. Ich kann mit dieser Formulierung nicht viel anfangen. Am 16. oder 17. November sind wir dann in die Kohle verlegt worden. Übrigens alle Kompanien, die am 7. und 8. Oktober mit draußen waren. Das war ein Befehl von Mielke. Wenn ich da an die SPD oder an das Neue Forum denke, werde ich ganz wütend. Allein das Wachregiment des MfS hat in zehn verschiedenen Großbetrieben gearbeitet. Mit Hunderten von Soldaten. Ohne die wäre das Ganze zusammengebrochen. Als wir in Espenhain abgezogen sind, haben in dieser Dreckbude mit einem Schlag mehr als 400 Arbeitskräfte gefehlt. Wir waren mit mehr als einem Bataillon dort. Und das war nicht etwa wegen der besonderen politischen Situation, sondern weil das langfristige Verträge waren. Ich selbst hatte meinen Kohleeinsatz in diesem harten Winter 1978/79 durch. Ein halbes Jahr. Da stellte sich kein Arbeiter hin. Und da wirst du natürlich wütend, wenn du die Zeitung liest und den ganzen Unfug, der dort drinnen steht. Wir haben uns dann 1989 im Dezember, als wir wieder da unten in der Kohle waren, von allen verraten gefühlt. Auch von Modrow. Ich kann ihn ja verstehen, wenn er seine eigene Akte gelesen hat. Er wird dadurch nicht zu einer positiven Haltung zum MfS gekommen sein. Ist logisch. Aber deshalb muß man doch nicht alle und alles über einen Kamm scheren. Natürlich war das ein Riesenapparat ...

□ *Kommen wir noch einmal zurück zu eurem Kohle-Einsatz. Wußtest Du, aus welchem Grund ihr dorthin geschickt worden seid?*

Ich glaube, um die Untersuchung zu verzögern. Es gab dann Ende November einen Anruf von einem Mitarbeiter der Abteilung Disziplinar. Er wollte, daß ich mit einem Mitarbeiter der Untersuchungsabteilung des MfS Verbindung aufnehmen soll. Dieser Mitarbeiter hatte uns schon wie wild gesucht. Der kam nicht an uns ran. Wir waren mit einem Mal spurlos verschwunden. In der Kohle. Wir hatten dann ein Gespräch zu den Einsätzen am 7. und 8. Oktober. Das war eine richtige Zeugenvernehmung. Wir haben uns dann danach noch ein bißchen unterhalten. Er meinte, daß es verdammt schwer für ihn sei, die Untersuchung zu machen. Er sei von der Staatsanwaltschaft beauftragt worden. Der Mitarbeiter hat sich, denke ich, echt bemüht, Licht in das Dunkel zu bringen. Der hat seine Arbeit sicher ehrlich machen wollen. Aber er erzählte, daß von vielen Leitern überhaupt keine Kooperationsbereitschaft bestehen würde. Da verschwanden Listen mit Namen. Also Einsatzlisten. In dem Moment wurde mir klar, warum wir in die Kohle geschickt wurden. Denn es waren meine Kompanie, die 12. und die 14.; die beiden Kompanien waren in der Prenzlauer Allee im Einsatz gewesen. Und alle drei waren auf einmal in der Kohle ...

□ *Wie war die Stimmung?*

Wir haben uns auf das konzentriert, was dort anstand. Das war ja wichtig, da hast du weniger über alles nachgedacht.

□ *Habt ihr das Gewesene verdrängt?*

Sicher. Irgendwo hattest du dann die Schnauze voll. Du fühltest dich abgeschoben. Aber wir wurden ja da unten echt gebraucht. Es gab viel Arbeit und die haben wir ordentlich gemacht.

□ *Und das Umfeld?*

Das war gut. Es war bekannt, daß unsere Kompanie im Einsatz ist. Doch es gab keine Anfeindungen, denn die Leute dort waren ja an uns gewöhnt. Die kennen uns doch schon seit Jahren. Insofern war das ein wirklich prima Klima. Wir waren dann richtig sauer, als der Befehl kam: Zurückverlegung. Etappenweise. Zuerst haben sie die älteste Dienststellung entlassen. 20 Mann von mir. Dann noch einmal 40. Dann den Rest.

□ *Und Du?*

Am 30. April.

□ *Was hast Du bis dahin gemacht?*

Nichts. Rumgesessen.

□ *In dem Moment, als Du die neuen demokratischen Bewegungen gut fandest, wie war das, hast Du Schuldgefühle gehabt?*

Ich habe das System mitgetragen. Wie 16 Millionen andere hier auch. Die einen haben das System erduldet, die anderen mehr oder weniger aktiv unterstützt. Zum Beispiel ich. Aber das ist es ja: Die, die nun wirklich nichts gemacht haben, die nun auch wirklich überhaupt nichts gemacht haben, die brüllen heute am lautesten.

□ *Deine Arbeit, siehst Du sie als umsonst an?*

Im Prinzip muß ich sagen, ich habe 14 Jahre umsonst gearbeitet. Das ist schon ein Problem. Das ist deprimierend. Aber Spuren hat man doch hinterlassen. Heute früh waren gerade zwei Soldaten von mir hier. Die kommen regelmäßig. Das ist ein Gefühl, da sagt man sich: Vielleicht hast du doch nicht alles verkehrt gemacht. Spuren ... Und wenn es menschliche Spuren sind.

□ *Empfindest Du wirklich alles als umsonst?*

Nicht ganz. Erst einmal hat mir diese Arbeit die Voraussetzungen für das geschaffen, was ich jetzt mache. Ich bin jetzt Manager in der Unterhaltungsbranche. Mir fällt diese Umstellung vielleicht viel weniger schwer als irgendeinem anderen. Weil ich gelernt habe, mit Leuten zu arbeiten ... Ich habe zumindest theoretisch das westdeutsche System aus dem FF zu beherrschen gelernt. Staatsapparat, Ämter, Studienzulassung. Und durch den Umgang mit den vielen Westleuten hast du auch die Mentalität kennengelernt. Das Funktionieren bestimmter Dinge. Beweglichkeit, Flexibilität, das Auftreten – all das hast du durch die Arbeit gelernt. Insofern müßte ich dem Ministerium fast dankbar sein. Und trotzdem: Ich fühle mich jetzt auch erleichtert, jetzt, wo ich weg bin. Weil ich eben seit langer Zeit weg wollte. Spätestens seit der Geschichte mit den zehn Tagen. Nach der Rehabilitierung war die Luft raus. Ich wollte nicht mehr. Ich habe das damals nicht gemacht. Aus verschiedenen Gründen. Aber vor allem wegen meiner Eltern. Mein Vater hat damals Schwierigkeiten gekriegt. Und jetzt begreife ich im Nachhinein erst einmal die Zusammenhänge. Mein Vater war ja direkt Leiter einer operativen Diensteinheit. In der Diensteinheit, die die Bundeswehr bearbeitet hat. Und er hat wirklich Spitzenvorgänge geführt.

Top-Kundschafter. Das Ehepaar Müller zum Beispiel ... Aber eines Tages kam dann ein neuer Leiter. Der hat alle nacheinander in seinem Umfeld eliminiert. Weg! Das ist einer gewesen, den ich überhaupt nicht ab kann. Generalmajor. Ein äußerst unangenehmer Typ. Ein Karrierist, wie er im Buche steht. Und dabei nicht einmal sonderlich klug. Der hat sich regelrecht hochintrigiert. Natürlich durfte dann keiner in seiner Umgebung sein, der kompetenter ist als er. Ich meine, man umgibt sich ja als Leiter immer nur mit Leuten, die dümmer sind als man selber. So war das ja im Prinzip. Daran ist übrigens auch das System zugrunde gegangen.

□ *Subjektivismus in Reinstform.*

Ja. Und so war mein Vater noch der letzte, der übrig war. Da wurde dann so eine Sache inszeniert. Da wurde ein Mitarbeiter regelrecht gekauft. Der schrieb dann am laufenden Band Beschwerden.

□ *Gegen Deinen Vater?*

Gegen meinen Vater. Der wurde wegen mangelnder Menschenführung von seinem Stuhle entfernt und an die Schule geschickt. Ich meine, mein Vater hat schon hart gefordert. Wirklich. Er hat aber auch selber viel gearbeitet. Sehr viel. Und die Maßstäbe, die er an sich selbst gelegt hat, hat er auch an andere gelegt. Es war nicht leicht, unter ihm zu arbeiten und nicht bequem. Der Mitarbeiter, der die Beschwerden schrieb, war einer der größten Faulenzer. Ein völlig unfähiger Mitarbeiter. Aber er stieß ja oben auf offene Ohren. Logisch ... Mein Vater hat dann an der Schule mit vielen Zivilisten zusammengearbeitet. Mit den Leuten vom BMK Cottbus zum Beispiel. Er hatte ein Bombenverhältnis zu den Leuten, auch zu allen anderen. Da war nichts zu spüren von mangelnder Menschenführung. Dieser Vorwurf, glaube ich, hat ihn unermeßlich getroffen ... Er hat sich dann regelrecht tot gearbeitet. Er wollte nochmal zeigen, daß er es kann ... Er war derjenige, der die neue Schule für die Aufklärung gebaut hat,

aus dem Boden gestampft hat. Und er ist daran zugrunde gegangen. Zwei Tage nach der Schulübergabe hat er den Herzinfarkt gekriegt ... Und meine Mutter ... Sie ist zur Zeit auf einem absoluten Tiefpunkt. Sie ist 53. Arbeitslos. Gerade jetzt ... Wo das mit Vater genau ein Jahr her ist. Da ist es am allerschwierigsten. Sie hat eben auch immer gearbeitet ... Wirklich. Bis zum Umfallen. Und da kommt jetzt das Gefühl, nicht gebraucht zu werden ... Und dann, sie ist sowieso eine sehr schüchterne Frau ... Und das paßt ja in diese Gesellschaft überhaupt nicht rein...
Tja ... Was soll ich sagen?
... So ist das.

Zur Zeit tätig als Manager in der Unterhaltungsbranche

»Es war ein ständiges Dem-Leben-Hinterherlaufen. Wir haben letztlich nichts Grundsätzliches verändern können ...«

Dr. Wolfgang Herger, Ex-Leiter der Abteilung für Sicherheitsfragen im ZK der SED; Berlin, Mai 1990

Er wollte für einen »menschlichen Sozialismus« kämpfen. Genau diese Worte standen – im Jahre 1957 – in seinem Aufnahmeantrag für die SED. Dr. Wolfgang Herger, Jahrgang 1935, einer der Betreiber des Honecker-Sturzes, zuletzt Mitglied des gescheiterten Krenz-Politbüros, davor vier Jahre Chef der Abteilung für Sicherheitsfragen im Zentralkomitee der SED, die auch für die Parteiarbeit im Ministerium für Staatssicherheit zuständig war. Hergers politische Karriere begann vor 25 Jahren: Nach Philiosophie-Studium in Jena Promotion A zu Ethikfragen. 1964, als direkter Nachfolger von Egon Krenz, ins Amt des Sekretärs für studentische Fragen in den Zentralrat der FDJ gewählt. 1971: Sekretär des Zentralrates. 1976: Aufstieg in eines der exponiertesten politischen Machtorgane der DDR, in das Zentralkomitee der SED als Leiter der Abteilung Jugend.

Herger über die Beziehung Krenz-Herger: »Wir haben uns sehr gut verstanden, sowohl politisch als auch persönlich. Egon Krenz kannte mich aus der politischen Arbeit und machte Ende 1984 den Vorschlag, daß ich die Abteilung für Sicherheitsfragen übernehmen solle.«

Herger über seine Arbeit: »Ich bin zu spät daran gegangen, das zu verwirklichen, was ich schon lange im Kopf hatte.«

Mit der Berufung Hergers als Leiter der Abteilung für Sicherheitsfragen betrieb das Honecker-Politbüro auf Anraten Egon Krenz' eine politische Zäsur. Herger wurde, nachdem diese Funktion über Jahre ausschließlich hohen Militärs der NVA vorbehalten war, der erste zivile Chef der Abteilung. Dies entsprach durchaus dem politischen Kontext. Mit Gorbatschow und dem Ost-West-Spannungsabfall sollte der politische Status der Abteilung hervorgehoben werden. Ausdruck dessen waren auch die Aufgaben und Befugnisse der Abteilung: Erarbeitung grundsätzlicher militär-, sicherheits- und friedenspolitischer Richtlinien für die Politik der de-facto-Regierung Politbüro, Anleitung der SED-Parteiorganisationen in den bewaffneten Organen der DDR. Dazu die scheinbar nebensächliche, für den politischen Auffassungswandel der Leitung der Abteilung jedoch wesentliche Aufgabe: die Bearbei-

tung von Eingaben von Bürgern der DDR an das Zentralkomitee bzw. an Generalsekretär Honecker.

□ *Herr Dr. Herger, aus Gesprächen mit Ihrem ehemaligen Stellvertreter geht hervor, daß die Anzahl von Eingaben an das ZK in den letzten Jahren sprunghaft anstieg, bis zu 7000 jährlich. Welche grundsätzlichen Kritikpunkte lagen diesen Eingaben zugrunde?*

Es stimmt, daß uns diese Aufgabe in den letzten Jahren immer mehr beschäftigte. Über die Hälfte der Eingaben befaßte sich mit Reiseangelegenheiten. Das war für mich eine hochpolitische Aussage. Gerade aus der Auswertung dieser Eingaben ist auch bei mir mehr und mehr die Erkenntnis erwachsen, daß die bisherige Praxis dessen, was wir unter Sozialismus in der DDR verstanden, radikal verändert werden muß. Letzten Endes könnte ich sagen, daß die Reiseverordnungen vom November 1988 – so unzureichend sie damals waren – wesentlich durch solche Eingaben bewirkt worden sind. Das heißt, wir hatten die Befugnis, Vorschläge in grundsätzlichen politischen Richtungen zu machen. So war das auch in diesem Fall. Die konkrete Ausgestaltung bestimmter Gesetze oder Anordnungen war Aufgabe der jeweiligen Ministerien.

□ *Was konnten Sie auf die einzelnen Eingaben bezogen tun?*

Es gab verschiedene Eingaben. Viele betrafen die Parteiarbeit in den bewaffneten Organen. Eingaben wurden in unserer Abteilung nicht bürokratisch-administrativ behandelt, sondern als eine Wortmeldung eines Mitglieds der SED oder eines anderen Bürgers an das ZK der SED betrachtet. In der Regel haben wir das persönliche Gespräch gesucht – durch Mitarbeiter unserer Abteilung oder durch Beauftragte der entsprechenden staatlichen Organe. Viele Eingaben wurden auch an die zuständigen Ministerien übergeben. In jedem Falle haben wir über die »Bearbeitung« – wie das damals hieß – entsprechende Abschlußprotokolle bekommen.

□ *Wie hoch haben Sie die Bedeutung dieser Eingaben geschätzt?*

Ich habe sie so hoch eingeschätzt, daß die absolute Mehrheit über meinen Tisch gegangen ist. Die Postmappen waren am Tag meist mit 20, 30 solcher Briefe gefüllt. Ich habe – wie gesagt – die meisten dieser Eingaben selbst gelesen. Zunächst ging es darum, dem konkreten Briefschreiber zu helfen. Aber das war nur der eine Aspekt. Diese Eingaben waren gewissermaßen Primärinformationen, aus denen man allgemeine Schlußfolgerungen ziehen konnte – über den Zustand in bestimmten Parteiorganisationen oder in anderen Bereichen. Es gab deshalb für mich noch eine zweite Ebene der Verallgemeinerung, die für grundsätzliche politische Entscheidungen.

□ *Diese Eingaben waren für Sie ein Spiegelbild der Situation in der Gesellschaft?*

Unbedingt. Ja, unbedingt.

□ *Hat dieses Spiegelbild bei Ihnen Auffassungen, Vorstellungen verändert?*

Na sicher. Meine grundsätzlichen Vorstellungen sind dadurch verändert worden, vor allem ist mir klargeworden, daß mit der damaligen Führung der SED sozialistische Politik, wie ich sie mir vorstellte, einfach nicht mehr weiterzuführen ist.

□ *Wann war das?*

Ungefähr 1988. Doch persönliche Zweifel gab es schon früher.

□ *Das heißt aber auch, daß Sie damit nicht nach außen gegangen sind?*

Nein, damals noch nicht. Die entscheidende Schlußfolgerung, Erich Honeckers Ablösung selbst mitzubetreiben, zog ich erst im Laufe des Jahres 1989. Aber auch nur in einem ganz kleinen Kreis unter Leitung von Egon Krenz.

□ *Ist Krenz auf Sie zugegangen?*

Nein, da wir uns seit Jahren gut kannten, haben wir uns sehr oft über die Situation verständigt.

□ *Sie hatten also die Vorstellung von einer »Revolution von oben«. Indem die Partei auf den richtigen Weg gebracht wird.*

Das ist nicht so einfach. In der DDR hatte sich eine große Volksbewegung entwickelt. Auf verschiedenen Ebenen, in verschiedenen Ausdrucksformen. Eine dieser Ausdrucksformen war die für uns beschämende Ausreise Tausender, dann Zehntausender im Sommer '89. Das hat uns natürlich sehr beschäftigt. Eine zweite Ausdrucksform waren die Demonstrationen, die sich 1989 zu einer Massenerscheinung entwickelten. Wir wußten also, wie die Stimmung in diesem Lande ist. Es wurde immer deutlicher, daß wir im Sinne dessen, was die sowjetischen Genossen Perestroika und Glasnost nannten, eine neue, eine völlig andere Politik brauchen. Es ging zuerst darum, die Sprachlosigkeit der damaligen Parteiführung aufzuheben, die erstarrten Formen in Politik und Wirtschaft zu verändern. Und das war nach meiner Auffassung mit Erich Honecker und dem damaligen Politbüro nicht mehr möglich.

□ *Sie hatten gesagt, daß sich Ihre Vorstellungen fast völlig änderten. Welche Vorstellungen über welche politischen oder ökonomischen Sachverhalte waren das? Inwieweit haben Sie versucht, diese anderen Vorstellungen, beispielsweise in der politischen Anleitung des MfS, umzusetzen?*

Das, was ich zuletzt sagte, waren Vorstellungen, mit denen wir uns sehr konspirativ beschäftigten. Der Gedanke, an der Parteispitze eine Veränderung herbeizuführen, wurde nur im ganz kleinen Kreis behandelt. Das ist – außer in den letzten

Tagen – mit anderen nicht besprochen worden. Wenn wir diese Vorstellungen beispielsweise bei uns in einer Parteiversammlung geäußert hätten – wir wären als Verräter behandelt worden. Es gab Genossen, die in den 80er Jahren aus dem ZK geschmissen wurden. Sie haben letztlich auch nichts verändern können ... Was wir versucht haben, war, daß wir zu offenen und ehrlichen Informationen aufgefordert haben. Das kann man in vielen Reden nachlesen, die hier im Archiv liegen. Leider haben wir immer wieder feststellen müssen, daß dies gut gemeinte Ratschläge waren, mehr aber auch nicht. Die Praxis funktionierte nicht so. Es war ein ständiges Dem-Leben-Hinterherlaufen. Wir haben letztlich nichts Grundsätzliches verändern können ... Und je mehr mir das klar wurde, begriff ich, daß Veränderungen nur möglich sind, wenn die alte Führung abtritt.

□ *Sie sagten, daß der Gedanke, Erich Honecker abzulösen, nur im kleinen Kreis eine Rolle spielte. Wer gehörte dazu?*

Vor allem Egon Krenz, Siegfried Lorenz, Günter Schabowski und zuletzt auch Erich Mielke. Egon Krenz hatte Kontakt zu weiteren Mitgliedern des Politbüros, ich zu Mitgliedern des Zentralkomitees. In der Sitzung des Politbüros am 17. Oktober, in der es um den Rücktritt Erich Honeckers ging, waren dann übrigens alle Mitglieder des Politbüros für diese Entscheidung ...

□ *Herr Dr. Herger, Sie selbst haben eben betont, daß Sie offene und ehrliche Informationen von Mitgliedern der SED verlangten. Spätestens seit 1988 waren Sie selbst nicht ehrlich ...*

Das würde ich so nicht sagen. Gerade weil ich aus den Parteiorganisationen viele offene und ehrliche Meinungen über die Lage in der DDR bekommen habe, habe ich mich für eine grundsätzlich erneuerte Politik in der DDR eingesetzt.

□ *In Ihrem Bericht an den Runden Tisch sprachen Sie da-*

von, daß konzeptionelle neue Vorstellungen Ihrerseits an das Politbüro übergeben, aber meist im Keim erstickt wurden. Welche Vorstellungen haben Sie versucht einzubringen? Wer hat sie abgelehnt?

Da kann ich Ihnen ein konkretes Beispiel nennen. Seit Juni letzten Jahres haben wir an einer umfangreichen Analyse der politischen Situation in diesem Lande gearbeitet, vor allem unter dem Gesichtspunkt der ständigen Ausreisen. Dieses Material war Anfang August so reif, daß wir sagten, es muß auf den Tisch den Politbüros. Egon Krenz hat es am 11. August Erich Honecker übergeben. Honecker hat es genommen und im Panzerschrank verschlossen. Damit war das Papier verschwunden. Für mich war das nur noch ein Anstoß mehr, auf Veränderungen zu drängen.

□ *Es heißt, Egon Krenz wäre zu zögerlich gewesen ...*

Dazu möchte ich nichts sagen.

□ *Kommen wir zu Ihren Auffassungen zur inneren Sicherheit. Gab es in der Abteilung liberale Haltungen zu sogenannten Friedens- oder Öko-Gruppen? Wenn ja, sind sie eingebracht worden in die politische Arbeit? Denn für uns stellt sich die Frage: Wenn die Abteilung die politischen Vorstellungen der Parteispitze mit durchsetzen half, auch in den Parteiorganisationen des MfS, bedeutete dies doch in der Konsequenz, daß die Toleranzbreite für gemäßigtere Vorstellungen nur gering, wenn nicht sogar gleich Null sein konnte.*

Die konkreten, also die operativen Fragen wurden in den Ministerien entschieden. Das gilt besonders für das Ministerium für Staatssicherheit. Die politische Generallinie bestand aber darin, und das ist in jedem offiziellen Dokument der SED nachlesbar, jeden Bürger für die bewußte Gestaltung des Sozialismus zu gewinnen. Die Generallinie sah doch nicht so aus, daß Andersdenkende niedergehalten oder kriminalisiert werden sollten. Ich habe einmal an einer Kreisdelegiertenkonferenz der SED im MfS teilgenommen. Auch da wurde davon gesprochen. Wörtlich: Es kann nicht darum gehen, Andersdenkende zu kriminalisieren. Und das war natürlich auch unsere Linie. Diejenigen, die man als oppositionelle Gruppen bezeichnete, waren nach den Erkenntnissen Mitte der achtziger Jahre in der absoluten Minderheit. Aber auch da galt das Prinzip, sie zu gewinnen.

□ *War für Sie nicht offensichtlich, daß es auch auf Grund der politischen und ökonomischen Konflikte in der DDR unmöglich war, jeden Bürger zum Sozialisten zu machen?*

Das ist richtig, aber wir haben uns dieser Aufgabe immer wieder gestellt, auch ich. Da ich 1957 in die SED mit der Absicht eingetreten bin, für einen menschlichen Sozialismus zu kämpfen – das habe ich in meinem Aufnahmeantrag geschrieben – habe ich das natürlich auch nie aufgegeben. Auch dann nicht, als schon deutlich wurde, daß sich mehr Menschen von uns abwenden als wir gewinnen.

□ *Welche Feindbilder haben Sie persönlich aufgebaut?*

Keine. Ich zähle mich zu den friedfertigen Leuten, die auch auf andere zugehen und auf Ausgleich bedacht sind. Natürlich hatte und habe ich Vorstellungen von politischen Gegnern. Doch auch hier baue und baute ich in erster Linie auf das politische Gespräch. In den letzten Jahren hatte ich manche offene Diskussion mit Menschen, die völlig anderer Meinung waren als ich. Es waren nicht die schlechtesten. Sie haben mir manche neue Erkenntnisse gebracht.

□ *Kommen wir zur Beziehung der Abteilung für Sicherheitsfragen zum MfS. Die Abteilung hat unter anderem auch Kaderentscheidungen in der Staatssicherheit mitgetragen. Auf welcher Ebene?*

Es ging um die sogenannten Nomenklaturkader, vor allem Stellvertretende Minister und Hauptabteilungsleiter im MfS wie auch in anderen Ministerien. Keiner wurde bestätigt vom Politbüro oder vom Sekretariat ohne unsere Zustimmung. Wir haben mit den entsprechenden Leuten in der Abteilung persönliche Gespräche geführt, vor allem in bezug auf die politische Qualifikation.

□ *Konnten Sie auch Vorschläge machen?*

Ja, aber in Zusammenarbeit mit den staatlichen Organen.

□ *Sie sagten am Runden Tisch, daß es auf keiner Ebene der Partei, weder auf Kreis-, Bezirks- noch auf zentraler Ebene Weisungsbefugnisse gegenüber dem Ministerium für Staatssicherheit gab. Nun gab es doch aber die Bezirkseinsatzleitungen, in denen die Zusammenarbeit funktioniert hat, ganz hervorragend sogar. Wir kennen die Aussage eines staatlichen Mitarbeiters des Bereichs Inneres im Bezirk Leipzig, nach der der Leiter der Abteilung Sicherheitsfragen der Bezirksleitung der SED auf einer Sitzung der Ständigen Kommission Ordnung, Sicherheit und Gesetzlichkeit des Bezirkstages im September 1989 sagte, es gäbe konkrete Anweisungen der Bezirksleitung an das MfS. Es hat also diese Zusammenarbeit gegeben.*

Ich kann mir nicht vorstellen, daß er das so gesagt hat. Wenn, dann war das nicht exakt. Es gab eine ganz klare Trennung zwischen den politischen Aufgaben, die von den jeweiligen Parteiorganisationen wahrgenommen wurden, und den speziellen operativen Aufgaben, die in der Verantwortung des jeweiligen Ministers lagen. Ich möchte noch einmal betonen: Das ist keine Besonderheit nur des MfS. Das war auch in der Armee so, in den Grenztruppen oder in der Volkspolizei. Aber: Während wir grundsätzliche Befehle des Ministers für Nationale Verteidigung oder des Ministers des Innern zur Stellungnahme bekamen, hatten wir nie Befehle des Ministers für Staatssicherheit hier. Im MfS wurde nach dem Prinzip der Einzelleitung im strengsten Sinne des Wortes gearbeitet. Das MfS war ein Geheimdienst. Es arbeitete konspirativ –

nach außen und nach innen. Jeder durfte nur das wissen, was er für seine unmittelbare Arbeit direkt brauchte.

□ *Nun, vielleicht stellt sich das aus Ihrer Sicht so dar. Aber, wie gesagt, auf Kreis- und Bezirksebene war die Zusammenarbeit durchaus gegeben.*

Die Kreis- und Bezirkseinsatzleitungen waren koordinierende Organe für einen möglichen Verteidigungsfall. Durch ihre Zusammensetzung gab es natürlich eine Zusammenarbeit zwischen einzelnen Genossen der Bezirksleitung und dem Leiter des Wehrbezirkskommandos der NVA bzw. dem Chef der Bezirksverwaltung des MfS. Die Befehlsgewalt aber oblag dem jeweiligen Minister bzw. dem Vorsitzenden des Nationalen Verteidigungsrates und nicht dem Bezirkssekretär. Es wäre falsch zu sagen, Funktionäre der SED hätten Weisungsbefugnisse gegenüber dem MfS gehabt.

□ *Also wurden auch die Einsatzstärken der Armee, der Volkspolizei und des MfS im September, Oktober '89 von den einzelnen Ministerien festgelegt?*

Ja. Natürlich beruhte das auf einer politischen Lageeinschätzung. Die Einsatzbefehle wurden auf der entsprechenden Ebene der bewaffneten Organe ausgearbeitet und bestätigt. Auch auf zentraler Ebene, wie zum Beispiel am 16. Oktober in Leipzig, als es um die Verhinderung gewaltsamer Auseinandersetzungen ging. Wir wollten keine chinesischen Verhältnisse. Dieser Befehl wurde – auf Vorschlag von Egon Krenz und mir – vom Chef des Hauptstabes der NVA in seiner Funktion als Sekretär des Nationalen Verteidigungsrates erteilt. Im Verteidigungsfall, das heißt im Fall einer Aggression von außen, wäre der jeweilige Leiter der Bezirkseinsatzleitung auch der militärische Befehlshaber gewesen – aber nur dann. Viele wissen überhaupt nicht, daß es hierzulande für den inneren Krisenfall keine speziellen Stäbe gegeben hat. Das glaubt kein Mensch heute, aber es war so. Denn der Nationale Verteidigungsrat hatte keine Funktion zur Bewältigung innerer Krisenfälle. Es paßt im übrigen auch nicht in das Bild der damaligen Parteiführung, daß es zu inneren Spannungsperioden kommen könnte. Das lag einfach nicht in der Reichweite des Denkens. Die Parteiführung war der Meinung, die Lage wäre so stabil, daß besondere Vorbereitungen nicht getroffen zu werden brauchen – für die Beherrschung innerer Krisen.

□ *Aber es war doch dann ab Ende September so, daß die Einsatzleitungen in den Kreisen und Bezirken als Krisenstäbe fungierten.*

Ja, im Prinzip wurden sie umfunktioniert. Von vornherein aber waren sie dafür nicht gedacht.

□ *Können Sie aus Ihrer Sicht skizzieren, welche Rolle Erich Mielke im Politbüro gespielt hat? Hat Mielke Informationen, die er aus seinem eigenen Ministerium bekommen hatte, im Politbüro angebracht?*

Weder im Sekretariat noch im Politbüro haben operative Fragen des Ministeriums für Staatssicherheit je eine Rolle gespielt. Allerdings hat es zwischen dem Minister für Staatssicherheit und Erich Honecker regelmäßige Absprachen gegeben. Welche Schlußfolgerungen der Generalsekretär allerdings aus den Informationen seines Geheimdienstchefs zog, blieb ihm selbst überlassen.

□ *Es gab keine kollektive Auswertung oder Diskussion eines Lageberichts von Erich Mielke?*

Nein, das hat es – nach meiner Kenntnis – nicht gegeben.

□ *Welche Meinung haben Sie überhaupt von Erich Mielke, auch unter dem Aspekt seiner nun schon x-mal kolportierten Äußerung vor der Volkskammer?*

Mielke hat im Herbst zu Krenz gesagt: »Egon, wenn es dir

nützt, dann geh ich.« Und er ist gegangen. Für ihn wäre noch lange nicht Schluß gewesen; vielleicht sollte man das als persönliche Eitelkeit verstehen. Und was seine Äußerung vor der Volkskammer betrifft: Mielke hat zu seinen Leuten im Ministerium immer gesagt: Wenn ihr die Menschen nicht liebt, dann dürft ihr hier nicht arbeiten ...

□ *Das war sicher sehr abstrakt gemeint, auf die Idee bezogen.*

Ja, das denke ich schon.

□ *Aber wieder zurück zur Abteilung für Sicherheitsfragen im ZK der SED. Besaß sie nicht eine Kontrollfunktion gegenüber dem MfS?*

Ja. Aber Kontrolle wurde ausgeübt über die Parteiarbeit im Ministerium, nicht über die operative Arbeit.

□ *Die Abteilung hatte aber regelmäßig Kontakt zum MfS?*

Die hauptsächlichen Kontakte bestanden zwischen der Abteilung und der Kreisleitung der SED innerhalb des MfS. Diese Kontakte waren regelmäßig.

□ *In welcher Art und Weise?*

Eben was die Parteiarbeit betraf, Parteiversammlungen zur Auswertung von Beschlüssen des ZK, Parteilehrjahr usw. Dazu kamen Zuarbeiten von Eingaben, persönliche Gespräche. Also im Grunde genommen waren die Gegenstände der Parteiarbeit im MfS ähnlich wie in anderen Bereichen.

□ *Es gab beim Minister für Staatssicherheit ein Kollegium. Waren Sie oder Ihr Stellvertreter in diesem Kollegium vertreten?*

Dieses Kollegium tagte ein- bis zweimal im Jahr. Man beschäftigte sich dort mit grundsätzlichen politischen Fragen und nicht mit speziellen operativen Details. Der Abteilungsleiter Sicherheit im ZK war nie Mitglied des Kollegiums, der Leiter des Sektors MfS in unserer Abteilung war Gast.

□ *Am Runden Tisch stellten Sie Ihre Beteiligung an der Einreiseentscheidung für Bärbel Bohley heraus, ebenso an Reiseerleichterungen. Inwieweit waren Sie an der Ausbürgerung von Frau Bohley bzw. an Reisebeschränkungen bezüglich der damaligen ČSSR beteiligt?*

An den genannten Dingen nicht. Die Einreise von Frau Bohley wurde auf Vorschlag von Egon Krenz entschieden. Ich habe sie mitgetragen, unterstützt, da ich es sinnlos fand, Frau Bohley nicht wieder einreisen zu lassen.

□ *Sie hatten weder in positiver noch in negativer Hinsicht Entscheidungsspielraum?*

Nein, was operative Dinge betraf, nicht. Ich konnte Empfehlungen geben, Vorschläge machen, aber keine Entscheidungen treffen.

□ *Sie begannen Ihre Arbeit in der Abteilung mit der Hoffnung, auch über die operative Arbeit der Sicherheitsorgane mehr zu erfahren. Und Sie mußten feststellen, daß dies nicht so war. Haben Sie akzeptiert, daß es bei einem Geheimdienst nun einmal so ist?*

Ja, sicher. Ich habe mich an diese Regel gehalten. Das ist aber nur bis zu einem bestimmten Punkt möglich, und der war 1989 erreicht.

□ *Auch wenn Sie nach Ihrer Aussage keine Entscheidungskompetenzen in generellen Fragen hatten: Wie denken Sie über Ihre Mitverantwortung? Oder gibt es eine ganz konkrete Sache, bei der Sie sich persönlich nicht wohlfühlen?*

Natürlich bedrückt mich diese Mitverantwortung – als Mitverantwortlicher für die verfehlte Politik überhaupt und damit auch für die verfehlte Sicherheitspolitik. Daran hat wohl jeder von uns schwer zu tragen. Sicherlich bis zum Lebensende … Und wenn man nicht begreift, daß die Niederlage der Art Sozialismus, wie sie bisher betrieben wurde, strategisch ist, dann wird die Problembewältigung noch schwerer. Natürlich kann man immer wieder die Frage stellen: Was wäre denn gewesen, wenn … wenn Erich Honecker nicht erst auf der 9., sondern bereits auf der 8. Tagung des ZK abgelöst worden wäre, also schon Mitte des vorigen Jahres. Ich kann nur sagen: Die Geschichte war so. Sie ist nicht mehr veränderbar, auch wenn ich es möchte. Auch ich persönlich hielt die Zeit nicht reif für eine Mehrheit im ZK gegen Honecker. Und sicher wäre auch das schon zu spät gewesen. Doch das sind alles Erkenntnisse von heute. Die Frage ist doch einfach, ob der Ansatz unserer Sozialismuskonzeption überhaupt richtig war, der Gesamtansatz der sozialistischen Gesellschaftsstrategie, die man landläufig heute die stalinistische nennt. Ich nenne es lieber zentralistisch-autokratisch. Man kann die damaligen Strukturen nicht nur an einen bestimmten Namen binden, auch wenn sie von Stalin besonders geprägt wurden. Aber bei wissenschaftlicher Beschäftigung mit diesem Problem würde man noch andere Ansatzpunkte als die Beziehung auf diese eine Person finden.

□ *Wir wollen zurück zum Jahr 1989. Am 9. Oktober war die Situation in Leipzig sehr angespannt. Sie haben in Berlin sicher nicht ruhig vor dem Kamin gesessen. Wie beurteilen Sie diesen Tag aus Berliner Sicht? Was haben Sie an diesem Tag getan?*

Der 9. Oktober war ein ganz wichtiger Tag. Nach meiner Meinung einer der entscheidendsten überhaupt. Zwei wesentliche Dinge sind zu gleicher Zeit geschehen. Einerseits die ganz konkrete Vorbereitung auf die Ablösung Erich Honeckers …

□ *Im Hause des ZK? Waren in diese Vorbereitungen weitere Kreise einbezogen?*

Nein, das war nur eine Handvoll Leute. Die, von denen ich vorhin sprach. Dazu gehörte ich auch. Schon deswegen hatte ich hohes Interesse daran, daß es gerade am 9. Oktober in Leipzig nicht zu gewaltsamen Zusammenstößen kommt. Das wäre eine Katastrophe für unser Land geworden ...

□ *In einer Serie der Tageszeitung »Die Welt« behauptet in der Ausgabe vom 21. Mai 1990 ein ehemaliger hoher MfS-Offizier, daß in Leipzig die Demonstrationen mit allen Mitteln verhindert werden sollten, damit Krenz Zeit gewinnt, um Honecker zu stürzen ...*

Das ist Quatsch. Ich war damals in ständiger Verbindung mit dem Leiter der Abteilung für Sicherheitsfragen in Leipzig. Außerdem hatten wir einen unserer Mitarbeiter vor Ort geschickt.

□ *Mit welchen Instruktionen?*

Er hatte den Auftrag, sich mit allen Möglichkeiten dafür einzusetzen, daß es bei äußerster Zurückhaltung der Sicherheitsorgane bleibt. Ich erfuhr von der Aufschrift an der Nikolaikirche: Laßt die Steine liegen. Auch vom Aufruf der Leipziger Persönlichkeiten. Diese Initiativen haben wir unterstützt. Zumal, ich will das noch einmal sagen, der Auftrag äußerster Zurückhaltung bestand. Als wir gegen 21 Uhr die Nachricht erhielten, daß die Demonstrationen sich auflösen, hat es auch bei uns hier in diesem Zimmer großes Aufatmen gegeben. Wir hatten das Gefühl, mit zu diesem friedlichen Verlauf beigetragen zu haben. Ich sage das nicht, um uns besonders herauszustellen. Es gibt heute viele, die sich als Retter von Leipzig fühlen. Es vielleicht auch sind. Wir haben an diesem Tag nicht nur um Leipzig, sondern um die gesamte DDR gebangt. Wir haben unser möglichstes getan, daß es friedlich bleibt.

□ *Hatten Sie an diesem Tag Kontakt zu Erich Mielke?*

Nein. Aber Egon Krenz hatte natürlich Kontakt. Zu Erich Mielke und zu Erich Honecker.

□ *Und er konnte seine Auffassung an diesem Tag durchsetzen?*

Ja, das war ganz wichtig, daß dies gelungen ist!

□ *Sie behaupten, die Sicherheitskräfte hätten an diesem Tage den Befehl äußerster Zurückhaltung gehabt. Und es wäre der Gedanke der Gewaltfreiheit vorherrschend gewesen. Warum konnte man dann am 9. Oktober in Leipzig solch ein wahnsinniges Aufgebot an Polizisten mit entsprechender Ausrüstung erleben, warum standen Armee und Kampfgruppen in Reserve? Die Soldaten waren auch entsprechend motiviert. Wir haben mit einigen gesprochen. Beförderte das nicht die Gefahr gewaltsamer Zusammenstöße?*

Natürlich. Aus heutiger Sicht sehe ich das genauso. Nur würde ich darüber nicht erst im Zusammenhang mit dem 9. Oktober diskutieren. Die Demonstrationen hätten einfach stattfinden müssen mit Unterstützung der Polizei. So ähnlich, wie dann am 4. November in Berlin. Aus damaliger Sicht jedoch war nur noch Schadensbegrenzung möglich. Führende Genossen waren ja immer noch der Meinung, daß die Konterrevolution vor der Tür steht.

□ *Erich Honecker wurde bald darauf seiner Ämter enthoben. Egon Krenz gelangte ins Amt des Generalsekretärs des ZK der SED und Staatsratsvorsitzenden. Sie kamen ins Politbüro. Spätestens ab diesem Zeitpunkt waren Sie an wesentlichen Entscheidungen beteiligt. Gemeinsam mit Egon Krenz. Und es waren eben nicht die Entscheidungen, die die Bevölkerung und auch die Parteimitglieder von Ihnen erwartet hatten. Wie sehen Sie diese Arbeit vom heutigen Standpunkt aus?*

Das muß ich in einem Satz sagen: Wir haben zwei bis drei Tage später immer das genauer gewußt, was wir zwei bis drei Tage früher hätten entscheiden müssen.

□ *Werfen Sie sich selbst Inkonsequenz vor, oder glauben Sie, daß es aus der tagespolitischen Situation nicht anders möglich war?*

Beides. Manches war erst zwei, drei Tage später klar. Aber es war auch viel mangelnde Konsequenz.

□ *Sicherlich war für Sie klar, daß die Krenz-Periode nur von kurzer Dauer sein würde. Aber haben Sie mit dieser kurzen Zeitspanne von nur sechs Wochen gerechnet?*

Auf jeden Fall hat keiner damit gerechnet, daß das Politbüro bereits am 3. Dezember '89 geschlossen zurücktritt. Wie lange diese Periode geworden wäre ... das konnte man damals schwer einschätzen und heute erst recht nicht. Das wäre hypothetisch. Doch wenn ich an die 9. Tagung zurückdenke, als Erich Honecker abgelöst wurde: Wir hofften, die Lage so weit festigen zu können, daß wir sogar an dem ursprünglichen Termin des XII. Parteitages der SED hätten festhalten können. Das hat sich dann alles in Sekundenschnelle anders entwickelt. Zeitraffertempo ist kein Ausdruck dafür. Aber auch ich hatte bis Ende Oktober diese Idee. Ich hoffte, daß »oben« und »unten« zusammenkommen. Doch da waren wohl die Feindbilder auf beiden Seiten zu groß ... Ich glaubte jedenfalls noch im Oktober, die Partei könnte aus dem Nachlaufen an die Spitze der Bewegung kommen. Aber schon Anfang November zeigte sich, daß dies eine absolute Fehleinschätzung war.

□ *Sie glaubten also noch immer an den Sozialismus in den Farben der DDR, wie man immer sagte?*

An den Sozialismus unbedingt. Aber nicht in den »Farben der DDR«. Diese Formulierung habe ich nie gebraucht. Obwohl sie Partei- und Staatsdoktrin war. Aber wenn ich so etwas heute sage, klingt das wie eine Rechtfertigung, die sowieso letzten Endes belanglos ist. Doch hier muß ich wirklich sagen, daß mir diese Formulierung absolut gegen den Strich ging. Ich habe die DDR immer als Bestandteil eines Systems gesehen. Und nicht als »Insel der Glückseeligen«, wie es Erich Honecker dann selbst einmal formuliert hat. Gegen diese Art von Übersteigerung habe ich mich gewehrt. Aber das nur nebenbei, weil Sie die »Farben der DDR« erwähnten.

□ *Wo, glauben Sie, lag Ihr Kardinalfehler? Sie haben bis zum bitteren Ende an dieses System hier geglaubt ...*

Das kann ich Ihnen ganz klar sagen: Ich habe zu lange gezögert. Ich bin zu spät darangegangen, das zu verwirklichen, was ich schon lange im Kopf hatte. Ich habe ja zunehmend deutlicher gesehen, daß die Politik Erich Honeckers nicht zum Erfolg führen kann. Und wir alle, die so gedacht haben, zögerten zu lange. Wir hätten uns mit anderen Mitgliedern des ZK nicht nur unter vier Augen unterhalten, sondern auch Konzeptionen für Veränderungen erarbeiten müssen. Wir hätten – kurz gesagt – eher handeln müssen: die Führung verändern, um die Politik verändern zu können. Das hätte spätestens mit dem XI. Parteitag 1986 geschehen müssen.

□ *Liegen die Gründe für die Zurückhaltung in einem Geflecht zwischen Idee, aus der die Motivation entspringt ...*

... und Parteidisziplin. Der Gedanke, die Partei spalten zu können, war im Kopf ein großer Hemmschuh. Wir hätten eher erkennen müssen, daß die gesamte Partei in Gefahr war und nicht nur ihre formale Einheit.

□ *Noch einmal zu den Gründen: Gehört der Gedanke der Karriere auch dazu? Wenn ich heute sage, morgen rede ich mit dem Abteilungsleiter X über die Ablösung Erich Honeckers, tue das, der geht nachmittags zu Honecker und ich bin die längste Zeit Abteilungsleiter gewesen ...*

Diese Gedanken liegen überhaupt nicht in meiner Denkweise. Karrieregedanken haben in meinem ganzen Leben überhaupt keine Rolle gespielt. Ich habe immer mit meiner ganzen Person die Aufgaben zu erfüllen versucht, die mir von meiner Partei gestellt wurden. Ich habe sie als meine Aufgaben gesehen. Nicht um des persönlichen Vorteils willen, um der Sache willen. Das ist genau der Punkt, an dem man sich die Frage stellt: Welchen Sinn hatte das Ganze? Aber ich bin nicht geneigt zu sagen, daß mein fast 55jähriges Leben völlig sinnlos gewesen ist. Weil ich auch nicht der Meinung bin, daß 40 Jahre DDR sinnlos gewesen sind. Auf jeden Fall würde es sich lohnen, darüber nachzudenken, mit welchem Anspruch die DDR angetreten ist. Vielleicht als großangelegtes soziales Experiment, als Versuch, eine menschlichere Welt zu schaffen. Ich bin immer noch der Meinung, daß die Losung, für das Wohl des Volkes zu arbeiten und für den Frieden, die richtige ist. Das war mein Credo, das ist es auch heute noch. Umso tragischer natürlich, daß das, was man wollte, nicht so aufgegangen ist. Aber damit muß jeder von uns, gerade von den älteren, fertigwerden. Und für diejenigen, die Mitglied oder Abteilungsleiter im ZK waren, ist dies besonders schwer zu tragen.

□ *Mit welchen Hoffnungen, mit welchen Idealen leben Sie heute?*

Ich habe die Hoffnung, daß sich die Vernunft im Menschen und die Vernunft für den Menschen eines Tages durchsetzt. Daß sich jeder frei entfalten kann, und daß die Grenze der Freiheit des einzelnen wirklich nur da ist, wo er die Freiheit anderer beschneidet. Natürlich befürchte ich auch, daß sich dieses Ideal nie durchsetzen wird. Ich wünsche mir eine menschlichere Gesellschaft. Das mit auf den Weg zu bringen, ist für mich Lebensaufgabe. Auch mit den Erfahrungen einer gescheiterten sozialistischen Praxis.

□ *Zu Ihren sechs Wochen Politbüro sagten Sie, Sie hätten zwei, drei Tage später genauer gewußt, was Sie zwei, drei*

Tage eher hätten tun müssen. Aber plötzlich waren Sie »draußen«. Sie konnten diese entscheidenden Fehler nicht mehr korrigieren. Wie empfanden Sie diesen plötzlichen Stellungsverlust?

Als das Politbüro geschlossen zurückgetreten war, hatte ich zunächst das Gefühl, daß es etwas sehr Notwendiges war. Über diese Frage hatten wir vorher tagelang diskutiert, auch gestritten. Ich war der Meinung, wenn es noch eine Lösung geben konnte, auch für die Partei selbst, dann nur die, daß das Politbüro zurücktritt, das alte ZK sich auflöst, damit der Weg frei würde für die Vorbereitung des außerordentlichen Parteitages. Das war einfach eine Notwendigkeit. Und was das Gefühl betrifft, das kam alles erst viel später. Vor allem habe ich bedauert, es nicht geschafft zu haben.

□ *Welche Art von Gefühlen kommen dann später?*

Man stellt sich die Frage, was denn nun wird. Und es ist ein komisches Gefühl, wenn man am nächsten Tag vor verschlossener Tür steht, nur weil man dem zurückgetretenen Politbüro angehört hat. Wenn einem der Zugang zum Haus verwehrt wird.

□ *Gab es dadurch einen Bruch zur Partei, einen Verlust der Bindung?*

Nein, die Bindung an die Partei wurde dadurch nicht gelöst. Ich sagte schon, wenn man sich als Mitglied der Partei gefühlt und zu seinen Idealen gestanden hat, dann sind Höhe und Qualität der Funktion absolut zweitrangig. Wenn ich der Meinung war, daß das Politbüro zurücktreten muß, dann hat das mit meiner Bindung zur Partei nichts zu tun.

□ *Und man hat nicht das Gefühl, aufs Abstellgleis geraten zu sein?*

Das ist ein Problem, das mich erst später beschäftigte. Diese

Gedanken hatte ich nicht am 3. oder 4. Dezember ... Sie können sich bestimmt vorstellen, daß es nicht leicht ist, mit dem Gefühl durch die Welt zu laufen, ein Belasteter zu sein. Und von manchem auch so behandelt zu werden. Das ist nicht nur belastend, das ist auch enttäuschend. Schließlich haben wir uns auch als die »unerschütterliche Gemeinschaft Gleichgesinnter« bezeichnet. Zum Glück gibt es nicht nur Enttäuschungen, gab es auch in der Vergangenheit das wirkliche Erlebnis gegenseitiger Verbundenheit, mit dem man heute weiterleben kann. Deswegen habe ich auch nie einen Grund gesehen, aus der SED oder der SED-PDS oder der PDS auszutreten. Wenn man es für richtig gehalten hätte, mich auszuschließen, hätte ich mich gewehrt. Und ich sehe keinen Grund, mich selbst auszuschließen. Das wäre gegen meine Vorstellungen von einem demokratischen Sozialismus.

□ *Was tun Sie zur Zeit?*

Ich arbeite als Pförtner im Dreischichtsystem. Seit gestern. Nachdem ich über drei Monate eine Arbeit im wissenschaftlichen Bereich gesucht habe. Dabei machte ich die Erfahrung, über die ich andeutungsweise gesprochen habe: Ja, wir kennen Dich. Aber versteh' doch bitte ... Es sind jetzt Hunderte, Tausende, die das erleben müssen. Vor allem in meiner Generation. Doch aufzugeben ist nicht meine Lebensmaxime.

Zur Zeit tätig als Pförtner

Reaktion eines ehemaligen Majors der Staatssicherheit auf einige Aussagen Hergers

□ *Wolfgang Herger sagt folgendes: Erstens sei die Abteilung für Sicherheitsfragen des ZK der SED nur für die Parteiarbeit im Ministerium für Staatssicherheit zuständig gewesen. Nur in anleitender Funktion im politisch-ideologischen Sinne.*

Und in den Parteiversammlungen sei nie über operativ-inhaltliche Fragen geredet worden. Es habe ein Höchstmaß an Konspirativität geherrscht. Zweitens behauptet er, wenn ein Mitarbeiter der ZK-Abteilung im Kollegium des Ministers für Staatssicherheit gesessen hat, dann wäre auch dort nur über allgemein-politische Fragen gesprochen worden. Herger sei bitter enttäuscht worden, weil er eben nichts über die inhaltliche Arbeit erfahren habe.

Tatsächlich verhielt es sich so: Parteiarbeit und operative Arbeit konntest du im Ministerium überhaupt nicht trennen. Im Grunde genommen war operative Arbeit Parteiarbeit und umgekehrt. Sachlich ist es sicherlich richtig, daß die ZK-Abteilung für Sicherheitsfragen für die Anleitung der Parteiarbeit zuständig war ... Aber während der Delegiertenkonferenzen der SED im MfS war immer ein Mitarbeiter der ZK-Abteilung anwesend. Und wie das in jedem Rechenschaftsbericht so üblich war, wurde über Arbeitsergebnisse berichtet. Und das sehr detailliert. Vor allem in der Diskussion ging es dann massiv um inhaltliche Fragen.

□ *Wurde auch über konkrete Dinge gesprochen – beispielsweise über Zuführungen oder Verhaftungen?*

Ja. In den Parteiorganisationen hat ja auch eine ziemliche Offenheit geherrscht. Was dann darüber in den Protokollbüchern geschrieben wurde, ist eine ganz andere Sache ... Die Mitarbeiter aus Hergers Abteilung, die für das MfS zuständig waren, waren ja ebenfalls Mitarbeiter der Staatssicherheit. Warum sollte man vor denen etwas verbergen?

□ *Wolfgang Herger redete von Parteiversammlungen wie in einem normalen Betrieb.*

Naja doch. Vielleicht war er in der falschen Parteiversammlung, bei der Nationalen Front oder so ... Ich erinnere mich an eine Delegiertenkonferenz, an der Wolfgang Herger persönlich teilgenommen hat. Dort hielt Erich Mielke einen ausführlichen Bericht. Schätzte die Lage umfassend ein. Nicht nur die allgemein-politische. Und ich war mal zu einem Einsatz in der Kreisdienststelle Mitte des MfS in Berlin. Ich hatte einen Kraftfahrer. Das war zu einem Kongress. Und dieser Kraftfahrer hat den täglichen Lagebericht des Leiters der MfS-Kreisdienststelle zu dem Ersten Sekretär der SED-Kreisleitung gefahren. Und da stand auch alles drin, was passiert war. Die Verflechtung zwischen SED und MfS, die funktionierte bestens.

□ *Wie war denn die Rückwirkung vom ZK der SED auf die Staatssicherheit?*

Weisungsberechtigt war Herger nicht. Dafür war Krenz zuständig. Die Weisungen konnten nur Krenz, Honecker und Mielke geben.

□ *Stimmt das, was Herger vor dem Runden Tisch ausgesagt hat? Gemeinsam mit Krenz?*

Das ist Lüge. Natürlich gab es die Befehlsstruktur. Der Leiter hatte als Leiter Befehlsgewalt. Aber er war ja auch Genosse und als Genosse der Parteidisziplin der SED verpflichtet. Und er hatte entsprechend den Beschlüssen der Partei zu handeln. Deshalb haben doch bei uns SED-Delegiertenkonferenzen mehr Wirkung hinterlassen, als irgendwelche Dienstkonferenzen. Das waren doch die Höhepunkte. Ich habe beim Leiter des Wachregimentes eine Dienstkonferenz erlebt, die dauerte eine Stunde. Aber die Delegiertenkonferenz, die dauerte zwei Tage. Herger ist ja ein lieber Mensch. Er kann jetzt nicht anders. Aber man kann doch in der heutigen Zeit nicht mehr lügen! Das hat doch keinen Sinn. Hier geht es doch nicht um Schadensbegrenzung, hier ist kein Schaden mehr zu begrenzen.
... Das geht mir nicht in den Kopf. Die Mitarbeiter der Abteilung für Sicherheitsfragen, die für uns zuständig waren, hatten doch einen Dienstausweis in der Tasche. Und wenn ich jetzt Mitarbeiter solch einer Abteilung bin, dann werde ich

doch nicht sagen: Mein Chef, Herr Herger, der darf nichts wissen. Der erfährt davon nichts. Und dieser Herr Krenz, der jetzt seine Memoiren in der BILD-Zeitung veröffentlicht – der darf schon gar nichts erfahren. Oder Honecker – außenstehender Mitarbeiter, MfS-fremde Person ... Aber jetzt werde ich schon wieder zynisch.

Antwort von Wolfgang Herger

□ *Herr Dr. Herger, als wir unser erstes Gespräch führten, sagten Sie, daß Sie von operativen Dingen im MfS keine oder nur wenige Kenntnisse hätten. Auch, weil auf Parteiversammlungen des MfS die operative Arbeit kaum eine Rolle gespielt hätte. Viele ehemalige Mitarbeiter der Staatssicherheit sind allerdings der Meinung, daß gerade auf Parteiversammlungen Parteiarbeit und operative Arbeit nicht zu trennen gewesen seien. In diesem Lichte erscheint Ihre Aussage zweifelhaft.*

Wenn ich operativ sage, dann meine ich die internen MfS-Strukturen, die internen Beziehungen und Methoden. Eine Verhaftung an sich hat für mich nichts Operatives – das ist eine politische oder rechtliche Schlußfolgerung. Aber wie so etwas getan wurde, da hatte ich überhaupt keinen Einblick.

»Du bist dann mit letzter Kraft zur Krippe gehastet ... und deinen Chef hat das überhaupt nicht interessiert. Wenn du deinen Frust mal loswerden mußtest, hieß es nur: Du arbeitest nicht beim Konsum!«

Sekretärin/Mitarbeiterin Auswertung; Leipzig, Juli 1990

19 Jahre war sie alt, als die Staatssicherheit auf sie zukam. Als sie »Ja« sagte zu einer MfS-Mitarbeit, zu einer Tätigkeit als Sekretärin. Wußte sie damals, was auf sie zukommt? Daß sie für diese Arbeit zurückstecken muß? Wie wenig sie als Frau als vollwertiger Mitarbeiter anerkannt wird? Welche Schuld sie auf sich laden wird?
Sie erfuhr es in mehr als zwanzig Jahren Dienstzeit. Die Arbeit brachte ihr Erfüllung. Aber sie brachte auch viele Schmerzen und viel Traurigkeit. Die Mitarbeiterin steckte das weg. Sie steckte auch weg, daß sie bei ihrer späteren Tätigkeit in einem Auswertungsorgan Berichte auf den Tisch bekam, deren Inhalt ihren Anschauungen sehr nah war, die sie aber negativ bewerten mußte. Sie wehrte sich nicht dagegen. Heute bleiben ihr nur Wut und Enttäuschung über den Mißbrauch, der mit ihren Überzeugungen betrieben wurde. Und es bleibt das Schuldgefühl auf Grund des Mißbrauches, den sie selbst betrieben hat.

□ *Warst Du als Frau im MfS anerkannt?*

Ja, da gab es kaum Probleme. Ich begann mit 19 als Sekretärin. Was zählte, war Leistung. Sicher machten andere Frauen da andere Erfahrungen.

□ *Konntest Du genügend Leistung bringen? Du hattest einen Mann, der ebenfalls beim MfS arbeitete, bekamst ein Kind.*

Ja, ich konnte Leistung bringen. Aber ich habe wohl eher die Familie zurückgestellt als die Arbeit. Leider gab es zu meiner Zeit das Baby-Jahr noch nicht. Ich mußte ein Jahr unbezahlte Freistellung nehmen, da unser Kind bis zum ersten Lebensjahr krippenunfähig war. Aber das ging überhaupt nicht anders. Als das Kind dann in der Krippe war, wurde es noch recht oft krank. Und ich blieb zu Hause – dafür wurde ich schon schief angesehen. Jedesmal, wenn ich einen Anruf aus der Krippe bekam, ging meine Angst schon los. Auch Tränen blieben da nicht aus. Es kam im MfS immer nur auf Leistung an – für den einzelnen oder die einzelne interessierten sich nur wenige. Eine Frau, die keine Kinder hatte, förderte man auch viel mehr als eine mit Kindern. Bei uns Müttern weckte das Schuldgefühle. Man war immer ein Unsicherheitsfaktor. Und dann das Kind – in der Krippe war es immer das letzte. Du bist dann mit letzter Kraft zur Krippe gehastet ... und deinen Chef hat das überhaupt nicht interessiert. Wenn du deinen Frust dann mal loswerden mußtest, hieß es nur: Du arbeitest nicht beim Konsum. Man wurde als Frau auch nicht besonders gewürdigt. Der Kaffee am Frauentag war für die Männer eine reine Pflichtveranstaltung. Du hättest dich eben nicht für diese Arbeit entscheiden dürfen – das war so der Grundtenor.

□ *Hattest Du Deiner Familie, Deinem Kind gegenüber Schuldgefühle?*

Ja. Besonders, als mein Sohn kurz vorm Schulanfang stand. Ich hätte ihn in dieser Zeit gern intensiver betreut. Aber es führte kein Weg in eine verkürzte Arbeitszeit rein. Ich habe mit meinem Sohn später darüber gesprochen. Er meint, er hätte das als normal empfunden. Er sei dadurch sehr selbständig geworden. Aber ich denke sehr ungern an diese Zeit zurück. Du kamst abends nach Hause und hattest für den Sohn keine Zeit, weil du mit dir selber fertig werden mußtest.

□ *Kam Dir in dieser Zeit der Gedanke, aus dem MfS auszusteigen?*

Nein, so einfach war das auch nicht. Nur wegen dieser Probleme? Die hatten viele Frauen mit Kindern. Ich tröstete mich immer mit dem Gedanken – die Kinder werden größer, widerstandsfähiger und selbständiger. Gefehlt hat mir in dieser Zeit am meisten ein verständnisvoller Vorgesetzter. Aber mein Chef hatte ja eine Hausfrau zu Hause! Der konnte unsere Konflikte gar nicht verstehen.

□ *Hat sich diese teilnahmslose Haltung gegenüber Müttern im MfS im Laufe Deiner mehr als 20jährigen Tätigkeit verändert?*

Ja, die neue Generation wurde weicher angefaßt. Das muß man aber in Zusammenhang mit den sozial-politischen Maßnahmen sehen. Die Frauen hatten ja dann gesetzlich verankerte Rechte. Und außerdem wurde die Kadersituation im MfS immer schlechter. Da mußte man für die jüngeren Frauen einfach bessere Bedingungen schaffen. Aber das ging oft zu Lasten der älteren Frauen. Seit ich keine Verpflichtungen mehr zu Hause hatte, wurde ich nicht geschont. Ich mußte auch außerhalb der Dienstzeit arbeiten, um Aufgaben der jungen Frauen zu erledigen. Das ärgerte mich manchmal sehr. Ich konnte das nicht richtig einsehen – wenn eine Frau ihr Kind abholen muß, dann kann das auch mal der Mann machen. Das Problem fing beim Leiter an, er bestimmte eben.

□ *Bist Du in der Zeit bei der Staatssicherheit innerlich härter, kühler geworden?*

... Diese Frage tut mir sehr weh. Weil sie ein Klischee bedient. Ich glaube, daß ich nicht härter geworden bin. Die hohe Einsatzbereitschaft beim MfS war mir von vornherein klar. Arbeit habe ich nicht gescheut. Und in unserem Kollektiv waren wir doch ganz normale Menschen mit Stärken, Schwächen, Problemen. Wir führten untereinander auch persönliche Gespräche, lachten.

□ *Mußtest Du Dich verändern, um in einem militärischen Organ unter Befehlen arbeiten zu können?*

Nein. Wir mußten ja auch nicht strammstehen, wenn ein Chef vorbeikam. Du mußtest bestimmte militärische Regeln einhalten. Aber das ist für mich auch eine Anstandsfrage. Sicher gab es da innerhalb des Ministeriums Ausnahmen. Das kam immer auf den Chef an. Er setzte die Maßstäbe.

□ *Du bliebst nicht Sekretärin. Mit welchen Aufgaben wurdest Du in Deiner neuen Stellung konfrontiert?*

Ich arbeitete in einem Auswertungsorgan. Mußte offizielle und inoffizielle Berichte auswerten. Nebenbei mußte ich ein Studium absolvieren, um mich für diese Tätigkeit zu qualifizieren. Genaueres möchte ich darüber nicht sagen.
Ich arbeitete dann gleichberechtigt mit Männern und Frauen zusammen. Gleiche Aufgaben, gleicher Verdienst, gleiche Aufstiegsmöglichkeiten. Ich kenne allerdings keine Frau, die Abteilungsleiter geworden ist.

□ *Weshalb war das nicht möglich?*

Das hängt damit zusammen, daß du eben für die Familie und den Haushalt dazusein hattest. Wenn ein Kind krank war, kam es gar nicht in Frage, daß auch mal der Mann zu Hause bleibt. Er hatte ja schließlich die wichtigere Aufgabe. In Ansätzen änderte sich das später – aber über Männer, die auch mal zu Hause blieben, wurde immer gefrotzelt. Ich denke nicht, daß das in einem zivilen Bereich ganz anders war. Die Frauen hatten also wenige Weiterbildungsmöglichkeiten. Oder erst in späteren Jahren. Ich habe überhaupt den Eindruck, daß die Frau von den Leitern im Organ nie als vollwertiger Mitarbeiter angesehen wurde. Wir waren eben nur für Sekretariats- und Auswertungsarbeit geeignet. Zu Höherem waren wir nicht fähig. Das hat mich natürlich sehr geärgert. Aber diese Einstellung lag wohl auch daran, daß die Belastbarkeit der Frauen etwas geringer ist. Doch ich bin der festen Überzeugung – uns Frauen wurde nicht genug zugetraut.

□ *Wie wichtig war es Dir, einen bestimmten Dienstgrad zu erreichen?*

Ich wollte eine Arbeit machen, die mir Erfüllung bringt. Der Dienstgrad war in erster Linie unwichtig. Aber trotzdem war man stolz, wenn man einen Dienstgrad erhielt. Das bedeutete ja die Anerkennung deiner Arbeit.

□ *Hattest Du neben Deiner Arbeit Zeit für Freunde?*

Man hat gelernt, seine Zeit sehr effektiv einzuteilen. Natürlich mußte man die privaten Angelegenheiten zurückstecken. Vor allem war nie eine langfristige Planung möglich. Doch ich kannte es ja nicht anders – mit 19 begann ich ja bei der Staatssicherheit zu arbeiten. Erst heute weiß ich eigentlich richtig, worauf ich alles verzichten mußte, wie hektisch mein bisheriges Leben war. Und dann stelle ich mir die Frage: Für wen, für was hast du dies alles getan? Und was mich ebenso beschäftigt: Stellen sie sich eigentlich die Frage?

□ *Wen meinst Du, wenn Du »sie« sagst?*

Ich meine die SED-Regierung-MfS-Clique. Was da nach der Wende alles an die Oberfläche kam, hat mich erschüttert.

□ *Fühlst Du Dich mißbraucht?*

Ja, und ungeheuer enttäuscht. Bei einigem hatte ich ja meine Zweifel. Aber was man alles so erfahren hat – über Lebensstil der Führung, über Unterstützung der Terroristen usw. – das hat mich erschüttert. Das war für mich anfänglich nicht zu fassen. Du schlägst Dir die Knie auf, in der Überzeugung, einer guten Sache zu dienen und die ...? Nein, um das alles zu begreifen und zu erfassen, brauche ich noch Zeit. Ich war und bin voller Wut und Enttäuschung.

□ *Was ist Dein Anteil daran, daß dieses System so lange funktionierte?*

Ich habe stillgehalten, habe mich nicht gewehrt. Ich habe vieles aus falsch verstandener Parteidisziplin hingenommen. Das erkenne ich erst heute. Und dann haben wir im MfS Dinge gemacht, die nicht rechtlich waren. Ich war überzeugt, daß alle unsere Handlungen auf rechtlicher Grundlage basieren. Dieses Problem beschäftigt mich seit den Herbsttagen und wird mich in meinem Leben immer beschäftigen.

□ *Hast Du Tätigkeiten ausgeführt, die Du heute nicht mehr für moralisch vertretbar hältst?*

Ja, ich habe Leute bearbeitet, mit denen ich mich hätte verständigen müssen. Ich bekam zur Auswertung Berichte auf den Tisch über Leute, die das Richtige wollten. Heute sage ich mir – hätten wir uns nur mit anderen Leuten beschäftigt ...

□ *Hast Du Dich bis zum Ende im Großen und Ganzen mit der Politik der SED identifiziert?*

Nein, ich war in den letzten Jahren nicht mehr ganz von ihr überzeugt. Es tat sich Unverständnis über die falsch proportionierten Sozialmaßnahmen, über die Jubelfeiern, die Preispolitik und Medienpolitik der SED auf. In den letzten Jahren häuften sich auch in den Dienstkollektiven Gespräche über die führenden Leute – mit immer mehr Unverständnis. In unseren Medien dagegen war immer alles schöne, heile Welt ... Empört war ich, als Erich Honecker am 7. Oktober 1989 seine Rede hielt und – in dieser Zeit! – kein Wort zur innenpolitischen Situation sagte, seinem Volk zuwinkte und sehr zufrieden aussah. Das hat mich fertig gemacht, ich habe es einfach nicht begriffen. Und ich merkte auch, daß das MfS sich immer mehr aufblähte und Aufgaben übernahm, die völlig artfremd sind. Aber am MfS als notwendigem Geheimdienst zweifelte ich nicht. Natürlich stelle ich mir die Frage, warum ich mich nicht für ordentliche Politik eingesetzt habe. Warum ich das alles trotz der Zweifel mitgemacht habe. Doch ich war – durch Überzeugung, Parteidisziplin, vielleicht auch Gewohnheit – fest in das System eingebunden. Und ich kann mir heute den Kopf zergrübeln ... aber ich muß weiterleben. Ich muß damit fertig werden.

Zur Zeit tätig als Sekretärin

»Es ist einem über Jahre moralisch das Kreuz gebrochen worden ... Und das ging letztlich jedem DDR-Bürger so ... Wenn du lernst, die große politische Lüge zu akzeptieren, dann gestehst du dir kleine Lügen auch ganz woanders zu.«

Inoffizieller Mitarbeiter; Leipzig, April 1990

Die Familie, in der er aufwuchs, war nicht reich. Die Gesellschaft, in der er aufwuchs, bot ihm die Chance, sich zu bilden, zu studieren. Vielleicht ist seine Geschichte eine besonders typische für die DDR. Er wurde Offizier der Nationalen Volksarmee, hatte als junger Mann schon eine exponierte Stellung in der Auslandsabteilung des Verteidigungsministeriums inne. Und die Karriere verlief steil: der Kongo, dann die Botschaft der DDR in Paris. Die Gesundheit schließlich mußte ihn den Dienst quittieren lassen. Zuletzt Mitarbeiter einer staatlichen Institution, verband sich seine Biografie eng mit dem inneren Zersetzungsprozeß, an dem die DDR-Gesellschaft längst krankte.
Offiziell gibt es das MfS in seiner Biografie nicht: Sie verdeckt das, was er verdeckt für das MfS tat. Er war inoffizieller Mitarbeiter, nicht ständig, zeitweise. Er analysiert diese Arbeit heute mit bestechender Rationalität. Kalt, hart gegen sich selbst, mit jedem Satz dem inneren Drang nach Verarbeitung der eigenen Vergangenheit nachgebend. Fragen sind nicht notwendig. Dieser Monolog beweist das. Ein Monolog, der auf erschreckende Weise deutlich macht, wie Systeme, die Menschen als Schachfiguren hin und her schieben, Moral im Laufe der Partie vergessen lassen …

Die Kontakte mit der Staatssicherheit entstehen in einem Moment, in dem du das gar nicht erwartest. Und du gerätst immer weiter hinein, glaubst immer wieder, recht zu haben, nach Recht zu handeln. Die Zweifel oder Selbstzweifel kommen im Nachhinein, sehr spät. An einer Stelle, an der du das selbst nicht mehr bewältigen kannst. Oder nur noch durch Aussteigen. Ich habe im Nachhinein ein bestimmtes System erkannt. Den ersten Kontakt mit der Staatssicherheit hatte ich noch als Offizier in der Auslandsabteilung des Verteidigungsministeriums. Zu einem relativ späten Zeitpunkt also. Ich bin mir natürlich sicher, daß vorher schon Daten, Einschätzungen über mich gesammelt wurden. Aber das war ja in einer solchen Position auch normal. Ich wäre ohne Akte nie in die

internationale Abteilung gekommen. Dann kam die Staatssicherheit offensichtlich irgendwann zu dem Schluß, daß man mich auch aktiv einbeziehen könne. Sie haben – denke ich – immer eine Doppelzielstellung damit verfolgt. Einerseits die Informationsbeschaffung und andererseits, den Auslandskader zu kompromittieren. Die Gefahr, daß Auslandskader im kapitalistischen Ausland bleiben, ist doch viel kleiner, wenn dir die Staatssicherheit nachweisen kann, daß du mit ihnen zusammengearbeitet hast. Das muß keine Verpflichtung sein, das kann schon ein kleines Stück Papier sein ...
Es gab in der NVA eine Abteilung 2000. Man wußte, das ist die Staatssicherheit und man hat das akzeptiert. Vor meiner ersten Auslandsreise jedenfalls kam mein Verbindungsoffizier des MfS zu mir. Er bat mich um Informationen über einen Korvettenkapitän. Nach dem Motto: Bei dem könnte dieses oder jenes im Busche sein, wärest du nicht bereit, eine Einschätzung zu erarbeiten. Ich war damals 26. Und ich habe auch wirklich gedacht, daß mit dem Korvettenkapitän irgendetwas nicht in Ordnung sein müsse. Also habe ich aus meiner Sicht eine Einschätzung geschrieben. Mir ist gar nicht der Gedanke gekommen, diese Sache abzulehnen. Nein. Ich schrieb: Wenn der Gegner an den Korvettenkapitän heranwolle, dann könnten dort und dort Ansatzpunkte sein. Der V-Offizier hat sich das aufschreiben lassen. Unterschreiben brauchte ich nicht. Das habe ich im Verteidigungsministerium zweimal machen müssen.
Später ging ich dann nach Paris an die Botschaft der DDR. In dieser Zeit hatte ich keine Kontakte mit der Staatssicherheit, keine aktiven Kontakte. Das MfS durfte dort auch nicht mit mir zusammenarbeiten, da ich im Auftrage der NVA tätig war. Es gab eine Übereinkunft zwischen MfS und NVA, die das regelte. Wenn ich also in der Auslandsaufklärung der NVA arbeitete, dann konnte ich nicht auch noch in der Aufklärung des MfS tätig sein. Natürlich hatte auch das MfS in der Botschaft seine Leute. Wir waren dort gleichberechtigte Partner. Allerdings mit dem kleinen Unterschied, daß der MfS-Resident mit 20 Mann präsent, ich dagegen sozusagen Einzelkämpfer war. In der Botschaft gab es immer so eine Art

Triumvirat. Das waren der Botschafter, der Parteisekretär und der MfS-Mann. Das Kräfteverhältnis richtete sich nach der Stärke der Persönlichkeiten. Bei uns zum Beispiel war der Parteisekretär eine absolute Null. Der Resident des MfS war ein starker Mann, ruhig, ausgeglichen, sachlich. Er hatte seine Welt da draußen im Griff. Und er hatte das Nachrichten- und Vermittlungssystem unter seiner Kontrolle. Das MfS hat immer versucht, die Erstinformation zu erhalten. Offiziell war der MfS-Mann Botschaftsrat. Wir hatten ein recht gutes persönliches Verhältnis. Da das MfS aber das Nachrichtensystem beherrschte, ich auch meine Informationen beim Chiffriermann des MfS chiffrieren lassen mußte, besaß das MfS natürlich auch meine Informationen. Allerdings sind wir uns auf speziellen Gebieten nie ins Gehege gekommen. Das MfS wußte nicht, was ich genau tue, ich wußte nicht, was das MfS genau tut. Der Chiffriermann des MfS hat mir gegenüber auch zugegeben, daß er meine Informationen immer zuerst an seine Vorgesetzten geben mußte. Von diesem Zeitpunkt an habe ich Informationen, die ich dem MfS nicht unbedingt gegönnt hätte, persönlich mit nach Hause genommen. Die Rivalität zwischen NVA und MfS existierte also ganz praktisch. Offensichtlich stammt dies noch aus der Sowjetunion.
Als ich meine Tätigkeit in der Pariser Botschaft beendete, schied ich aus der Armee aus. Ich begann, beim Rat des Bezirkes, Abteilung Inneres, zu arbeiten. Dort hatte ich dann den nächsten Kontakt zur Staatssicherheit. Das war kurz vor dem EC-Endspiel von Lok Leipzig in Athen, zu dem ich fahren durfte. Das Verteidigungsministerium hatte mich offensichtlich wieder freigegeben. Ein MfS-Major kam zu mir und fragte mich, ob ich mit meinem Ausweis vom Rat des Bezirkes zu einer Familie in Leipzig gehen würde. Das war die Mutter eines Offiziers der NVA. Ein anderer Sohn der Familie war ausgereist. Der Offizier, der Bruder, hatte versichert, sämtliche Kontakte abgebrochen zu haben. Ich sollte in einem Gespräch versuchen herauszubekommen, ob dem tatsächlich so ist. Das war für mich damals eine politisch notwendige Sache, denn es bestand in der Armee Kontaktverbot. Der Offizier hatte also die Pflicht, das zu melden. Wenn

er noch Kontakte hatte, dann war das ein Verstoß gegen die Geheimhaltung, gegen die Verpflichtung. Der MfS-Major verlangte dann von mir, daß ich meine Erkenntnisse aufschreibe. Das habe ich getan. Dann wurde die Sache in der Hinsicht lächerlich, als er von mir verlangte, ich solle für diese Arbeit 50,– Mark nehmen. Ich sagte ihm unmißverständlich, daß ich das nicht nehmen würde. Er aber erwiderte, daß wir nicht eher aus dem Zimmer gehen würden, bis ich das Geld genommen habe. Er müsse mit Abgabe des Berichtes auch die 50,– Mark abrechnen. Ich sagte ihm noch, daß das MfS nicht mehr auf mich rechnen könne, wenn mir noch einmal Geld aufgezwungen würde. Offensichtlich ist das akzeptiert worden. So etwas passierte nicht wieder. Ich nehme an, daß es dem MfS wieder um das Druckmittel vor der Athen-Reise ging.
Im Sommer des Jahres 1989 – so war ursprünglich vorgesehen – sollte ich zur DDR-Mission in Brüssel als stellvertretender Leiter gehen. Davor kam das MfS zum dritten Mal auf mich zu. Diesmal ließen sie mich gleich eine Verpflichtung unterschreiben. Dazu der Auftrag, über drei meiner Mitarbeiter in der Abteilung Inneres Berichte zu schreiben. Dazu erhielt ich konkrete Anhaltspunkte. Die Frau eines meiner Mitarbeiter hatte Kontakt zu einer ehemaligen Schulfreundin, die in der BRD lebte. Dieser Mitarbeiter war höchster Geheimnisträger. Das MfS hatte Kenntnis davon, daß der Mitarbeiter von den Kontakten seiner Frau wußte, daß er selbst Pakete von der Post abgeholt hätte. Das MfS wollte dem Mann allerdings auch kein Verfahren an den Hals hängen. Es hätte ja auch kaum dafür ausgereicht, der Mann hatte immerhin zehn, fünfzehn Jahre bei uns gearbeitet. Sie wollten ihm eine Brücke bauen. Dafür brauchten sie Informationen: Ist es die Frau, die den Kontakt nicht abbrechen will? Ist es das Geld? Besteht die Gefahr des Geheimnisverrates? In den anderen Sachen lagen die Anhaltspunkte ähnlich, die Frau des einen hatte beispielsweise auch Kontakte in die BRD. Er hatte das nicht gemeldet und kam damit mit den Vorschriften in Konflikt. Es waren also im großen und ganzen relevante Sachen, die ich zu bearbeiten hatte. Aber anders als beim ersten Mal,

als ich noch als junger Mann völlig unbekümmert an die Sachen herangegangen bin, überzeugt von der Sicherheitsrelevanz, sah ich diese Sache völlig rational. Ich wußte, daß auch über mich solche Akten vorlagen, ich wußte, daß auch andere über mich schreiben ... Jetzt komme ich zu dem Problem, das dahintersteckt: Es ist einem über Jahre moralisch das Kreuz gebrochen worden. Über Jahre. Und das ging letztlich jedem DDR-Bürger so. Dem einen mehr, dem anderen weniger. Diese doppelte Moral, die in der Schule schon ihren Anfang nahm. Diese tagtägliche Lüge, die ja jeder mitgemacht hat in irgendeiner Form. Deshalb ist in diesem Land – das denke ich – ein unwahrscheinlicher moralischer Verfall vor sich gegangen. Der fast jeden in unterschiedlichem Maße getroffen hat. Und das hat sicher auch moralischen Verfall auf anderen Gebieten zur Folge. Wenn du lernst, die große, politische Lüge zu akzeptieren, dann gestehst du dir kleine Lügen auch ganz woanders zu. Unbewußt. In diesem Zusammenhang: Die Kirche bot ja jedem die Möglichkeit, mit sich selber ins Gericht zu gehen. Aber ich zum Beispiel hatte diese Möglichkeit nur in geringem Maße. Natürlich hast du nachgedacht. Aber die Antwort war doch letztlich: Es ist für eine gute Sache, für den Sozialismus. Wenn diese Person überprüft werden muß, dann muß sie überprüft werden. Dazu kommt noch, daß die, die die Zeit des Kalten Krieges mitgemacht, die die ersten Jahre der DDR miterlebt hatten, diese Klassenkämpfermentalität verinnerlicht hatten. Ja oder Nein. Entweder – Oder. Dafür oder dagegen. Es gab auch Ausnahmen: Die, die ihren gesunden Menschenverstand noch bewahrt hatten, die ihre Individualität nicht zur Seite gelegt hatten, und die gab es auch in der Staatssicherheit.
Aber noch einmal zurück: Sich dieser Sache zu entziehen, dazu hätte es absoluter menschlicher Größe bedurft. Dazu hätte es Mutes bedurft. Vor solchen, die sich über die Konsequenzen einer Verweigerung klar waren – die Familie gehört dazu, der Beruf – und trotzdem ablehnten, habe ich große Achtung ... Aber letztlich war das alles kein Problem der Staatssicherheit, sondern ein Problem der Gesellschaft. Sicherlich spielen da leninistische Traditionen eine Rolle, aber

wenn die Wirtschaft funktioniert hätte, dann wäre es nicht zu einer solchen Aufblähung des Apparates gekommen. Die Wirtschaft funktionierte aber nicht, die Konsequenz wurde mit deutscher Gründlichkeit durchgezogen. Im Zentralkomitee war ein gängiger Slogan: Das ist nicht unser Problem, das macht die Staatssicherheit. Das sagte ein politisches Organ! Deswegen hat doch das MfS immer mehr Funktionen, die eigentlich dem Staat oblagen, übernommen oder übernehmen müssen. Und da kommen wir wieder zu meiner Arbeit im Rat des Bezirkes: Warum hat sich die Staatssicherheit so für die Arbeit der Kirche interessiert? Sie wollten unbedingt alles zuerst wissen, sie wollten jeden Vermerk haben, sie beurteilten alles, obwohl sie rein fachlich nicht immer dazu in der Lage waren ...
Es gab da eine enge Zusammenarbeit unserer Abteilung mit der Staatssicherheit in den Genehmigungsverfahren der ständigen Ausreisen, der Übersiedlungen in die BRD. Das ist von der Staatssicherheit entschieden worden. Inneres fungierte dabei als Informationslieferant. Die Anträge wurden beim jeweiligen Stadtbezirk abgegeben, Abteilung Inneres. Die waren nach dem Gesetz dafür verantwortlich, für Genehmigungen oder Beschwerden. Die Bearbeitung machte aber weder der Kreis, noch der Bezirk, noch die Staatssicherheit, sondern eine Arbeitsgruppe, die, sobald wieder ein Neuer einen Antrag stellte, sofort auf Informationssuche ging. Im Betrieb, im Umfeld. In diesen Arbeitsgruppen wurde personenkonkret beraten. Alle, die in der Arbeitsgruppe tätig waren, waren verpflichtet, die gewonnenen Informationen wieder in die Arbeitsgruppen hineinzutragen. Das letzte Wort aber hatte die Staatssicherheit. In diesen Arbeitsgruppen waren die VP, Inneres vertreten. Immer dazu gehörte auch ein Ermittlungsbericht des ABV, das heißt, er mußte im Haus jemanden finden, der auskunftsfähig war. Was da hin und wieder für ein Mist herauskam, ist natürlich klar. Wenn beispielsweise jemand in einer Sportgruppe organisiert war, dann ging eben einer zu dem Sportgruppenleiter und befragte ihn. Die Hauptaufgabe war in jedem Falle die Rückgewinnung. Aber das war sowieso fast immer unmöglich, gerade wegen der ständig zu-

nehmenden allgemeinen Unzufriedenheit. Wenn es aber wirklich um konkrete Probleme ging, dann wurde das jeweilige Fachorgan eingeschaltet, das versuchte dann zu flicken. In diesen Arbeitsgruppen wurde dann am Ende ein konkreter Vorschlag erarbeitet. Zunächst wurde viel abgelehnt, aber periodisch wurden dann Maßgaben herausgegeben, die beinhalteten, daß stattgegeben werden kann. Zum Beispiel, als die Botschaftsbesetzungen wieder zunahmen. Am Anfang stand immer – wie gesagt – der Versuch, die Leute zurückzugewinnen. Eigentlich hätten sie ja keinen Grund. Im übrigen gab es deshalb bei Inneres so einen häufigen Kaderwechsel, weil die Chefs natürlich selber gemerkt haben, daß es Gründe genug gibt. Wenn aber einem Ausreiseantrag zugestimmt wurde, dann mußte auch die zuständige Kreisdienststelle zugestimmt haben. Und zunehmend gab es dann Dinge, die die Sicherheitsorgane selbst entschieden haben. Das passierte dann in Berlin, nicht einmal mehr im Bezirk – besonders bei Fällen, wo die politische Macht interessiert an der Ausreise war, weil die Leute irgendwo Krawall gemacht hatten. Dann kamen auch zunehmend Zustimmungen aus Berlin zu Leuten, die gar nicht beantragt hatten. Das heißt, die Staatssicherheit hatte aus sicherheitspolitischen Erwägungen entschieden, daß die Leute ausreisen »dürfen«.
Die Zurückdrängung aber war ein von vornherein tot geborenes Kind. Als ich in der Abteilung Inneres anfing, wurden diese Abteilungen gerade aufgestockt. Nach der großen Ausreisewelle 1984 sollte die große Zurückdrängungsaktion beginnen. Denn: Bis zum XI. Parteitag der SED wollte man das Übersiedlungsproblem politisch (!) gelöst haben ... Politische Lösung! Ich bin damals in der Parteiversammlung aufgestanden und habe gesagt, daß das Problem bis zum XI. Parteitag nicht zu lösen ist, weil es kein Problem von 100 oder 1000 Mitarbeitern ist, sondern ein Problem der Gesellschaft, das an der Wurzel gepackt werden muß. Die Konsequenz war für mich, daß ich aus der Übersiedlungsabteilung rausging und zum persönlichen Mitarbeiter des Chefs avancierte. Der wiederum hatte diese Probleme auch erkannt. Aber er hatte auch dieses gespaltene Bewußtsein, denn besonders

unter vier Augen hatte er die gleiche Meinung. Aber wenn er von einer Dienstberatung aus Berlin zurückkam, dann hatte er die Beschlüsse wieder verinnerlicht. Immer wieder diese gebrochene Moral: Es ist ja für eine gute Sache, Ordnung und Sicherheit, und wir müssen das Land schützen, klingt ja alles nicht schlecht ... Ohne sich Gedanken darüber zu machen, daß man eine Sache vertritt, die unterm Strich politisch und moralisch nicht zu rechtfertigen ist. Ich selbst habe seit Gorbatschow vieles eingesehen. Rational verarbeitet. Ich habe mir immer überlegt, was zweckmäßig ist. Es gab doch zwei Varianten: Entweder du steigst aus. An diese Konsequenz habe ich nicht gedacht. Ich hatte Familie, ich hatte mein gutes Einkommen, ich habe etwas von der Welt gesehen. Ich war insofern privilegiert. Und dabei wirst du doch auch korrumpiert. Ich hatte doch etwas zu verlieren. Das wollte ich nicht. Oder, und diese Variante hatte ich verinnerlicht: Es kommt dazu, daß das Ruder noch herumgerissen werden kann. Das war Illusion, aber eine, die mich bei der Stange hielt. Wir sind genug, die es eigentlich auch sehen, wir müßten es eigentlich packen. Nicht mit unüberlegtem Revoluzzertum, sondern mit Überlegtheit. Wir hätten eine Chance, habe ich mir gesagt, die DDR ist regierbar, die Partei hat eine solche Disziplin, also irgendwie müßte das Ding zu packen sein. Und zwar in die Gorbatschowsche Richtung. Aber das war ein Trugschluß. Ich dachte, die Partei ließe sich mit einem Führungsanspruch reformieren. Aber dafür kannte ich die Strukturen nicht genug. Es war Illusion.
Eigentlich ist das, was jetzt passiert und was passierte, die beste Lösung für das Schicksal des gesamten Volkes. Es hätte ja auch blutig werden können ...

Zur Zeit tätig im Staatsdienst

»Es erfährt jeder nur das, was er für seine Arbeit unbedingt braucht. Jeder war bedacht, sich zu den anderen konspirativ zu verhalten.«

Technisch-operativer Leiter; Leipzig, Mai 1990

Seine Karriere hatte er sich selbst erkämpft. Ohne privilegierte Eltern. Aber dafür mit fachlichem Können und den charakterlichen Voraussetzungen für einen Leiterjob. So fand sich der gelernte KfZ-Schlosser nicht ohne Stolz bereits 24jährig auf dem Stühlchen des technischen Leiters des Verkehrsbetriebes wieder. Als 1967 die Bildung der Verkehrskombinate begann, war seine Perspektive klar: Direktor für Grundfondökonomie. Doch enttäuscht vom Intrigenspiel ehemaliger Direktoren wandte er sich ab und hin zum Ministerium für Staatssicherheit. »Ich wollte in geordneten Verhältnissen arbeiten«, reflektiert er heute diesen Schritt. Und meint damit: saubere menschliche Beziehungen. Doch daß gerade diese Illusion für ihn zur Farce werden sollte, ahnte er 1969 noch nicht. Diktatur des Chefs, Mißtrauen im Kollektiv, und nicht zuletzt: konspirative Überwachung seiner eigenen Person. Eines unbegründeten Verdachts wegen … So bleibt ein sehr bitterer Nachgeschmack, wenn er beginnt, von seinen Jahren im Organ zu erzählen.

□ *Ihre Entwicklung klingt eigentlich sehr nach Geradlinigkeit und nach geordneten Verhältnissen. Wieso war Ihr Leben nicht in Ordnung?*

Als die Kombinatsbildung der Verkehrsbetriebe bevorstand, hatte ich die Perspektive, Direktor für Grundfondökonomie zu werden. Dann mußte ich aber miterleben, wie sich ehemalige Betriebsdirektoren und andere leitende Funktionäre beim zukünftigen Kombinatsleiter ausgeweint haben, andere schlecht machten. Jeder versuchte, einen Direktorposten zu bekommen, und dafür war scheinbar jedes Mittel recht. Deshalb sah ich im Angebot des MfS eine echte Chance. Ich dachte: Du kommst in geordnete Verhältnisse, hast deine Ordnung. Weil das für mich beschämend war, wie die Leute um ihre Posten gekämpft haben. Wie sie andere in die Pfanne gehauen haben … Das hat mich dermaßen deprimiert, daß ich den Weg ins MfS genommen habe.

□ *Was verstanden Sie damals unter geordneten Verhältnissen?*

Unter geordneten Verhältnissen habe ich mir eine ordnungsgemäße Leitungstätigkeit vorgestellt und ordentliche menschliche Verhältnisse. Saubere, offene, ehrliche Beziehungen untereinander.

□ *Wie kamen Sie darauf, daß sich das MfS durch solche phantastischen menschlichen Beziehungen auszeichnet? Aus Unkenntnis?*

Nein. Ich hatte vorher schon Kontakt zu Mitarbeitern des MfS. Es gab doch im Kraftverkehr diesen grenzüberschreitenden Verkehr. Das bedingte, daß die Staatssicherheit auf den personellen Einsatz der Kraftfahrer einen bestimmten Einfluß hatte. Schon daraus ergaben sich Kontakte. Und später gab es so eine Aktion, bei der Fahrzeuge von uns ständig die Radmuttern verloren. Die Radmuttern waren nicht fest, ergaben die Untersuchungen. Technisch gesehen konnte es aber bei diesen Fahrzeugen gar nicht dazu kommen. Deshalb haben wir zur Klärung dieses Problems eng mit der Staatssicherheit zusammengearbeitet. Es lagen offensichtlich kriminelle Handlungen vor. In der Arbeit bildeten sich auch kameradschaftliche Verhältnisse mit den MfS-Mitarbeitern heraus. Wir hatten uns näher kennengelernt, sie kannten meine Fähigkeiten und kamen auf mich zu. Ich habe nur eine einzige Bedingung gehabt: Daß ich in meinem Fach arbeiten kann, wo ich etwas leisten kann.

□ *Als Sie an die geordneten Verhältnisse im MfS dachten, kam Ihnen da nicht auch die Ordnung als Unterordnung in den Sinn?*

Nein. Wissen Sie, mit dem Unterordnen habe ich immer meine Probleme gehabt.

□ *Trotzdem wußten Sie doch aber, daß im MfS eine strenge Befehlsgewalt herrschte.*

So richtig bewußt war mir das vorher nicht. Ich bin immer davon ausgegangen, wie kameradschaftlich wir im Vorfeld zusammengearbeitet haben. Bewußt geworden ist mir das erst, als ich dort war. Als ich erkannte, daß dort in erster Linie die Sauberkeit der Kaderakte zählte. Zweitens dann der politische Stand. Und drittens dann – das ist auch nicht zu unterschätzen – die Eltern oder Geschwister, die in anderen Funktionen arbeiteten. Die Befehlsgewalt bekam ich ja dann noch in übelster Form zu spüren. Mein Vorgesetzter war nicht sehr kompetent. Und ein echter Diktator. Aber eben parteilich voll auf der Höhe. Hinzu kamen zwei Mitarbeiter, die schon länger dabei waren und denen das nicht paßte, daß jetzt einer von draußen kam und sofort den Posten eines technischen Leiters erhielt. Das war sonst nicht üblich. Das waren solche Leute, die sich schon vorher nicht leiden konnten und die sich ständig zerfleischt hatten. Und ich habe gemerkt, daß die zwei scharf auf meinen Posten waren. Das alles machte mir sehr zu schaffen. Man braucht als Mensch, der aus der Wirtschaft kommt, drei Jahre, um sich erst einmal einzuleben. Zumindest bei mir war das so.

□ *Hing das schwere Einleben nur mit dem Kollektiv zusammen?*

Nein. Sicherlich auch mit der Befehlsstruktur. Es erfährt jeder nur das, was er für seine Arbeit unbedingt braucht. Jeder war bedacht, sich zu den anderen konspirativ zu verhalten. Daraus ergeben sich doch schon keine menschlichen Beziehungen. Wenn ich Ihnen das erzähle: In einem Ferienheim des MfS haben sie erst einmal acht Tage gebraucht, um Kontakt zu finden. Um erstmal klarzukommen. Bis auf ein paar Ausnahmen kannte sich ja keiner. Und da hieß es erst einmal vorsichtig abtasten ... Man hat nur so allgemein geredet. Immer die Frage im Hinterkopf: Kannst du dem trauen?

□ *Eigentlich gab es dafür keine Gründe. Alle kamen doch vom selben Organ. Und über die Arbeit redet man doch im Urlaub sowieso kaum.*

Das müssen Sie anders sehen. Die Konspiration war das A und O. Überhaupt die Geheimhaltung. Sie durften also nicht mit anderen über diese Dinge sprechen. Ich als Leiter kenne das aus eigenem Erleben. Ich wurde ja immer zur Abteilung Disziplinar beordert, wenn gegen einen meiner Mitarbeiter etwas vorlag. Ich habe erlebt, daß einer aus dem Ferienheim einen Bericht an die Hauptabteilung Kader und Schulung geschickt hat, weil sich Mitarbeiter X über bestimmte Probleme mit seiner Frau unterhalten hat. Oder an einem Tisch hat die Ehefrau des Mitarbeiters erzählt, daß ihr Mann hin und wieder auch Westfernsehen sieht. Es hat tatsächlich welche gegeben, die sich in diesen Ferienhäusern abends hingesetzt haben und Berichte schrieben. Und die kamen dann über die Hauptabteilung zu uns. Das wurde dann mit den verantwortlichen Leitern ausgewertet. Mit dem Hinweis, man müsse mal eine richtige Erziehung ansetzen ...

□ *Glauben Sie, daß die konspirative Arbeit von vornherein menschliche Beziehungen ausschließt? Oder haben Sie auch gegenteilige Erfahrungen im MfS gemacht?*

Grundsätzlich gesehen bin ich schon der Meinung, daß die konspirative Arbeit menschliche Beziehungen im großen Kreis ausschließt. In einem kleineren Kollektiv von drei oder fünf Leuten können auch menschliche Bindungen entstehen – wenn die charakterlichen Voraussetzungen da sind. Zu den Mitarbeitern der Abteilung XIX, mit denen ich im Kraftverkehr zusammengearbeitet habe, bestand weiterhin ein kameradschaftliches Verhältnis. Ich habe auf sie auch geschimpft, weil sie mir damals nicht die Wahrheit gesagt hatten. Daraufhin sagten sie nur, daß ich solche Probleme nicht gehabt hätte, wenn ich ein ›Operativer‹ geworden wäre. Der ich ja nicht war.

□ *Hatten Sie Probleme mit der konspirativen Arbeit?*

Im Sinne der Geheimhaltungspflicht nicht. Ich war ja schon in den Verkehrsbetrieben VVS-verpflichtet gewesen. Da hatte ich zu schweigen. So habe ich das auch im MfS gemacht. Ich hatte also keine Schwierigkeiten. Belastet hat mich manchmal sehr, besonders in der Zeit bis 1975, daß ich nur anonym mit meiner Frau reden konnte. Man mußte sich ja konspirativ verhalten. Ich konnte ja nicht mit Fakten arbeiten, denn das war verboten. Ich hatte niemanden, mit dem ich mich über meine Probleme unterhalten konnte. Das belastete mich ganz schön. Ich war nach vier Wochen im MfS auch so weit, daß ich mich am liebsten wieder zurückgezogen hätte. Das, was sich dort abspielte, hatte überhaupt nichts mit dem zu tun, was ich mir vorgestellt hatte. Ich war bitter enttäuscht.

□ *War dieser Gedanke, vom MfS wegzugehen der Naivität geschuldet, daß Sie sich im MfS noch nicht so auskannten? Wäre es denn überhaupt möglich gewesen, so einfach von sich aus zu gehen?*

Nein. Das wäre nicht gegangen. Ich hatte in meinem Bereich einen erlebt, der seine Entpflichtung eingereicht hatte. Er hatte nicht einmal einen hohen Dienstgrad. Er wurde in den letzten 14 Tage von allen isoliert ...
Außerdem hatte ich mir mit der Zeit viel Wissen um die Zusammenhänge angeeignet. Und ich wußte, wenn ich meine Entpflichtung schreiben würde, wäre ich nie wieder in eine so hohe Position gekommen. Trotz meines fachlichen Wissens und Könnens. Ich hätte vielleicht als Kraftfahrer im Kraftverkehr arbeiten müssen. Das Ministerium war schließlich verantwortlich, mir eine Arbeit zu beschaffen. Die Mitarbeiter wurden ja auch weiterhin von der Abteilung Disziplinar unter Kontrolle gehalten. Mit offiziellen und inoffiziellen Mitteln. Das also stand mir bevor. Ich glaube, die zwei Extreme Eingewöhnung und dann die Entpflichtung hätte ich nicht durchgestanden ... Deshalb sagte ich mir, daß ich gut genug bin zu beweisen, daß ich eine MfS-Arbeit machen kann. Ich

nutzte dann auch Beschwerden, Versetzungsgesuche. Die begründete ich mit gesundheitlichen Problemen. Ich hatte in 21 Jahren MfS nicht das Denken verlernt.
Ich war kein Scheuklappenbefehlsempfänger. Das hat mir manchmal Nachteile eingebracht ...

□ *Nutzten Sie Beratungen für Ihre Beschwerden oder persönliche Gespräche?*

Beides. Ich habe nicht zu der Sorte gehört, die das hinterm Rücken machen. Ich habe meinem Vorgesetzten öfter die Meinung gesagt. Der war selbst unehrlich ... Ins Gesicht scheißfreundlich, wenn man aber selbst nicht dabei war ... Daß ich kein Duckmäuser war, hat mir dann erst beim Chef der Bezirksverwaltung eine positive Position eingebracht.

□ *Sie sagten, Ihr Chef wäre ein Diktator gewesen? Wie äußerte sich das?*

Grundsätzlich hat er immer gesagt: »Das wird jetzt so gemacht. Und es gibt absolut keinen Widerspruch!« Wenn man begründet hat, warum das grundfalsch ist, hat er das erst recht durchgesetzt. Oder er hat üble Methoden angewandt. Ich will das an folgendem Beispiel erklären: Ich bin technischer Leiter im Fuhrpark gewesen und stand immer unter Streß. In einer Besprechung vormittags hatte ich ihm wieder einmal meine Meinung gesagt. Ich fuhr gegen Mittag auf den Hof und stellte den PKW ab. Wohlgemerkt in einem von Soldaten bewachten Objekt. Ich schloß die Türen nicht ab und ließ auf dem Sitz die Fahrzeugpapiere liegen. Ich ging weg, um kurz etwas zu erledigen. Kam zurück, wollte die Fahrzeugpapiere holen und den Wagen abschließen. Die Papiere waren weg. Verschwunden. Die Schlüssel vom Auto hatte ich ja. Wegfahren konnte keiner damit ... Mein Chef ließ mich bis zum nächsten Morgen suchen. Ich mußte eine Stellungnahme schreiben, denn solche Vorfälle waren meldepflichtig. Bei der Arbeitsberatung am nächsten Morgen gab ich die Stellungnahme ab. Mein Chef grinste und sagte, er hätte die

Papiere aus dem Auto genommen. Das ist psychischer und physischer Terror. Das war nur ein Beispiel.

□ *Sie sprachen von Beschwerden. Bei wem haben Sie sich beschwert?*

Offiziell beim Stellvertretenden Leiter der Bezirksverwaltung. Den Durchschlag gab ich an den Leiter der Kaderabteilung. Daraufhin wurde eine Kommission eingesetzt, die Aussprachen führte. Es wurden echte Ergebnisse gebracht. Bei meinem Chef war wohl einiges faul. Der Leiter der Bezirksverwaltung machte eine Aussprache, und er wies uns darauf hin, daß wir kameradschaftlicher miteinander arbeiten sollten. Das wußte ich selbst. Erst viel später erfuhr ich, daß von dieser Untersuchungskommission der Vorschlag gemacht wurde, einen Referatsleiter abzulösen. Wegen fachlicher Unfähigkeit. Wegen falschen charakterlichen Verhaltens, wegen Unehrlichkeit. Aber aus strategischen Gründen wanderte das in den Panzerschrank. Durchgestanden habe ich die Arbeit nur, weil ich die Kraft in meinem fachlichen Können fand. Und trotzdem: Während des Urlaubes habe ich mich überprüft und gemerkt, daß mein Selbstwertgefühl rapide gesunken war. Ich hatte mich demütigen lassen …

□ *Hatte die Beschwerde nichts am Umgang mit Ihnen geändert?*

Nein, nach der Beschwerde war noch nicht Schluß. Ich bin erst 1977 versetzt worden. Mein Chef setzte mir weiter zu. Ich verlor mein Selbstwertgefühl. Ich habe zu meiner Arbeit kein Vertrauen mehr gehabt. Wenn Sie jeden Tag für Ihre Arbeit und für Ihre Handlungen kritisiert werden, dann halten Sie das auf die Dauer nicht aus. Wenn sie ständig Nachteile haben in der Beförderung, in der Prämierung, in der Auszeichnung. Sie rackern zehn, elf, zwölf Stunden am Tag … Und nie Anerkennung. Da fällt das Selbstwertgefühl eines Menschen. Deshalb war ich froh, als meine Vorgesetzten dem Versetzungsgesuch ihre Zustimmung gaben.

□ *Ihre Beschwerden waren unbequem ...*

Ja. Und ich hatte viele Nachteile. Man hat mich gleich ins Schubfach der Nörgler eingeordnet. Aber ich habs getragen. Aber 1977 zeigte sich ja, als ich dann meine Aufgaben eigenverantwortlich lösen mußte, daß ich nicht nur ein Nörgler bin.

□ *Sie wurden versetzt, lernten andere Leute kennen. Fanden Sie auch richtige Freunde?*

Eine richtige Freundschaft habe ich in den 21 Jahren nicht gefunden. Aber ich hatte zu manchem ein kameradschaftliches Verhältnis. Auch ein vertrautes Verhältnis. Da hatte man die Gewähr, daß man seine Gedanken austauschen konnte, ohne daß bestimmte Informationen gleich weitergehen. Ich weiß nicht erst seit heute, daß wir auch konspirativ überwacht wurden, wenn etwas vorlag.

□ *Haben Sie das selbst erlebt?*

Ja. Ich habe das am eigenen Leibe gespürt. Als ich Leiter im Bauwesen wurde, wollte ich mir privat eine Datsche bauen. Das war 1974. Vom ersten Tag an hatte ich mir einen Hefter angelegt. Ich bin in finanziellen Sachen immer sehr exakt, denn ich hatte schon die unmöglichsten Dinge erlebt. Ich bin damit auch zu diesem Zeitpunkt gut gefahren. Denn eines Tages, so erfuhr ich später, hatte sich ein Mitarbeiter über mich beschwert, ich würde meine Datsche nur aus Material der Staatssicherheit bauen. Wären die Leitungskader echte Genossen gewesen, hätten sie mir den Verdacht offen ins Gesicht gesagt und meine Arbeit kontrolliert. Aber da nutzte man lieber konspirative Möglichkeiten, um mich zu überwachen. Per Telefon und anderes. In meiner Urlaubszeit ist jemand in meiner Wohnung gewesen. Wegen der Ordner, die ich über den Datschenbau führte. Wir hatten ja nicht nur Ordner über den Datschenbau, sondern auch über den PKW, über Wohnungseinkäufe und so weiter. Ich habe alles abgeheftet. Und vor dem Urlaub hatte ich noch eine Menge Ablagen zu machen. Die Ordner stehen in einer bestimmten Reihenfolge, die ich nie durcheinanderbringe. Als ich aus dem Urlaub zurückkam, stand ein Ordner verkehrt. Das machte mich nachdenklich. Und ich entdeckte einen Fehler an der Lampe. Der Baldachin hing etwa 30 Zentimeter unter der Decke. Das alles ließ mich Böses ahnen. Man hatte mir eine Wanze eingebaut. Derjenige, der sie wieder ausbaute, wollte mir scheinbar einen kameradschaftlichen Tip geben, indem er den Baldachin nicht mehr anschraubte. Auch die Verhaltensweisen bestimmter Leiter ließen mich schlußfolgern, daß etwas gegen mich lief. Deshalb bin ich zum Kaderleiter gegangen. Ich wollte eine Anzeige bei der Volkspolizei machen, dazu brauchte ich seine Zustimmung. Ich sagte ihm, daß jemand bei mir in der Wohnung gewesen sei und daß eine Wanze in meiner Wohnung gewesen sein könne. Er wurde sauer, weil ich von der Wanze erzählt hatte. Er meinte, ich müsse das erst einmal beweisen. Ich sagte, daß ich deswegen zur Polizei gehen müsse. Daraufhin erwiderte er, daß er mir die Genehmigung dafür nicht geben würde. Das genügte mir. Offensichtlich gab das den Ausschlag, daß er den Leiter der Bezirksverwaltung informierte. Ein paar Wochen später wurde ich zu meinem Abteilungsleiter bestellt. Der Kaderleiter eröffnete mir, daß gegen mich ein Untersuchungsverfahren gelaufen sei. Wegen ungerechtfertigter Entwendung von Baumaterialien. Sie hätten das geprüft und wären zu dem Ergebnis gekommen, daß alles rechtens sei. Der, der mich beschuldigt hat, hätte die Unwahrheit gesagt. Den Namen verriet er mir nicht. Den bekam ich erst später raus. Ich sagte, daß ich das zur Kenntnis nehme und mir nun klar sei, daß Mitarbeiter während meiner Abwesenheit in meiner Wohnung gewesen seien. Das überhörte der Kaderleiter galant. Er lenkte auf ein anderes Thema über ...

□ *Waren Sie da nicht völlig desillusioniert?*

Ich brauchte eine unheimliche innere Festigkeit.

□ *Sie machten das alles mit, weil Sie wußten, daß Sie nicht mehr raus können aus dem MfS?*

Ja. Sie müssen auch mein Alter bedenken. Ich hatte meine Position aufgegeben. Ich bin mit Illusionen ins MfS gegangen. Die Realität sah ganz anders aus. Aber ich war mittlerweile 50. Und wenn Sie mit 50 vom MfS weggehen, sind Sie sowieso weg vom Fenster. Da geht nichts mehr. Ich mußte durchhalten. Ich hatte meine Illusionen verloren ...

Zur Zeit tätig als Mitarbeiter zur Auflösung MfS/ANS

»Die alte Gewohnheit: Man hat die Macht eben auf Lebenszeit gepachtet.«

Rudolf Mittig, Ex-Stellvertreter des Ministers für Staatssicherheit; Berlin, Mai 1990

Seine Lebensgeschichte ist weniger spannend als tragisch. In jungen Jahren begeistert von faschistischen Ideen, zog er für Hitler in den Krieg. 1945 geriet er in sowjetische Kriegsgefangenschaft, ein halbes Jahr der vier Jahre im Lager saß er auf der Schulbank der Antifa-Schule. 1949 kehrte er heim. In ein Land, das neue Ideen wie ein Lebenselixier brauchte. Auch er suchte für sich einen Neubeginn. Er fand ihn im Osten Deutschlands. Er band sich wieder an eine Idee …

1959/61 beendete er sein vor dem Krieg begonnenes Studium des Bauwesens. Mitarbeiter des Ministeriums für Staatssicherheit wurde er 1952. »Die Vorteile einer Ordnung in Anspruch nehmen ist die eine Seite. Aber die Bereitschaft, diese Sache zu verteidigen, das ist für mich die logische Konsequenz.« Es folgte der stete Aufstieg im Ministerium – vom Mitarbeiter der Bezirksverwaltung Potsdam zum Abteilungsleiter Abwehr Wirtschaft, vom Stellvertretenden Leiter der Bezirksverwaltung zu ihrem Chef. 1962 dann der Wechsel in das Ministerium nach Berlin. Erst Hauptabteilungsleiter der Abwehr Wirtschaft, erlebte er 1974 den Höhepunkt seiner Karriere – die Ernennung zum Stellvertretenden Minister für Staatssicherheit.

Antifaschistische Widerstandskämpfer begleiteten und beeinflußten Rudolf Mittig ein Leben lang. Er begegnete ihnen mit Achtung und mit Ehrfurcht. Sein letzter Vorgesetzter machte da keine Ausnahme – Erich Mielke. Mielke war für ihn Vorbild. Bis zum bitteren Ende …

□ *Heute befinden sich auch junge Leute in einer Situation, in der für sie Ideale zusammengebrochen sind und in der sie sich sagen: Ich möchte nie wieder so fest an eine Idee glauben, nie wieder so wenig zweifeln, nie wieder so wenig nach rationalen Gesichtspunkten handeln. Sie sind als junger Mensch selbst begeistert der Nazi-Ideologie gefolgt. Dann kam das Ende des Faschismus, bei dem auch notwendig im Menschen etwas zusammenstürzte. Wie war das, war dieser Zusammenbruch für Sie keine Erfahrung, nach der man nie wieder einer Idee bedingungslos folgen solle? Wie schnell folgten Sie der antifaschistisch-demokratischen Idee, aus welchen Gründen?*

Es war eine bittere Erfahrung, die viele junge Menschen und auch ich gemacht haben, den Zusammenbruch des Faschismus als junger Soldat der faschistischen Armee zu erleben. Es ist ja nun mal so, daß jede Gesellschaftspolitik auf Massenwirksamkeit ausgerichtet ist. Die darauf ausgelegt ist, Menschen zu begeistern, zu sagen: Wir wollen für die Menschen das Beste. Vornehmlich für die Jugend. Das ist ganz natürlich. Jugendliche sind begeisterungsfähig. Ausgehend von dem, was gesagt wird, was sie aber auch selbst erleben, identifizieren sie sich oder lehnen ab. Sie machen Erfahrungen, die genehm sind oder die nicht genehm sind. Das hängt aber ganz von der Mentalität der Menschen, von ihrer Psyche ab. Die einen reihen sich gern ein, sind ausgesprochene Kollektivmenschen, finden Spaß, Genugtuung an Wanderungen und Fahrten. Also am Jugendleben ... Es gibt andere, die mehr zum Individualismus neigen. Sie kapseln sich ab. 1945 – der Zusammenbruch – war natürlich besonders für junge Menschen ein totales Chaos im Denkprozeß. In ihrem Erleben. Es ist ganz natürlich, daß in einer solchen Phase des Niedergangs jeder Mensch einen Ausweg sucht. Worin sollte der Ausweg bestehen? Vordergründig doch nicht in neuen Philosophien, sondern: Wie stille ich meinen Hunger? Wie bekomme ich ein Dach über den Kopf? Wie kann ich mich als junger Mensch produktiv betätigen? Jeder wird anerkennen müssen, daß das, was die damalige sowjetische Besatzungsmacht, Antifaschisten und Demokraten nicht nur gesagt, sondern auch getan haben, auch für junge Menschen gut war, so daß man ganz natürlich dieser Entwicklung folgte. Sogar folgen mußte. Da geht es erst einmal gar nicht darum, ob man nun begeisterungsfähig war oder nur einen Ausweg darin sah. Es ging einfach ums nackte Dasein. Das ist eine Frage der Zeit, eine Frage der Entwicklung gewesen. Der eine hatte kommunistische Ideen, aus dem Elternhaus, aus dem Bekanntenkreis. Andere wiederum hatten damit weniger im Sinn oder überhaupt nichts. In der antifaschistischen Jugend gab es nicht wenige Auseinandersetzungen über das Für und Wider der Entwicklung. Aber alles in allem entwickelte sich ein Standpunkt, eine Haltung zu dem, was sich in den Jahren nach 1945 entwickelte. Das war die antifaschistisch-demokratische Ordnung. Die Grundhaltung zum Faschismus war klar. Ich glaube, bei der Masse der Menschen, auch bei den jungen Menschen ... In einer progressiven Entwicklung befand sich auch der Prozeß der Identifizierung, des Aktiv-Werdens für die neue Ordnung, die entstand. So gesehen war das ein Prozeß, der für die Menschen, gleich welcher Herkunft sie waren, welcher Glaubensrichtung sie anhingen, wie sich die Vergangenheit darstellte, ein Neubeginn war.

□ *Wann begannen Sie, sich mit den sozialistischen Ideen zu identifizieren?*

Es war ein Prozeß, der seinen Beginn im Besuch der Antifa-Schule während der Kriegsgefangenschaft in der Sowjetunion hatte. Die Berührungspunkte waren ganz fragmentarischer Art: Was soll überhaupt aus uns werden? Und es war nur folgerichtig, daß ich mich nach der Rückkehr in die Heimat mit dem vollen Eintritt in die Gesellschaft tiefer mit dem marxistischen Gedankengut befaßte. Ich bin ja Kandidat der SED geworden. Durch die Teilnahme am gesellschaftlichen Leben, am Parteileben ist man tiefer eingedrungen, zu tieferen Erkenntnissen gekommen, die sich natürlich auch im Handeln umschlungen.

□ *Wann sind Sie in die SED eingetreten?*

Ich bin 1950 Kandidat geworden und 1952 Mitglied.

□ *Was hat Sie bewogen, Kandidat der SED zu werden?*

Die Überzeugung, daß das Programm der SED richtig ist. Es war antifaschistisch, es war ausgerichtet auf die Überwindung der Folgen des faschistischen Krieges. Auf die Interessen der Menschen. Dazu kamen die Bodenreform, die Enteignung der Kriegsverbrecher. Und das Programm bot allen Bürgern der DDR Möglichkeiten, am Aufbau der neuen Ordnung mitzuwirken.

□ *Das heißt, daß auch praktische Erfahrungen eine Rolle spielten?*

Es waren überzeugende Elemente, sich mit dieser Politik, mit diesem Programm zu identifizieren.

□ *Resultierte Ihr Eintritt in das MfS 1952 aus Ihren bis dahin gemachten Erfahrungen in der antifaschistischen Ordnung?*

Es ging darum, am Schutz der neuen Republik mitzuwirken. Daß es Feinde zur Genüge gab, das war jedermann bekannt. Das konnte man ja auch erleben. Die Vorteile einer Ordnung in Anspruch nehmen ist die eine Seite. Aber die Bereitschaft, diese Sache zu verteidigen, das ist für mich die logische Konsequenz. Ich habe mich ja mit der Entwicklung identifiziert. Ich betrachtete die Werbung für das Ministerium für Staatssicherheit als einen Beweis für Vertrauen. Und für mich als eine Verpflichtung.

□ *Sie hatten die Befehlsgewalt im Krieg erlebt. Hatten Sie Probleme damit, jetzt wieder in ein bewaffnetes Organ zu gehen und sich wieder konsequent der Befehlsgewalt auszusetzen?*

Der deutsche Faschismus, der deutsche Militarismus, war ja zur Genüge bekannt. Mir aber war klar, daß zwischen militärischen Institutionen, wie sie der Faschismus prägte und wie sie sozialistische Staaten, also auch die DDR, installieren mußten, ein grundsätzlicher Unterschied bestand. Die ganzen Geschehnisse der Herausbildung des Kalten Krieges, die Provokationen gegen die neue Ordnung der DDR stellten die Bildung, die Entwicklung militärischer Organe, von Armee, Polizei, Sicherheits- und Geheimdienstorganen auf die Tagesordnung. Das war eine Konsequenz. Der Staat nahm für sich nicht nur seine Existenzberechtigung in Anspruch, sondern auch die Möglichkeiten, sich zu verteidigen. Ich sah hier schon einen grundsätzlichen Unterschied.

□ *Sie hatten also keine Probleme mit der neuen Befehlsgewalt?*

Nein. Hatte ich nicht. Ich darf zu dieser Unterordnung vielleicht noch einmal etwas einblenden. Natürlich stand die Frage: Wem ordne ich mich unter? Meine damaligen Vorgesetzten, ich lege Wert auf die Betonung militärische Vorgesetzte, waren durchweg antifaschistische Widerstandskämpfer, die teilgenommen hatten am spanischen Befreiungskrieg, am Kampf der Roten Armee gegen den Faschismus, die im Konzentrationslager waren. Alles Menschen, die aktiv gegen den Faschismus gekämpft hatten, denen ich, was ihr Leben betrifft, ihren Einsatz gegen den Faschismus, ihre ganze Persönlichkeit, volles Vertrauen schenkte. Sehr wohl unterschied sich ein damaliger Oberrat von einem faschistischen Major oder anderen Trägern militärischer Funktionen im Faschismus. So gesehen, war das keine Unterordnung in dem Sinne.

□ *Sie hatten volles Vertrauen?*

Ja.

□ *Weil Sie zu Ihren Vorgesetzten damals aufblickten – vor allem wegen deren antifaschistischer Vergangenheit?*

Ja, ich hatte große Achtung. Sie hatten sich – im Gegensatz zu mir – in der Zeit des Faschismus bewährt.

□ *Sie sagten, daß es damals Feinde zur Genüge gab. Wie haben Sie das in Ihrer Arbeit erlebt? Festigte sich dadurch Ihre Einstellung?*

Ja. Gerade in der Anfangszeit der Arbeit des Ministeriums für Staatssicherheit waren die faschistischen Elemente noch recht aktiv. Es gab konspirativ wirkende Untergrundgruppen. Ob man sie nun als Nachfolgeerscheinung des faschistischen Wehrwolfs bezeichnen mag oder ob es andere Zusammenschlüsse feindlicher Elemente waren, die sich mit Hakenkreuzschmierereien, terroristischen Akten, Spionage und Sabotage präsentierten, sie alle geboten einen energischen Kampf. Es gab eine Vielzahl von Einrichtungen außerhalb der DDR, die mit entsprechenden Kräften im Innern der DDR einen subversiven Kampf führten. Da gab es faschistische Kräfte, aber auch antisowjetische, antisozialistische Kräfte.

□ *Wir wissen heute mehr über diese Zeit damals, auch über die Zeit Stalins. Unter denen, die damals zu einer antisozialistischen Haltung kamen, befanden sich auch viele ehemalige Kommunisten, die die Prozesse Ende der 30er Jahre in der Sowjetunion bewußt miterlebt hatten. Würden Sie über diese Menschen heute anders urteilen als damals in dieser historisch konkreten Situation?*

Unbedingt! Man urteilt bekanntlich aus Erfahrungen und Erkenntnissen. Und man muß verstehen, daß die Prozesse, die in den 30er Jahren unter Stalin in der Sowjetunion durchgeführt wurden, auch gegen Kommunisten, Sozialdemokraten, gegen progressive Menschen, unbekannt waren. Was wir darüber wußten, woraus wir unser Urteil bilden konnten, das war die offizielle Lesart. Und die offizielle Lesart war: Verurteilt wurden Saboteure, Spione, Menschen, die gegen die Sowjetmacht angetreten waren. Ich meine: Die eigentlichen Hintergründe, daß es sich hier um Repressalien handelte, das wurde vielleicht bekannt nach dem XX. Parteitag der KPdSU, mit der Rede Chrustschows. Aber die ganze Aufarbeitung der Stalinzeit wurde ja in der Folgezeit abgebrochen. Oder es wurde nur soviel publik, daß man bestimmte Rehabilitierungen zur Kenntnis bekam. Aber ins Geschichtsbild fand das doch keinen Eingang. Es wurde im ND dann in vier, fünf Zeilen abgehandelt.

□ *War Stalin für Sie damals eine Leitfigur?*

Natürlich führte der XX. Parteitag zu einem Bruch in den Vorstellungen, die ich von Stalin hatte. Das Schwierigste bestand eben darin, mit diesem Widerspruch fertigzuwerden. Einmal: Was hat das sowjetische Volk, seine Partei, die Rote Armee und was hat Stalin persönlich an Leistungen vollbracht, um den deutschen Faschismus niederzuringen? Welche Opfer hat das Volk gebracht? 20 Millionen Opfer. Das auf der einen Seite, auf der anderen Seite die Verbrechen Stalins. Man weiß heute immer noch nicht, wie viele Menschen, auch Kommunisten, Stalin zum Opfer gefallen sind. Das sind alles Probleme, mit denen man heute noch ringt. Ich persönlich bin der Meinung, nur wenn man sich mit äußerster Gründlichkeit diesen Problemen widmet, kann es der Verhinderung von Ähnlichem nützlich sein ... Natürlich ist mein Bild von Stalin heute ein völlig anderes als es in der Vergangenheit war ...

□ *Wir möchten wieder auf die DDR zurückkommen. Die ersten großen Erschütterungen gab es am 17. Juni 1953. Wie haben Sie diesen Tag erlebt? Welche Rolle spielte das MfS?*

Ich war am 17. Juni 1953 in Potsdam. Ich war damals Leiter der Abteilung Abwehr Volkswirtschaft. Im Grunde genommen gab es vier Schwerpunkte: Die Geschehnisse in Hennigsdorf, in Rathenow, in Brandenburg, in Ludwigsfelde. Es wurde damals entsprechend der Möglichkeiten über die Lage, über die Stimmung informiert. Es gab Arbeitsniederlegungen. Aber es gab auch im Bezirk Potsdam feindliche Provokationen, jedoch keine bewaffneten Auseinandersetzungen. Natürlich wurde eine Reihe von Leuten, die provokant auftraten, festgenommen. Die Sache ist zwar nicht ruhig verlaufen, aber wir hatten die Prozesse unter Kontrolle.

□ *Es scheint, als haben Sie die Ereignisse nur sicherheitspolitisch betrachtet.*

Natürlich habe ich auch politisch gedacht. Die Zentren der Auseinandersetzungen waren ja Zentren der Arbeiterbewegung. Im Norden zum Beispiel hatten die Leute ganz andere Probleme als in den Städten, wo die Versorgungssituation nicht besonders gut war. Die Arbeitseinkommen waren gering. Und die Situation 1953 kann man ja nicht vergleichen mit der Situation im Herbst 1989. 1953 ging es um die Existenzgrundlagen der arbeitenden Menschen. Nicht nur der Arbeiterklasse, auch der Handwerker, der Angestellten. So gesehen war es natürlich, daß man politisch gedacht hat. Weshalb forderte man den Sturz der Regierung? Man konnte von diesem Lohn nicht existieren. Auf den Menschen lastete ein kolossaler Druck. Deshalb mußte man auch differenzieren ... Wir waren als Angehörige des MfS nicht besser informiert als durch die damalige Presse. Sicherlich wurde dem MfS vorgeworfen, den Putsch – wie das damals hieß – nicht verhindert zu haben. Aber die Ereignisse im Juni '53 waren im Prinzip vom MfS nicht zu verhindern, schon gar nicht die revolutionäre Volkserhebung im Herbst 1989. Die konnte keine Staatssicherheit verhindern. Die hätte auch keiner verhindert durch rumänische oder chinesische Lösungen – in Anführungsstrichen. Das war vielen klar, vielen Verantwortlichen, wenn auch zu spät – aber dennoch wurde Waffengewalt verhindert.

□ *Herr Mittig, Sie hatten im MfS eine relativ geradlinige Karriere. Sie hatten schnell leitende Positionen inne. Waren Sie durch bestimmte Eigenschaften dafür prädestiniert?*

Sehen Sie, die Kaderentwicklung war in dieser Zeit ziemlichen Turbulenzen unterlegen. Aus einem Land drei Bezirke machen zu wollen ist nicht so einfach. Dafür brauchte man natürlich auch das Dreifache an Leitungskadern. Man ist von den Voraussetzungen ausgegangen, und da ergab sich für viele in dieser Zeit die Möglichkeit einer geradlinigen Karriere, wie Sie sagen. Sie müssen auch berücksichtigen, daß viele ältere Genossen, die aus den Konzentrationslagern gekommen waren, gesundheitlich stark beeinträchtigt waren.

Sie mußten schon nach wenigen Jahren ausscheiden. Ich will aber eine letzte Überlegung nicht beiseite schieben: Natürlich förderte man auch Menschen, die über bestimmte bildungsmäßige Voraussetzungen verfügten und setzte sie in diese Funktionen ein.

□ *Uns ist als rechtliche Grundlage für die Arbeit des MfS nur das Gesetz über die Bildung des Ministeriums für Staatssicherheit bekannt, beschlossen auf der 10. Sitzung der provisorischen Volkskammer vom 8. 2. 1950. Dieses Gesetz umfaßt nur zwei Paragraphen, die lediglich die Umbildung der bis dahin dem MdI unterstellten Hauptverwaltung zum Schutz der Volkswirtschaft zu einem selbständigen Ministerium vorsahen. Genaue rechtliche Grundlagen für die Arbeit des MfS sind darin nicht fixiert ...*

Es stimmt, daß dieses Gesetz nur sehr global und sehr kurz gefaßt ist. Alles andere ist in rechtliche Normative gefaßt. Ich meine, es gibt meiner Meinung nach keine Spezifizierung der Aufgaben des Ministeriums im Sinne eines Gesetzes, eines durch die Volkskammer beschlossenen Gesetzes.

□ *Wie ist das dann mit der konspirativen Arbeit, die ist doch in den Gesetzen, die die Arbeit der Volkspolizei regeln, nicht vorgesehen ... Das heißt, das Telefonabhören zum Beispiel wurde einfach intern im MfS festgelegt, war also von außen weder kontrollierbar noch beeinflußbar.*

So ist es. Es gab dienstliche Bestimmungen im Ministerium für Staatssicherheit, die die Telefon- und Raumkontrolle gestatteten. Aber wie gesagt: Das waren dienstliche Bestimmungen. Natürlich bedeutete das nicht, daß damit willkürlich umgegangen werden konnte. Das heißt, es waren in jedem Falle operative und rechtliche Voraussetzungen vonnöten. Es mußten über eine Person Informationen vorliegen, die den Verdacht rechtswidriger Handlungen deutlich machten. Es ging darum, daß konkrete Handlungen vorliegen mußten. Seien es konspirative Verbindungen zu bestimmten Personen und Einrichtungen im Ausland oder konspirative Verbindungen im Inland. Zum Beispiel Sammlungsbewegungen – immer unter der Verletzung gesetzlicher Normen.

□ *Zählte für sie unter solche Aktivitäten auch die Meinungsäußerung gegen den Staat im Sinne einer konkreten Handlung?*

Meinungsäußerung ist sekundär. Es waren bestimmte Handlungen erforderlich. Voraussetzung waren Handlungen, zum Beispiel die Bildung einer Vereinigung, Werbung von Mitgliedschaften, Erarbeitung von Statuten, Erarbeitung programmatischer Gesichtspunkte. Alles in allem Aktivitäten, die deutlich machten, daß es sich hier um Maßnahmen gegen den Bestand der Republik handelte. Gegen die bestehenden Machtverhältnisse.

□ *Der Gesichtspunkt, von dem man ausging, war also immer die Erhaltung der Macht?*

Ja.

□ *Sie haben gesagt, Meinungsäußerung wäre sekundär. Was heißt das?*

Ich kann Gedanken nicht verbieten.

□ *Gedanken dienen nun einmal als Handlungsanleitung. Sonst haben sie wenig Sinn ...*

Natürlich. So ist das. Diese Aktivitäten, die in einem Vorgang dokumentiert wurden, führten natürlich zu bestimmten Analysen, zu bestimmten Einschätzungen. Es ging niemals darum, daß man die Leute einsperren müßte, obwohl der Straftatsbestand einer Sammlungsbewegung vorlag. Es stand immer die Frage im Raum: Mit welchen Menschen hat man es zu tun? Beispiel Ökologiebewegung: Viele Menschen waren daran beteiligt, die durchaus Gutes wollten.

□ *Sie sprechen jetzt von einer Differenzierung der Menschen, die diese Bewegungen ausmachten. Gerade in dem Band »Ich liebe euch doch alle« mit Dokumenten des MfS fällt aber auf, daß sehr oft mit dem Begriff »feindlich-negativ« pauschalisiert wurde. Meist wurde damit noch der Begriff »reaktionär« in Verbindung gebracht.*

Man muß natürlich beachten, daß es erstens sehr kompliziert ist, diesen Differenzierungsprozeß in Form eines Befehls oder einer Dienstanweisung zu Papier zu bringen. Zweitens muß man berücksichtigen, daß es eine Vielzahl von Absprachen gegeben hat, die deutlich machen, daß eine Dienstanweisung kein Dogma sein kann. Das ist gewissermaßen die Grundrichtung, aber man mußte sich über den Prozeßcharakter, der solchen Erscheinungen eigen ist, ständig konsultieren. Es ging um die ständige Neubewertung, wie diesen Aktivitäten zu begegnen ist. Wenn Sie Informationen des MfS lesen, dann werden Sie unter Punkt eins immer lesen, worin das Anliegen der Gruppe besteht. Und Sie werden immer den Vorschlag finden, daß man mit den Leuten spricht. Von seiten des Staatsapparates, aus allen Richtungen, Wirtschaft, Kultur, Bildung. Um den Prozeß fortzuführen, daß sich diese Menschen artikulieren können. Damit das Problem aus den Bereichen der Teilkonspiration und Konspiration herausgeht. Differenzierungsprozeß hieß: Handelt es sich hier um Menschen, die sich zu diesem Staat bekennen, die sich mit ihm identifizieren, die aber mit diesem oder jenem Teilbereich der Politik nicht einverstanden sind? Oder handelt es sich hier um Menschen, die bestimmte Vorbehalte nur als Feigenblatt benutzen, um ihre staatsfeindliche Tätigkeit zu verdekken?

□ *Wenn jemand an der führenden Rolle der Arbeiterklasse zweifelte, galt er dann als Staatsfeind?*

Das ist etwas zu stark verallgemeinert. Es gab nicht wenige Stimmen, die fragten, wäre es nicht Sache der Intelligenz, die Arbeiterklasse zu führen, die Gesellschaft zu führen? Oder fällt nicht den Künstlern und Kulturschaffenden eine wichtige Aufgabe dabei zu? Ein solches Argument erfuhr doch keine rechtliche Qualifizierung. Eine politische natürlich, aber nicht in dem Sinne, daß sich die Staatssicherheit damit zu beschäftigen hatte.

□ *Laut Ihrer Aussage forderte das MfS zum Dialog auf. Aber aus den Lageberichten, die in dem angesprochenen Dokumentenband erschienen, geht das überhaupt nicht hervor. Zum Beispiel werden Gruppen wie die Kirche von unten, die Solidarische Kirche und so weiter von vornherein als feindlich-negativ und reaktionär abqualifiziert. Und ich finde auch nicht den Satz, daß man mit den Leuten reden müsse.*

Eins steht fest – ich kenne das Buch auch, und es ist bestimmt nicht in der Absicht verfaßt, zu objektivieren. Das ist eine Auswahl von Dokumenten, die – ob man mir das abkauft oder nicht – das Wesen der Staatssicherheitsarbeit von 40 Jahren nicht gerade deutlich macht. Ich möchte noch einmal betonen: Es ist außerordentlich schwierig, die Differenzierung in den Gruppen deutlich zu machen. Fakt ist, daß in jeder Gruppe Menschen waren, denen es darum ging, Mißstände in diesem Land zu beseitigen. Aber es gab auch andere …

□ *Wir haben von Telefon- und Postkontrolle gesprochen. Es hat stichprobenartig Kontrollen der Post gegeben – da gab es zum Beispiel Kopien von Briefen, die die Aufklärung von der Abteilung M, der Postkontrolle, bekam. Das widerspricht dem Postgesetz, Paragraph 115, Absatz 1 bis 3. Ausnahmen der Geheimhaltung können nur gemacht werden, wenn ein gesetzlicher Verstoß bereits vorliegt.*

Welche Kanäle ein Geheimdienst benutzt, wie er Geheimschreibverfahren aufbringt, das kann kein Postgesetz und keine Dienstanweisung vorschreiben. Dazu gehören Erfahrungen und Erkenntnisse. Da gibt es nur diesen Weg. Oder man muß dem Gegner eben freien Lauf lassen. Einem Bürger, der loyal zum Staat steht, der Recht und Gesetz achtet, dem widerfährt nichts. Er wird vor Willkür geschützt. Die Stichproben sind normale geheimdienstliche Methoden.

□ *In einer Berliner Zeitung war eine Mielke-Befehl abgedruckt. Ob er nun authentisch ist oder nicht – es geht um die Methoden. Der Befehl beinhaltet die Zersetzung einer Gruppierung, indem unter den Mitgliedern gegenseitiges Mißtrauen geschürt wird, indem bestimmten Leuten berufliche Mißerfolge organisiert werden. Um sie von ihrer politischen Tätigkeit abzulenken. Wie beurteilen Sie solche Methoden unter moralischem Gesichtspunkt?*

Mir ist solch ein Befehl im einzelnen nicht geläufig. Aber natürlich können sich solche Maßnahmen nur gegen Kategorien gerichtet haben, die Konflikte und Probleme anderer als Basis für ihre Ideen mißbrauchten. Verstehen Sie?

□ *Also bei Leuten, die direkt gegen die Ordnung gearbeitet haben, wie Sie sagen würden?*

Die, die oppositionelle Gedanken als Feigenblatt nutzten zur Verfolgung ihrer eigenen Ziele. Ihrer staatspolitischen Ziele.

□ *Sie sagten in einem Vorgespräch, daß der Opposition nicht genügend Aufmerksamkeit geschenkt wurde. Beziehen Sie das nur auf die politische Führung oder auch auf das MfS?*

Ich sagte ja letztens bereits, daß der KSZE-Prozeß 1973 zu einer wesentlichen Belebung nicht nur der Außen-, sondern auch der Innenpolitik in allen Staaten führte. Die Politik erfuhr völlig andere Dimensionen. So haben wir als MfS immer auf die Konsequenzen aufmerksam gemacht.

□ *Was heißt das konkret? Welcher Art waren Ihre Kontakte zur Parteiführung? War Erich Mielke ein Zwischenglied oder konnten Sie auch direkt mit Erich Honecker sprechen?*

Die Verbindung zur Parteiführung hielt nur der Minister Erich Mielke.

□ *Ausschließlich?*

Ausschließlich. Das soll natürlich nicht heißen, daß ich z. B. Egon Krenz, Günter Mittag, Joachim Herrmann nicht gekannt hätte. Ich war im Herbst und Frühjahr jeweils für die Messe verantwortlich, und da ergaben sich natürlich die Kontakte unter dem Aspekt der Absicherung der Messe. Aber ansonsten: Die Verbindung zur Parteiführung erfolgte, wie in einem militärischen Organ üblich, über den Minister.

□ *Wie würden Sie Ihr Verhältnis zu Erich Mielke beschreiben? War es mehr persönlicher Natur oder mehr durch die Arbeit bestimmt?*

Es war auf die Arbeit konzentriert. Natürlich ist man gelegentlich in einem Ferienobjekt zusammengekommen. Aber die Wochenenden waren ja sowieso rar. Nein, mein Verhältnis zu Erich Mielke war vordergründig durch den Dienst bestimmt. Ich muß wohl nicht betonen, daß die persönlichen Kontakte gut waren, ich war schließlich 15 Jahre sein Stellvertreter. Es war ein gutes Verhältnis, wie viele andere es auch hatten.

□ *Denken Sie, daß das Verhältnis von Gleichberechtigung gekennzeichnet war? Oder vielleicht – sagen wir – von Ehrfurcht?*

Ich habe Herrn Mielke geschätzt – was seine Vergangenheit, seine Verdienste betraf. Ich kannte seinen Lebensweg. So gesehen hatte ich zu Erich Mielke immer ein Verhältnis der Achtung, der Autorität. Ich habe Erich Mielke auch immer gesiezt. Das war eine Frage der Autorität, eine Frage der Gepflogenheiten in einem militärischen Organ. Markus Wolf z. B. hat ihn geduzt, aber das war eine Frage der Vergangenheit der beiden.

□ *Es heißt, beim Ausscheiden Markus Wolfs aus dem MfS hätten Spannungen mit Erich Mielke eine Rolle gespielt?*

Ich weiß nicht, wer Ihnen erläutert hat, daß es Spannungen gegeben hat und welche. Daß Erich Mielke eine laute Aussprache hatte, ist ja bekannt. Mitunter am Telefon, mitunter bei Gesprächen. Das war ein Stück seines Naturells, seines Charakters. Ich weiß nicht, warum Ihr Informant schlußfolgert, daß die beiden deswegen ein sehr kontroverses Verhältnis gehabt hätten. Daß es mitunter Meinungsverschiedenheiten gab, das möchte ich nicht nur beziehen auf Erich Mielke und Markus Wolf. Das gehört zum Leben. Was es sonst noch gegeben haben soll, das entzieht sich meiner Kenntnis. Ich weiß nur, daß Erich Mielke Markus Wolf sehr schätzte. Wegen seiner Arbeitsergebnisse. Und daß man seinen Aufklärungschef wegschickt – das glaube ich nicht. Markus Wolf und Erich Mielke kannten sich schon aus der Sowjetunion ...

□ *Wenn Sie mit anderen Stellvertretern bei Mielke saßen und es ging um die politische Lageeinschätzung, wurde da fruchtbar diskutiert?*

Natürlich haben wir über die Lage im Land diskutiert. Früher ergab sich vielleicht nicht so die Notwendigkeit, aber im letzten Jahr und auch davor oft. Es gab auch konträre Auffassungen.

□ *Worüber?*

In der Einschätzung der Lage. Die Frage des Umgangs mit Andersdenkenden. Sie sagen, daß sich dies in den Dienstanweisungen nicht widerspiegelt. Ich weiß, daß gerade im letzten Jahr nicht wenige Informationen von uns an die entsprechenden Verantwortlichen im Politbüro gingen – über den Zustand in gesundheitlichen Einrichtungen, über die wirtschaftliche Lage an Mittag, über kulturelle Probleme an Hager. Das alles in kurzer Fassung an Honecker. Es ging hier nicht schlechthin um homogene Größen – »feindlich-negativ« oder »reaktionär«. Es gibt Informationen an die Regierung, in denen deutlich wird, daß es sich hier um einen Differenzierungsprozeß handelt. Wir haben oft vorgeschlagen, von einer strafrechtlichen Verfolgung bei einem Straftatbestand abzusehen. Weil eine strafrechtliche Verfolgung eine Solidarisierung im In- und Ausland zur Folge gehabt hätte.

□ *Das heißt, daß diese Einwände oder Vorschläge von reinen taktischen Überlegungen ausgingen?*

Wir wollten das politische Gespräch. Ich meine, das ist wohl eine strategische Überlegung. Es hat uns nicht wenig Kummer bereitet, daß dieser Prozeß so zäh vonstatten ging. Wir – gleich welcher Funktion oder Ebene – hatten das freie Wort der Argumentation verlernt, das Sich-Stellen auch in unangenehmen Diskussionen. Natürlich kann man nicht erwarten, daß man sofort zusammenfindet. Natürlich kann eine solche Veranstaltung auch mal platzen, kann es sein, daß man uneins auseinandergeht. Doch das will gelernt sein. Auch hier sind Erfahrungen und Erkenntnisse notwendig.

□ *War Mielke im Verhältnis zur Parteiführung eher ein Dränger oder Forderer oder ein Abwarter? Sie sagten, daß Sie sich ärgerten, daß dieser Prozeß so langsam vonstatten ging ...*

Erich Mielke hat nicht selten, wenn wir zusammensaßen, zum Ausdruck gebracht, daß er mit allem Nachdruck bei den Genossen im Politbüro auf die Probleme aufmerksam gemacht hat. Und davon bin ich überzeugt. Natürlich erlebt ein Funktionär, wenn er ins Land fährt, nicht das Bild, was in der Information des MfS gezeichnet wurde.

□ *Wem wurde da mehr geglaubt, dem eigenen Erleben oder den Lageeinschätzungen des MfS?*

Über die Stimmung im Lande hat doch nicht nur das MfS informiert. Ich will den Begriff der Flächendeckung mal ins

Spiel bringen. Das geht heute alles auf das Konto der Staatssicherheit. Aber auch der Staatsapparat, die Partei, der Kulturbund waren aufgerufen, über die Stimmung im Lande zu informieren. Es ist natürlich eine Frage, wie ehrlich man zu eigenen Erkenntnissen und Erfahrungen steht. Es hing auch davon ab, ob die Herren Funktionäre im Lande informierten, um die Politik ihres Vorgesetzten bestätigen zu lassen ...

□ *Die Lageeinschätzungen des MfS sind aber unverbogen zu Erich Honecker gelangt? Das heißt, er hat diese Einschätzungen ignoriert?*

Natürlich wurden die Einschätzungen der Basis aufbereitet und zusammengefaßt. Ich kann verstehen, daß die Parteiführung auch anderes zu tun hatte, als den ganzen Tag Informationen des MfS zu lesen. Das Problem aber, denke ich, liegt anders. Wir haben immer darauf aufmerksam gemacht, daß man auf allen Ebenen mit Andersdenkenden und Antragstellern auf Übersiedlung in die BRD sprechen müsse. Das tat dann jemand. Ergebnis meist gleich Null. Dann sprach noch jemand mit dem Bürger. Ergebnis wieder gleich Null. Die Schlußfolgerung: Wir drehen uns im Kreis. Das setzte sich fest in den Köpfen. Das heißt, wir handelten zu spät, ohne wirksames Konzept.

□ *Dazu noch eine Frage: Die Anweisungen, die zu den Antragstellern erfolgten, dienten – nach Meinung eines ehemaligen Mitarbeiters – nicht dazu, die gesellschaftlichen Ursachen herauszufiltern und zu beseitigen, die zu diesen Ausreisen führten. Als beispielsweise die Botschaftsbesetzungen im Ausland quantitativ zunahmen Anfang der 80er Jahre, kam vom Minister prompt die Anweisung, diejenigen Bürger, die ähnliches vorhatten, aufzuklären und ihre Ausreise sofort zu bestätigen, damit solche international Aufsehen erregenden Dinge nicht stattfinden. Ist Ihnen aufgefallen, daß das MfS Aufgaben übernehmen mußte, die nicht seine, sondern ausschließlich Aufgaben von Politikern waren?*

Es hat eine regelrechte Mißstimmung gegeben.. Mich hat das auch nicht befriedigt. Wir wurden in einen Prozeß eingebunden, bei dem man sich wirklich Gedanken machen mußte, was das MfS eigentlich dabei soll. Die Probleme, die die Bürger zum Ausdruck brachten, waren ausgesprochen Dinge, die vom Staatsapparat zu lösen waren – aber man konnte nicht mehr davon ausgehen, daß der Staatsapparat die Probleme bewältigt. Sicherlich werden Sie aber auch verstehen, daß sich die Problematik der Ausreisen auch zu einem sicherheitspolitischen Problem entwickelte. Nehmen wir nur diese öffentlichen Demonstrationen in Jena, in Berlin oder Leipzig. Antragsteller formierten sich zunehmend auf Marktplätzen zu nicht genehmigten Demonstrationen. Und dafür waren wir nun einmal in Zusammenarbeit mit der Volkspolizei verantwortlich.

□ *Wir möchten noch einmal nachfragen zur Ihrer Verbindung zur Partei. Bei Ihnen, Herr Mittig, sind bei grundsätzlichen Entscheidungen, zum Beispiel zur Leipziger Montagsdemonstration, zwei Stränge zusammengelaufen. Zum einen bekamen Sie die Einsatzvorschläge des Leiters der Bezirksverwaltung, zum anderen die des Leiters der Hauptabteilung XX, der wiederum seine Mitarbeiter in der Abteilung XX konsultiert hatte. Es war für die Mitarbeiter offensichtlich, daß bei grundsätzlichen Entscheidungen die Bestätigung sehr lange auf sich warten ließ, wenn bekannt war, daß Krenz oder Honecker nicht zu erreichen sind. Mußten Sie sich mit der Partei abstimmen?*

Sie meinen zum Beispiel die Montagsdemonstrationen?

□ *Ja, zum Beispiel.*

Es stimmt, daß ich die entsprechenden Vorschläge vom Chef der Bezirksverwaltung bekommen habe. In Leipzig ging es ja im Herbst 1989 darum, daß klar war, die Demonstrationen können nicht verhindert werden und andererseits die Frage stand, welche Kräfte gewonnen werden können, die zu einer

Schadensbegrenzung beitragen. Da wurde mit Personen gesprochen, die Einfluß haben. Kirchliche Würdenträger zum Beispiel oder andere Autoritäten.

□ *Die Frage war die nach der Abstimmung mit der Partei.*

Zum Teil mußte abgestimmt werden. Daß Leipzig ein Schwerpunkt war, das wußten ja auch Parteiführung und Regierung. Wie oft sich allerdings Egon Krenz mit Hackenberg als amtierendem Ersten Sekretär der Bezirksleitung Leipzig der SED abgestimmt hat, das entzieht sich meiner Kenntnis. Daß es so war, davon bin ich überzeugt. Der Chef der Bezirksverwaltung hat mir oft mitgeteilt, daß sich Herr Hackenberg mit Herrn Krenz verständigt hat.

□ *Wenn Sie aber informiert wurden und entscheiden mußten, haben Sie dann die Abstimmung mit der Partei gesucht?*

Darum hat sich in erster Linie Erich Mielke gekümmert. Aber auch ich tauschte persönlich Gedanken aus mit Krenz oder Wolfgang Herger – auch zu den Montagsdemonstrationen.

□ *Welchen Entscheidungsspielraum hatten Sie? Mußten Sie ständig Befehle und Weisungen mit Erich Mielke abstimmen?*

Nein, abgestimmt habe ich mit Mielke die grundsätzliche Linie.

□ *Sie konnten selbständig Befehle erlassen?*

Natürlich. Aber im Rahmen der vorgegebenen Strategie. Ich konnte zum Beispiel nicht befehlen, daß Wasserwerfer zu einer bestimmten Demonstration eingesetzt werden. Dazu waren ganz andere Entscheidungen notwendig.

□ *Welche?*

Entscheidungen des Nationalen Verteidigungsrates, dem

Honecker vorstand, oder des Ministers des Innern. Im übrigen hatten wir als MfS keine Wasserwerfer. Sie gehörten ja nicht – wie zum Beispiel in der BRD – zur Standardausrüstung. Soweit ich weiß, besaß auch das MdI keine Wasserwerfer. Eine Ausnahme war die Feuerwehr, aber das waren zum großen Teil auch nur Löschfahrzeuge mit Wasserpistolen. Einige wenige hatten wir importiert. Aus Polen. Meines Wissens waren das die einzigen Hersteller im sozialistischen Lager.

□ *Sie hatten im Vorgespräch geäußert, daß Ihnen das Sputnik-Verbot mißfiel, weil es das Problem nicht löste. Hatten Sie als Stellvertretender Minister für Staatssicherheit Möglichkeiten, darauf Einfluß zu nehmen? Hatte sie vielleicht Mielke?*

Sehen Sie, es ging ja um den Einfluß der Medien überhaupt. Wir wurden damals in Kenntnis gesetzt, daß dies beschlossen wurde.

□ *Im Politbüro?*

Ja. Wir haben den Effekt der Sache bezweifelt, weil ja über das Fernsehen westlicher Ideologie auch Tür und Tor offenstanden. Ich sage Ihnen ganz offen und ehrlich: Damals groß dagegen zu polemisieren, war im Grunde sinnlos.

□ *Der Widerspruch zwischen der Öffnung in der Außenpolitik und den konservativen Auffassungen im Innern war allerdings offensichtlich. Wie wurde dieser Widerspruch ausgetragen im Ministerium, in der Führungsebene, unter Mitarbeitern?*

Natürlich haben wir darüber gesprochen. Speziell über diesen Satz: Außenpolitisch läuft der Dialog in allen Formen. Aber nach innen gelten die innerstaatlichen Rechtsbestimmungen. Ich muß aber noch einmal die Informationen des MfS anführen. Die innere Situation sollte durch Gespräche, durch den Dialog mit den Bürgern entschärft werden.

□ *Dazu hätte es aber einer prinzipiellen Änderung der Sicherheitskonzeption bedurft ...*

Es war doch so: Vieles war richtig und gut aufgeschrieben. Es ist ein Trugschluß anzunehmen, daß die Sicherheitskonzeption dieses oft repressive Vorgehen enthielt. Verständnis für die Menschen zu haben, das stand in jedem Dokument. Aber neben dem guten Willen gehört eben auch die Fähigkeit dazu, Berührungsängste abzubauen, Standpunkte anderer zu akzeptieren. Wenn ich auf meinem Standpunkt beharre, eine Diskussion, ein Gespräch nur unter dem Motto führe, daß man sich zwar unterhalten könne, zum Schluß aber habe ich recht, dann kann ich das doch gleich lassen.

□ *Was glauben Sie, wie haben Sie in dieser Sache persönlich gewirkt? Werfen Sie sich heute vor, nicht genügend getan zu haben, damit dieser Dialog zustandekommt? Oder zu bestimmten Sachen wie der offiziellen Haltung zu China oder dem Sputnikverbot?*

Ich sehe noch vor mir, wie der damalige Generalsekretär der KP in China bei den Studenten war; ich hatte insgeheim die Hoffnung, daß dies die Probleme lösen würde. Natürlich war es schwierig, von hier aus die genaue Kräftekonstellation zu beurteilen. Trotz allem habe ich die Ereignisse mit Bedauern zur Kenntnis genommen.

□ *Es fällt schwer, das zu glauben. Vom MfS sind Weisungen ergangen, die beinhalten, daß oppositionelle Gruppen, die sich speziell zu diesem Problem äußerten, sich öffentlich mit den chinesischen Studenten solidarisierten, zurückzudrängen sind.*

Man muß diese Aktivitäten in die Gesamtsituation einordnen. Daß ich die Ereignisse in China bedauerte, ist eine Sache. Aber die Sicherheit unserer Republik unter den konkreten Bedingungen die andere. Natürlich mußten wir einschreiten, wenn sich die Leute vor der Botschaft versammelten und nicht auseinandergingen trotz mehrmaliger Aufforderungen. Aber selbst, wenn sie nach dem Polizeigesetz zugeführt wurden, entließ man sie nach einer Belehrung. Mancher wurde zwei-, dreimal belehrt, bevor er eine Ordnungsstrafe erhielt.

□ *Ihre Einstellung zu den China-Ereignissen und die durchgeführten Exekutivhandlungen sind also kein Widerspruch für Sie?*

Nein.

□ *Um wieder auf die DDR, das heißt, auf unsere speziellen Probleme und Ihren Entscheidungsspielraum zurückzukommen: Glauben Sie, daß Sie entsprechend Ihrer Überzeugung und Ihrer Kompetenz als Stellvertretender Minister das Optimale getan haben?*

Wir haben das getan, was in unseren Kräften stand. Verändern kann man nur unter den bestehenden Machtverhältnissen. Sie kommen irgendwann an die Grenze, die über den Fahneneid, über die militärische Disziplin hinausgeht, wesentlich. Ich denke, ich brauche das nicht zu erläutern.

□ *Aber es heißt, Mielke hatte großen Einfluß auf Honecker und mit ihm das Organ überhaupt. Hätte man nicht Verhärtungen erweichen können?*

Die Tragik besteht doch einfach darin, daß viel Richtiges im Sande verlief. Die alte Gewohnheit: Man hat die Macht eben auf Lebenszeit gepachtet: Daraus folgte die Fehlinterpretation von Demokratie. Das führte dahin, daß die Fähigkeit, vernünftige Politik zu machen – entsprechend den neuen Entwicklungen – verlorenging. Demokratie konnte sich also nicht lebensfähig entwickeln.

□ *Glauben Sie, daß auch Sie in diesen Machtstrudel verwikkelt waren? Folgten aus Ihrer relativ exponierten Position Routine und Selbstverständlichkeit?*

Wissen Sie, in meiner Funktion ist man immer mit beiden Seiten der Entwicklung konfrontiert gewesen. Einmal damit, wie die Entwicklung laufen müßte, wie sie sich darstellte, besser, wie sie dargestellt wurde, beispielweise in den Medien, und zum anderen damit, wie die Gesellschaftspolitik auf den einzelnen wirkt. Es ist doch ein Unterschied, ob ein Dutzend damit einverstanden ist oder eine große Breite der Bevölkerung. Nehmen wir zum Beispiel die Kommunalwahl vom Mai 1989: Natürlich gab es von vornherein den Gedanken, daß es 99,9 Prozent wohl nicht werden würden. Trotzdem war es so. Auch wenn man den Wahlbetrug korrigiert: Es wären immer noch 80 oder 90 Prozent gewesen. Das ist das, was ich vorhin meinte, Demokratie muß erlernt werden. Der theoretische Begriff Demokratie und seine Praxis sind doch nicht gleichzusetzen. Es ist die Frage, welche Berührungspunkte mit praktischer Demokratie es überhaupt gibt.

□ *Unter anderem am 7. und 8. Oktober in Berlin machte sich die Stimmung in der Bevölkerung Luft. Waren Sie an diesem Tage im Ministerium?*

Ja, ich war im Ministerium. Ich hatte den zentralen Operativstab zu leiten. Wir hatten die Republik zu überschauen.

□ *Wo war Erich Mielke?*

Er war erst im Ministerium und als dann um 16 Uhr die Veranstaltung im Palast der Republik begann, war er dort.

□ *Wir haben erfahren, daß sich im ZK-Gebäude der SED auch ein Führungspunkt befand.*

Ich halte es für selbstverständlich, daß im ZK-Gebäude sozusagen ein diensthabendes System arbeitete. Aber das hatte mit dem Führungspunkt im Haus des Lehrers nichts zu tun. Was die politische Führung der SED-Bezirksleitungen betrifft, das war ja eine reine Parteiangelegenheit.

□ *Wie war die Orientierung der SED für diese Tage?*

Die Orientierung der Partei bestand darin, zum 40. Jahrestag Ruhe und Ordnung zu gewährleisten. Auf jeden Fall stand im Raum, daß Konfrontationen und Auseinandersetzungen zu vermeiden sind. Deshalb gab es schon lange vorher Gespräche mit Leuten, von denen man annahm, daß sie zur Entspannung beitragen können. Bestimmte Kreise wollten ja auch die Volksfeste dafür nutzen, mit den Menschen über ihre Probleme zu sprechen. Daraus wäre möglicherweise ein Zug zum Brandenburger Tor entstanden.

□ *Das klingt, als wollten Sie diese »bestimmten Kreise« aus den Ansammlungen herauslösen. Wie macht man so etwas, wenn die Leute erst einmal auf der Straße sind?*

Das Problem ist, daß man Kräfte, von denen zu erwarten ist, daß sie, gelinde gesagt, unliebsame Aktivitäten entfalten, durch Gespräche im Vorfeld paralysiert. Sie aus einer Masse herauszulösen, ist natürlich außerordentlich schwierig. Wenn sich, wie auf dem Alex, Zehntausende, meist Familien, befinden. Es ging ja auch darum, um den Palast der Republik nach Möglichkeit und bei Bedarf eine Bannmeile einzurichten. Es bedarf wohl keiner weiteren Erläuterung, wieviele Gäste sich im Palast der Republik befanden. Deren An- und Abfahrt in Ruhe und Sicherheit mußte natürlich gewährleistet werden ...

□ *War das Vorgehen des MfS koordiniert mit der Volkspolizei oder hatte die Polizei das Kommando?*

Die VP und die Staatssicherheit wurden entsprechend ihrer Kompetenzen durch ihre Leiter geführt. Es ist nicht so, daß einer dem anderen unterstellt war. Was das Zusammenwirken an Ort und Stelle betrifft, ist es eine Frage der Abstimmung zwischen den zuständigen Kommandoleitern.

□ *Können Sie etwas zu den konkreten Einsatzbefehlen sagen?*

Ich denke, es wird überhaupt schwer sein, die Geschehnisse am 7. und 8. Oktober zu rekapitulieren. Einfach aus dem Grunde, weil es im Verlaufe der Entwicklung gewissermaßen eine Kräftebewegung gab, die völlig unübersichtlich wurde. Deshalb sind auch die Verantwortlichkeiten schwer zu benennen.

□ *Was haben Sie im Ministerium gemacht – konkret?*

Ich hatte mit der Berliner Sache nur indirekt zu tun, denn ich hatte ja noch – wie gesagt – die anderen Bezirke zu überschauen. Berlin hat Schwanitz seitens des MfS geleitet, Mielke hat aber über weite Strecken selbst organisiert.

□ *Er war auch bis spätabends da?*

Ja, bis kurz vor Mitternacht.

□ *Gab es – wie in der Tageszeitung »Die Welt« beschrieben – am 8. Oktober in Berlin eine »Geheimkonferenz«?*

In dem Artikel geht es um die Besprechung vom 8. Oktober. An dieser Beratung – wer anwesend war, steht ja drin – ging es im Grunde genommen um die Einschätzung der Lage, soweit man sie damals schon einschätzen konnte. Alles in allem, daß es darauf ankommt, weitere gewaltsame Konfrontationen zu verhindern, Angriffen auf Objekte zu begegnen. Egon Krenz informierte, welche Konsequenzen sich für die Parteiführung ergaben.

□ *Sie waren dabei?*

Ja, ich war dabei.

□ *Es handelte sich um eine normale Beratung?*

Ja. Sie war geplant. Sie dauerte ungefähr zwei Stunden. Krenz, Schabowski, Dickel, Herger, ich, wir traten noch einmal zusammen, so, wie wir das auch schon vorher, vor dem 7. Oktober getan hatten, als der Maßnahmeplan des Vorsitzenden des Nationalen Verteidigungsrates erläutert wurde.

□ *In dieser Beratung ging es nicht um die Ablösung Honeckers?*

Daß sich dies in den Köpfen als Konsequenz anbot, ist natürlich. Aber das stand nicht im Dokument. Die Parteiführung hatte endlich Konsequenzen zu ziehen. Wie die Konsequenzen aussahen, das hatte das Politbüro zu entscheiden, denn bei der Beratung waren nur zwei Mitglieder des Politbüros anwesend.

□ *Waren operative Sachen Gegenstand der Beratung? Konkrete Vorgehensweisen?*

Es ging gewissermaßen um die Sicherheitspolitik. Also nicht um Details in dem Sinne.

□ *Welche konkreten militärischen Konsequenzen wurden auf der Beratung gezogen?*

Es stand in jedem Falle fest – keine Schußwaffenanwendung. Es mußte alles getan werden, um Konfrontationen zu vermeiden.

□ *Am 8. Oktober hat Erich Mielke an die Leiter der Diensteinheiten ein Fernschreiben gegeben, das anders klingt. Im Prinzip: Zuführung und Festnahme aller Personen, bei denen »feindlich-negative« Handlungen nicht auszuschließen sind. Aktive Journalisten sollten bei ihrer Arbeit behindert werden. Dieses Schreiben wirkt sehr bedrückend.*

Weshalb? Es ging um die Gefahr persönlicher Angriffe. Jeder Mitarbeiter war persönlicher Waffenträger. Die Schußwaffengebrauchsordnung – ich sage Ihnen, das ist eine komplizierte Sache. Daran war jeder Mitarbeiter gebunden. Provokateuren aber war das Handwerk zu legen. Das galt schon vor dem 8. Oktober.

□ *Wenn Sie solche Artikelserien wie in der »Welt« lesen, in denen ehemalige Mitarbeiter auf recht zweifelhafte Art und Weise aussagen, wie beurteilen Sie das?*

Verräter gab es und gibt es immer. Und ich möchte uneingeschränkt zum Ausdruck bringen – ich verurteile den Verrat. Es ist ein Vertrauensbruch gegenüber Menschen, gegenüber inoffiziellen Mitarbeitern, die im Westen arbeiteten. Denn auch sie hat dieser Mitarbeiter verraten. Sie haben nur ihre Arbeit getan ...

□ *Meinen Sie Verrat in dem Sinne, daß der Sachverhalt falsch dargestellt wird oder im allgemeinen Sinne, daß der Mitarbeiter überhaupt gesprochen hat?*

Für mich ist das Verrat an den Bürgern unseres Landes, wenn er seine »Wahrheiten« außerhalb des Landes für einen Judaslohn verkauft. Das verurteile ich. Es gibt Dinge, über die man im Lande sprechen kann, sprechen muß.

□ *Wir glauben, daß die Angst, die die Menschen vor Ihrem Ministerium hatten und haben, neben vielen negativen Erfahrungen auch in absolut fehlender Öffentlichkeit ihre Wurzel hat.*

Da haben Sie recht. Es hat nicht wenige Anläufe gegeben, die Öffentlichkeitsarbeit zu aktivieren. Damals, unter Ulbricht, war die Öffentlichkeitsarbeit stark entwickelt. Ich muß auch sagen, daß die Menschen damals viel Verständnis hatten für diese komplizierte Arbeit. Danach ist das immer weniger berücksichtigt worden.

□ *Haben Sie nicht an Öffentlichkeit und Transparenz gedacht oder haben Sie erfolglos versucht, dies durchzusetzen?*

Man hat das versucht, aber das wurde überhaupt nicht angenommen.

□ *Entschied das die Parteiführung?*

Was in der Presse zu erscheinen hatte, das entschied nicht die Staatssicherheit.

□ *Es gibt doch aber auch Dinge, die Sie der Öffentlichkeit nie hätten preisgeben können. Zum Beispiel das Problem der Internierungslager ...*

Man muß von der Frage ausgehen: Für welchen Fall waren diese Internierungen gedacht. Sie waren für den äußeren Krisenfall gedacht.

□ *Wer konnte entscheiden, daß ein solcher Fall eintritt?*

Das zu entscheiden ist nicht Angelegenheit der Regierung der DDR, das ist Sache des Warschauer Vertrages. Das gibt es in allen Ländern.

□ *Wie ist das in der BRD geregelt?*

Genauso wie bei uns. Es gibt eine Notstandsgesetzgebung, die im Grunde das gleiche regelt. Sie basiert auf der Genfer Konvention. Es ist eine Festlegung, die im Grunde in jedem Staat so existiert. Fakt ist, daß das Ministerium für Staatssicherheit dann eine niedere Rolle gespielt hätte. Träger der Entscheidung ist der Nationale Verteidigungsrat. Auf der Basis der Beschlüsse des Warschauer Vertrages. Denn dieser Fall ist immer mit der Mobilmachung im Kriegszustand verbunden.

□ *Diese Internierungslager waren also in keiner Weise für den inneren Krisenfall gedacht?*

Nein.

□ *In Leipzig aber wurden Internierungslisten vom Sommer letzten Jahres bekannt. Die Zuführungen von Demonstranten endeten auf dem Gelände der »agra«, die laut Plan für eine Internierung im »äußeren Krisenfall« gedacht war.*

Das waren keine Internierungslager. Man muß das auseinanderhalten: Die Internierungslager laut den Beschlüssen des Warschauer Paktes und die erforderlichen Polizeimaßnahmen aufgrund besonderer Situationen, wie eben massenhafter Zuführungen. Die »agra« für diese Maßnahme zu nutzen, würde ich für eine reine lokale taktische Maßnahme halten. Das hat nichts mit einem Internierungslager zu tun. Selbstverständlich müssen Sammelpunkte errichtet werden, als Zwischenlösung.

□ *Aber eine Liste stammt vom 30. Oktober 1989 und enthält 120 Leipziger Oppositionelle. Unter anderem auch den Superintendenten Magirius ...*

Es gab in Leipzig eine Reihe von Personen, die immer wieder in Erscheinung traten. Die Listen der Zuführungen zeigte, daß viele zum zweiten oder dritten Mal zugeführt wurden. Und es war normal, solche »aktiven« Leute auf einer Liste zusammenzufassen. Um einige von ihnen eventuell schon vor einer zu erwartenden Aktivität zu observieren. Als Abwehrfunktion. Wäre es so einfach gewesen, hätten wir ja tatsächlich bloß alle 120 zuzuführen brauchen, und in Leipzig wäre Ruhe gewesen. Das ist also Quatsch. Und das hat es auch nie gegeben.

□ *Die folgende Frage erstaunt Sie sicherlich nicht, denn man muß sie einfach stellen: Wußten Sie von der Unterstützung der RAF-Terroristen durch das MfS?*

Nein. Wahrscheinlich hat mich das genauso überrascht wie Sie auch. Zum individuellen Terror gab es eine klare Position. Ich verurteile Terrorismus, egal in welcher Form. Egal, in welchem Land. Davon wußten offensichtlich nur wenige.

□ *Markus Wolf sprach in einem Interview davon, daß die »krankhafte Vorstellung Mielkes, über jeden alles wissen zu müssen« dazu führte, daß »moralische und politische Hemmschwellen« immer weniger ins Gewicht fielen. Wie stehen Sie zu dieser Aussage?*

Erst einmal: Ich würde nicht von Hemmschwellen in dem Sinne sprechen, daß wir vielleicht immer skrupelloser wurden. Weil das so nicht stimmt. Was die Aussage über genaueste und umfangreiche Informationen betrifft, muß ich Markus Wolf zustimmen. Dennoch sollte man immer beide Seiten betrachten. Die starre Sicherheitsdoktrin und die zunehmende Aggression und Schärfe in den Aktivitäten oppositioneller Gruppen. Das war ja eine Wechselwirkung. Deshalb sehe ich die Handlungen der Staatssicherheit als folgerichtigen Prozeß der immer größer werdenden Widersprüche bei uns.

□ *Wie kommen Sie ganz persönlich mit dem Haß der Bevölkerung zurecht? Glauben Sie, daß Sie durch Ihre Arbeit einen entscheidenden Anteil daran haben, daß dieser Haß wachsen konnte? Stellen Sie sich die Frage der Schuld, der Verantwortung?*

Natürlich fühle ich mich verantwortlich. Verantwortlich für alles, was geschehen ist. Diese Verantwortung gilt für das Ministerium für Staatssicherheit in seiner Gesamtheit. Es ist natürlich kompliziert, unter den gegenwärtigen Bedingungen der Voreingenommenheit mit diesem Haß zurechtzukommen. Es ist doch einfach nicht möglich, das alles, was getan wurde, falsch und schlecht und gegen das Volk gerichtet war. Das entspricht doch nicht den Tatsachen. Wir haben überhaupt keine Möglichkeit, Gehör zu finden. Wie soll man dem Haß begegnen, wenn man kein Gehör findet?

□ *Denken Sie, daß Ihr Leben umsonst war?*

In den 40 Jahren Arbeit und Leben in der DDR war nicht alles falsch. Also war auch das Leben nicht umsonst.

□ *Finden Sie das, was Sie früher getan haben im MfS, heute nicht mehr moralisch vertretbar?*

Das ist eine komplizierte Frage. Man muß die Menschen in ihrem Werdegang sehen. Zu urteilen aber hat man in einer konkreten historischen Situation. Natürlich wurden in den vergangenen Jahren bestimmte Personen bearbeitet. Weil sie Aktivitäten entwickelten, die gegen die Ordnung gerichtet waren. Das war die konkrete Situation. Heute lebt man in einer weiteren Entwicklung, und ich muß sagen – diese Menschen waren keine Feinde. Sie waren an einer Verbesserung der Verhältnisse im allgemeinsten Sinne des Wortes interessiert. Es waren also Menschen, denen Überlegungen eigen waren, die einem selber Kopfzerbrechen bereiteten. Wenn Sie mir jetzt die Frage stellen, wie man das aus heutiger Sicht moralisch verkraftet ... Aus heutiger Sicht war das falsch. Aber was nützt einem diese Philosophie? Man urteilt 1983 anders als 1989 oder gar 1990. Das trifft mich außerordentlich ... Aber selbst, wenn man mit dieser moralischen Belastung leben muß, hat man kein Recht zu sagen, das Leben war umsonst ...

Zur Zeit Rentner

»Als erstes dachte ich: Verflucht nochmal,
die können dich doch nicht kaputtmachen.
Ich habe nicht sofort gesagt,
das liege am System. Ich habe überlegt:
Vielleicht bin ich nicht der richtige
Typ dafür? Vielleicht bin ich zu weich,
denke zuviel nach?«

Nachwuchskader; Leipzig, März 1990

Aufgewachsen in einem pro-DDR-sozialistischen Elternhaus, erzogen durch zwölf Jahre Volkbildungsschule, hegte er bis in den 88er Winter kaum Zweifel. Das System hierzulande, eingeschlossen das Ministerium für Staatssicherheit, war für ihn eine beständige, nur bedingt zu verändernde Größe. 1985 kam er zum Wachregiment »Feliks Dzierzyński«, trat dort der SED bei. Aus ehrlicher Überzeugung. 1988 wurde er für das MfS geworben – erfolgreich. Er begann in diesem Jahr auch sein Chemie-Studium. Mit der Aussicht, später zur »Sicherung vor äußeren Feinden« eingesetzt zu werden. Im Juli 1989 stieg er aus: »Das kann nicht deine Lebensaufgabe sein, da gehst du einfach kaputt.«

□ *Das Wachregiment in Berlin war eine Einrichtung des MfS. Wie kommt man an diese Adresse?*

Ganz einfach – bei der Musterung. Ich hatte eine saubere Kaderakte, war von der Politik hierzulande überzeugt und wollte, obwohl ich einen Chemie-Studienplatz hatte, Kriminalistik studieren. Da wurde ich eben während der Musterung gefragt, ob ich beim »Feliks« meine drei Jahre machen wolle. Das bedeutete mehr Urlaub, besseren Verdienst und ein zivileres Armeeleben. Ich habe zugesagt.

□ *Das hieß doch aber auch Stasi-Mitarbeit.*

Für mich war das ein ganz normales Armeeleben. Man hat kaum Unterschiede bemerkt. Nur, daß einige offiziell als NVA liefen, aber Wachregiment waren. Dieses Kommando 4 bewachte Geheimobjekte und wohl auch das Wachregiment selbst. Ich empfand den Job dieser Leute immer als abenteuerlich. Da habe ich auch nie tiefer in mir nachgegrast. Getarnte Leute, die gehörten dazu, waren notwendig, um dieses Land zu schützen. Und ich fand auch unter diesen Leuten gute Kumpel. Klar gab es dort in Adlershof auch Konflikte. Vor allem zwischen Gorbi-Anhängern, zu denen ich mich zählte, und -Gegnern. Wir hatten dann oft Probleme mit dem Stasi-Büro, das sich direkt in unserem Objekt befand. Ein paar von denen haben es wirklich ehrlich gemeint und versucht, diese Probleme mit Gesprächen zu lösen. Andere wollten immer nur bestrafen und aus dem Regiment schmeißen.

□ *Hast Du das alles unabhängig von den Strukturen gesehen? Auf die Charaktere der Einzelnen geschoben?*

Ja, ich habe die Fiesheit des Herrn X gesehen. Ich sah nicht, wie diese Fiesheit vom System ausgenutzt wurde. Ich hatte feste politische Überzeugungen – damit war es nicht schwer, mir die Wichtigkeit der Staatssicherheit zu erklären. Diese Totalität erkannte ich damals nicht.

□ *Irgendwann mußtest Du doch sicher selbst mit zu Einsätzen gehen. In Deiner Zeit beim Wachregiment lag die Luxemburg/Liebknecht-Ehrung ...*

Ja, neben meinem Job als Gruppenleiter mußte ich natürlich auch mit zu Einsätzen raus. Beispielsweise wenn wichtige Politiker kamen. Und ich war damals irgendwie stolz, dabeisein zu dürfen. Zur Luxemburg/Liebknecht-Ehrung war ich mit draußen. Zum Glück nur als Reserve. Vorher wurden wir richtig ›heiß gemacht‹.

□ *Warst Du überzeugt von der Staatsfeindlichkeit der Leute wie Vera Wollenberger, Stefan Krawczyk, Freya Klier ...?*

So genau kann ich das heute nicht mehr sagen. Wir haben intern über den Luxemburg-Spruch diskutiert. Konnten bei »Freiheit ist auch Freiheit des Andersdenkenden« nichts Schlechtes finden. Aber ich hatte mich mit dem möglichen Einsatz abgefunden. Vorher war ja auch intensiv auf uns eingeredet worden. Das fiel bei uns wohl auch auf fruchtbaren Boden – wir waren eine ausgesuchte Truppe. Ein Kriterium war, keine Westkontakte zu haben. Ich denke, das macht viel aus. Weil die Grenze bei uns bis ins Persönliche gezogen war. Eine einseitige Erziehung wurde dadurch gefördert. Und andere als die offiziellen Informationen bekamen wir ja kaum bei der Armee. Wir standen also am Tage der Luxemburg/Liebknecht-Ehrung mit unseren Gummiknüppeln da.

□ *Mit Gummiknüppeln und dem Gedanken, Du mußt auf Leute einschlagen. Wie fühlt man sich da?*

Normal. Ja, heute klingt das furchtbar. Aber es war Normalität.

□ *Wie gingst Du ihn – den Schritt vom Wachregiment zum Mitarbeiter der Staatssicherheit? Mit diesen Erfahrungen!?*

Ich wollte ja Kriminalistik studieren, an der Humboldt-Uni in Berlin. Dann erfuhr ich von einem notwendigen praktischen Jahr bei der Volkspolizei. Das kannte ich durch meine damalige Bekannte zur Genüge. Nochmal durch den Schlamm joggen, nochmal in Uniform, nochmal ... das und das. Davon hatte ich absolut genug. Ich hatte jedoch noch meinen Studienplatz für Chemie. Und bei den Entlassungsgesprächen im Regiment wurde ich gefragt, ob ich nicht Mitarbeiter des MfS werden wolle. Ich solle mein Chemiestudium durchziehen, den Ingenieur machen und dann im wissenschaftlichen Sektor des MfS, in der Aufklärung, tätig werden. Ich überlegte, dachte an meine guten Erfahrungen im Wachregiment. Die anderen kamen mir kaum in den Sinn. Da funktionierte wohl ein Verdrängungsmechanismus.

□ *Ich habe das Gefühl, daß Du kritisches Potential in Dir hast. Das müßte doch in Ansätzen schon damals vorhanden gewesen sein.*

Ja, aber immer in den Denkschablonen und Strukturen, wie sie hier herrschten. Und das war das kritische Potential, das auch zugelassen wurde. Ich glaube, so als eine Art Alibi. Ich war damals mehr und mehr begeistert von der Gorbatschowschen Politik. Und dachte, hier in der DDR wäre das nur eine Frage der Zeit und der Personen. Honecker, sagte ich mir, hat für seine Ideale im Zuchthaus gesessen. Der kann nichts Schlechtes wollen. Heute ist er ein alter Mann, kann geistig einfach nicht mehr solche Sprünge machen. Nie, nie habe ich in Erwägung gezogen, richtig in die Opposition zu gehen.

□ *Spielten bei Deiner Zusage materielle Erwägungen eine Rolle?*

Nein. Ehrlich nicht. Sicher habe ich mir überlegt, daß ich später mal ein gutes Einkommen habe. Daß ich auch während des Studiums unregelmäßig Geld erhalten sollte, war mir damals nicht klar. Ich bekam dann monatlich einen Betrag, keinen festgelegten. Nach welchen Kriterien das lief, weiß ich nicht.

□ *Du begannst also im September '88 Dein Chemie-Studium in Leipzig. Hattest Du zu dieser Zeit Kontakt mit dem MfS?*

Ich sollte mich im November, wenn das Studium läuft, bei denen melden. Bekam dann einen Kontaktmann, Führungsoffizier nannte man den offiziell. Bei unseren Treffs fragte er mich nach meinem Studium, nach der politischen Lage und nach Meinungen an der Uni. Der hat immer versucht, das Menschliche in den Vordergrund zu stellen. Ich konnte mit ihm offen reden.

□ *Aber er war Dir gegenüber weisungsberechtigt. Und Du zur Ausführung seiner Befehle verpflichtet.*

Mit den Befehlen ist das so eine Sache. Ich kam ja direkt von der Armee. Und dort stehst du ja jede Minute unter Befehl eines anderen. Dagegen war das eine große Auflockerung ... Ich mußte dann Berichte über die Sektion Chemie schreiben. Vor allem über die Stimmungen in den SED-Parteiversammlungen.

□ *Hast Du diesen Auftrag des MfS als hinterhältig empfunden?*

Nein, ich sollte ja keine Dossiers schreiben, keinen anzinken. Ich dachte, die brauchen einen Gesamtüberblick über die Stimmung. Und ich sollte wohl auch getestet werden. Dann kam die Zeit des Sputnik-Verbots. Auch bestimmte sowjetische Filme kamen nicht auf die Leinwand. Das fand ich unmöglich, konnte es nicht verstehen. Zum ersten Mal zweifelte ich an meiner Aufgabe. Ich kam mir schäbig vor, einerseits gegen die Verbote zu argumentieren, andererseits aber für die Stasi über die Sputnik-Diskussion zu berichten. Im Frühjahr '89 setzte sich das dann fort. Ich kam mir langsam wie ein Schwindler vor ... aus meiner Seminargruppe wußte ja niemand von meinem »Doppelleben«. Aber es kam noch eine Sache hinzu. Ich hatte mich verliebt, wollte mit ihr eine enge Freundschaft. Und sie hatte Verwandtschaft in der BRD, schrieb sich mit ihnen und wurde besucht. Das war ein ganz persönlicher Gewissenskonflikt. Normalerweise hätte ich gar keine Beziehung mit ihr eingehen dürfen. Ich hatte mich ja verpflichtet, keine Westkontakte zu haben und mit keiner Person im Haushalt zu leben, die solche hatte. Die Freundschaft wurde mir aber von Woche zu Woche wichtiger.

□ *Hat sie von Deiner »MfS-Ehe« gewußt?*

Das hatte ich nur meinen Eltern erzählt. Ich habe auch nicht mit ihr geredet, als der Konflikt immer stärker wurde. Das war so im Juni – ich kam nicht mehr mit mir zurecht. Äußerlich versuchte ich noch, mir nichts anmerken zu lassen. Und das Problem zu verdrängen. Meine Studienleistungen sanken rapide ab. Ich reichte bald meinen Exmatrikulationsantrag ein. Der Staatssicherheit erzählte ich davon nicht. Weil ich eine Ahnung bekam, wie mächtig die eigentlich waren. Regimentserinnerungen kamen auf, die mich früher nie beschäftigt hatten.

□ *Wie würdest Du dieses Gefühl beschreiben?*

Als Angst. Als sehr große Angst. Meistens abends. So eine Zukunftsangst. Und Ungewißheit.

□ *Hat Dich das zum Reden getrieben?*

Eigentlich ja. Aber ich habe gedacht: Du mußt zuerst zu denen gehen. Und mit ihnen reden. Das war noch so drin. Naja, ich habe es einfach rausgezögert, immer wieder. Bis zum Sommer. Ich sollte in einem internationalen Sommerlager am Scharmützelsee für die wissenschaftliche Aufklärung Leute aus der BRD gewinnen. Oder besser aussuchen. Das waren alles Bundis aus der linken Szene. Grüne, Alternative – ein buntes Gemisch. Dort habe ich das erste Mal bewußt gegen meine Aufgabe gearbeitet. Ich gab keine verwertbaren Informationen ab. Ich empfand es als Bespitzelung. Die Leute hatten kaum Berührungsängste. Und warum sollte ich über diese netten Typen, die dazu noch der linken Szene angehörten, heimlich in meinem Zelt Informationen aufschreiben?

□ *Bezog sich diese Verweigerung nur auf das Lager?*

Nein. Zu dieser Zeit war mir schon klar: Du steigst aus. Das kann nicht deine Lebensaufgabe sein, da gehst du einfach kaputt. Und ich hatte mich ja schon entschieden – mein Exmatrikulationsantrag war befürwortet, mit meiner Freundin schmiedete ich Zukunftspläne. Bei diesem bewußten Nachdenken über die Stasi erinnerte ich mich an einige Geschehnisse im Wachregiment. Ich hatte dort oft genug erlebt, wie das MfS funktionieren konnte. Hatte ja selber mitgemacht. Hinzu kam, daß ich meinen Freundeskreis genauer beobachtete. Darunter sind sehr viele christlich gebundene Leute. Die sich zum Teil auch in der Opposition engagierten. Und ich sah, daß man die doch nicht mit dem Begriff ›feindlich-negativ‹ bezeichnen konnte. Die sahen das Ganze doch viel humaner als wir. Und die Sommerentwicklung in der DDR gab mir auch sehr zu denken.

□ *War das vorrangig der persönliche Druck, der diesen Ausstiegs-Gedanken reifen ließ? Oder hast Du am System gezweifelt?*

Ich würde es so formulieren: Aus dem persönlichen Druck heraus begannen auch die Zweifel in größerem Rahmen. Als erstes dachte ich: Verflucht noch mal, die können dich doch nicht kaputtmachen. Ich habe nicht sofort gesagt, das liege am System. Ich habe überlegt: Vielleicht bin ich nicht der richtige Typ dafür? Vielleicht bin ich zu weich, denke zuviel nach? Aber dann: Zuviel Nachdenken kann eigentlich nicht sein. Da muß etwas anderes sein. Dieser Glaube an den DDR-Sozialismus und dieser Stolz, den ich als »Mitmacher« empfunden hatte, war schon weg. Und mir wurde langsam klar, daß nicht nur ein paar alte Männer im Politbüro das Übel sind. Ich fühlte mich mit den Ideen der Montagsdemonstranten verbunden – dabei war ich erst ab 9. November. Den »großen Aufbruch« habe ich erst danach geschafft. Aber die Berechtigung dieses aufgeblähten MfS-Apparates habe ich nicht mehr gesehen.

□ *Nochmal zu einem Satz, den Du eben sagtest: »Vielleicht bin ich zu weich?« Woher kommt solch ein Gedanke?*

Na, aus den jahrelangen Erfahrungen, die ich gemacht habe. In der Familie, in der Gesellschaft. Man sollte konsequent, geradlinig sein. Autorität achten. Und viele meiner Kumpel aus der Wachregiments-Zeit arbeiteten ja ebenso für die Stasi – ihnen gegegenüber wollte ich mir keine Blöße geben. Nicht enttäuschen. Ich dachte mir dann jedoch, es können doch nicht so viele ein Doppelleben führen. Wofür macht man das eigentlich?

□ *Fandest Du an dieser Stelle die Kraft, Dich zu artikulieren?*

Ich war zu feige. Das werfe ich mir heute noch vor. Ich hätte entweder den MfS-Leuten sagen müssen, was Phase ist, oder aber zur Opposition, in die Nikolaikirche, gehen sollen. Ich hatte nicht den Mut für das eine und Berührungsangst vor dem anderen. Keine konkrete Angst, eher eine Ohnmächtigkeit. Rational ist das nicht zu verstehen.

□ *Wie hast Du diesen Widerspruch gelöst?*

Indem ich mich nach meinem ČSSR-Urlaub einfach nicht zurückmeldete. Das heißt, dadurch wurde der Widerspruch nur noch schlimmer. Ich wohnte bei meiner Freundin und lebte in ständiger Angst. Irgendwann fragten dann angebliche Computerfreunde aus Berlin auf der Arbeitsstelle meiner Freundin nach mir. Frage mich nicht, woher sie plötzlich ihren Namen kannten ... Sie rief mich an und beschrieb mir die Männer. Ich wußte, daß sie es waren, daß sie mich hatten.

□ *Kannst Du Dich noch an diesen Moment erinnern? Wie dachtest, was fühltest Du?*

Gott sei Dank, nun ist es vorbei. Ich fühlte mich erleichtert. Ich wußte nicht, wie dieser Spuk ausgeht. Aber ich wußte: Es ist vorbei. Ich bin aus der Wohnung gegangen, und da sah ich ihr Auto schon in der Seitenstraße. Wir fuhren gleich nach Berlin. Haben dort in einer konspirativen Wohnung übernachtet. Ich konnte besser schlafen als in den vorherigen Nächten. Natürlich habe ich überlegt: Was werden sie wohl mit dir machen? Aber die Erleichterung war das bestimmende Gefühl. Am Morgen wurde ich dann in dieser Wohnung verhört. Von zwei Abwehr-Leuten, die die scharfen Fragen stellten und einem anderen, der recht beruhigend wirkte ... und sicher auch so wirken sollte. Wie ich zum Staat stehe und wie das alles gekommen sei, wollten sie wissen. Konsequenzen, die ich ziehen werde und Perspektiven, die ich sehe. Ich habe meine Geschichte erzählt. Wohl so ähnlich wie Dir auch. Und gesagt, daß ich unerklärliche Widersprüche in dieser DDR-Realität sehe. Daß ich zwar die Idee des Sozialismus toll finde, aber zu dem Hier und Heute viel mehr Fragen als Antworten habe. Daß ich aus der SED austreten will und nie wieder für das Ministerium für Staatssicherheit arbeiten werde. Dann wurde ich in die Normannenstraße gebracht und mußte das Ganze noch aufschreiben. Dann ging es nach Leipzig, zu meinen Eltern. Zwei MfS-Leute redeten sofort mit meinen Eltern. Sie erklärten das Ganze aus ihrer Sicht, redeten über ihre Zweifel an meiner Überzeugung. Meine Eltern haben dann erklärt, daß sie die Verantwortung für mich übernehmen.

□ *Wie empfindet ein 23jähriger, wenn Verantwortung über ihn von den Eltern wahrgenommen wird?*

Dankbar war ich. Ich wußte ja nicht, wie es nun weitergeht. Ich war recht hilflos und empfand das keineswegs als Erniedrigung. In Leipzig mußte ich mich dann jeden Tag melden. Bis dann Mitte Oktober die Entscheidung kam – sie haben mich rausgeschmissen, aber ohne Bestrafung. Was wollten sie auch machen. Da kamen mir die politischen Veränderungen zu Hilfe. Aus ihrer Warte gab es ja tausende schlimmere politische Gegner.

□ *Und heute, Monate danach, wie reflektierst Du über die Frage der Schuld? Fühlst Du Dich schuldig oder siehst Du Deine zwölf Monate MfS-Mitarbeit als Verfehlung eines jungen Mannes?*

Ich fühle Schuld. Moralische Schuld. Gegenüber allen, die ich kenne und achte. Schaden habe ich angerichtet, indem ich mitgemacht habe. Auch ich bin einer zuviel gewesen. Natürlich bin ich Entwicklungsprodukt einer bestimmten Umgebung. Aber ich habe auch einen einigermaßen guten Intellekt. Und ich bin für das, was ich gemacht habe und mache, selbst verantwortlich. Man mußte diesem System nicht verfallen. Und daß aus ihm rauszukommen war, beweisen schon die Oktober-, Novembertage in diesem Land. Das funktionierte nur, weil sich tausende einzelne Menschen dagegengestellt haben. Und Rückgrat hatten. Das hatte ich lange Zeit nicht.

Zur Zeit tätig als Angestellter einer staatlichen Behörde

»Ich habe mich immer zuerst als Mitglied der SED und dann erst als Mitarbeiter des MfS verstanden.«

Leiter einer Bezirksverwaltung; Leipzig, Juli 1990

»Geschichte ist Geschichte. Leben ist Leben. Korrigieren kann man das nicht.« Sein Leben war 40 Jahre Dienst und Treue für die Staatssicherheit. Als Abwehroffizier, als Parteisekretär, schließlich, ab 1968, als Leiter einer Bezirksverwaltung des MfS – im Generalsrang.
Er ist Jahrgang 1929. Die Schule besuchte er bis 1944. Der Gestellungsbefehl war datiert auf den April '45 ... Nach dem Krieg Lehre als Kaufmannsgehilfe. Viel Zeit für die antifaschistische Jugend. Als er gebeten wurde, hauptamtlich für die FDJ zu arbeiten, sagte er begeistert zu. Er folgte dem Ziele der neuen Ordnung. Ihre Ideale waren seine. 1950 warb ihn ein Mann für die Arbeit in der Staatssicherheit. Dieser Mann war zwölf Jahre inhaftiert, von 1933 bis 1945. Er habe »keine Sekunde« gezögert. 1950 – im Jahr der Gründung des Ministeriums für Staatssicherheit.
In der exponierten Stellung des Chefs der Leipziger Bezirksverwaltung waren die Kontakte zu dem Mann, der das MfS fast vier Jahrzehnte lenkte und dirigierte, regelmäßig: Erich Mielke. Dessen Prinzipienfestigkeit, dessen Erfahrung, dessen Akribie ließen Zweifel vergessen. Mielkes Autorität ließ ihn alle Befehle ausführen. Heute bleibt der Selbstvorwurf: »Warum bin ich nicht aufgestanden?« Er muß sie sich stellen. Aber er weiß, daß er nie aufgestanden wäre. Er weiß, warum ...

□ *Das MfS funktionierte trotz innerer Widersprüche hervorragend. Viele Mitarbeiter waren mit vielem unzufrieden, erkannten Probleme. Einen Niederschlag in der Arbeit aber fand das nicht. Wenn Sie dies heute als ehemaliger Leiter einer Bezirksverwaltung betrachten – wie kommen Sie damit zurecht?*

Erst einmal muß ich erwidern: Wenn ich nicht davon überzeugt gewesen wäre, daß meine Arbeit, die Arbeit meiner damaligen Mitarbeiter, die Arbeit des MfS insgesamt der Erhaltung des Friedens und dem Schutz des Staates und der

Gesellschaft gedient hätte, auch gegen die gefährlichen und aggressiven Entwicklungen in der NATO in den 60er und 70er Jahren, dann hätten wir diese Arbeit nicht machen können. Aber darüber spricht ja heute niemand mehr.
Ich weiß nicht, ob es auf der Welt eine solche Arbeit gibt, die ohne Widersprüche und Konflikte abläuft. Aber Sie müssen verstehen, daß zu einem solchen Organ, dem wir dienten, die unbedingte Unterordnung gehörte. Wir waren gebunden an den Fahneneid, an die Verpflichtung, an Befehle, an die militärische Disziplin. Ein Auftreten in kritischer Art und Weise zu Grundfragen hatte bei der absoluten Autorität von Mielke wenig Chancen. Er hat in dieser Beziehung kaum Widerspruch geduldet. Hätte das jemand getan, er hätte die Konsequenzen tragen müssen. Davon bin ich überzeugt.

□ *Hat Sie das nicht zweifeln lassen – ein Minister mit einer solchen totalitären Art?*

Wissen Sie, Mielke war in unserem Organ der Held. Er war uns Jüngeren weit überlegen an Wissen und Erfahrung im Klassenkampf. Seine Arbeit, sein Leben wurden hoch gewürdigt – nicht nur hier, sondern auch international, besonders in der Sowjetunion. Mielke war eine Persönlichkeit. Unter dem Aspekt der schweren Jahre des Faschismus und Krieges hatte er sich bewährt. Das hat mich an ihm nicht zweifeln lassen.

□ *Wie war Mielke?*

Hinter dem oftmals auf Fotos finster dreinblickenden, von Angehörigen des MfS abgesicherten Staatssicherheitsminister gab es trotz allem einen Menschen. Ich bin oft gefragt und befragt worden im Zusammenhang mit einem angeblich existierenden Schießbefehl am 9. Oktober in Leipzig. Ich habe erklärt, und das ist die Wahrheit, daß Mielke mich an diesem Tage mehrmals angerufen hat und mich dringlichst ersuchte, nicht die Nerven zu verlieren und keine Schußwaffen anzuwenden. Und man wollte mir nicht glauben, daß dieser

Mielke, der nach verschiedenen Informationen am 7. oder 8. Oktober hinter den Polizei- und Wachregimentsketten die Polizisten und Soldaten nach vorne getrieben haben soll, diese Telefongespräche geführt hat. Ich konnte jedoch anhand eines Aufzeichnungsbuches, in dem ich solche Gespräche notierte, belegen, daß tatsächlich diese Art Anrufe am 9. Oktober stattgefunden haben.
Ein zweites Beispiel. Mielke war unversöhnlich bei Fehlern. Das ging bis zur persönlichen Beleidigung in aller Öffentlichkeit. Er hat keinen ausgenommen – auch nicht seine Stellvertreter. Das war oft schmerzhaft bei Menschen, die ich persönlich schätze. Man kann nicht sagen, daß er nachtragend war, aber er vergaß nichts. Er reagierte gegenüber einem Mitarbeiter, dem eine Panne unterlaufen war, so heftig, daß er vorschlug, ihn im MfS die Straße kehren zu lassen. Aber ebenso rief er eine Viertelstunde später wieder an und fragte, ob bereits mit dem Mitarbeiter gesprochen wurde und wie er das aufgenommen habe. Natürlich hatten wir nicht in diesem Ton, mit diesen Beleidigungen das Gespräch geführt. So wie Mielke mit uns umsprang, so konnten wir doch nicht mit unseren Mitarbeitern umspringen. Aber wir sagten natürlich, daß wir schon mit dem Betreffenden gesprochen hätten. Dann fragte Mielke: »Und wenn er sich nun erschießt?« Mielke hatte großen Respekt vor möglichen Kurzschlußhandlungen, die mit Waffen zu tun hatten. Da war er außerordentlich sensibel. Er fürchtete wohl einen Skandal. An solchen Tagen kamen dann mehrere Anrufe von ihm, ob denn der Mitarbeiter noch lebe.
Ich kann mich an eine Konferenz erinnern, an der er teilnahm. Zuvor hatten wir einen älteren Leiter, der nicht mehr mit seinen Leuten zurechtkam, von seiner Funktion entbunden. Ich war der festen Überzeugung, daß wir in Übereinstimmung mit den entsprechenden Befehlen des Ministers richtig gehandelt hatten. Mielke erfuhr davon und begann mit mir einen Disput, warum und wieso; und am Ende stand der Vorwurf, daß ich mit Menschen nicht richtig umgehen kann. Das war nicht zu begreifen. Ich hatte gedacht, Mielke würde die Konsequenz honorieren. Aber so war er eben –

widersprüchlich. Ich glaube, daß er auch in zentralen Fragen manchmal solch widersprüchliche Haltungen hatte und Dinge vertrat, die er persönlich anders bewertete.

□ *Mit Abstand betrachtet – können Sie heute sagen, daß Mielke seine Aufgabe nicht mehr überblicken konnte?*

Ich kann das heute nicht so einfach beurteilen. Er war äußerst konsequent, manchmal direkt kleinlich. Er ließ sich jedes kleine Vorkommnis auf den Tisch legen. Gerade in den letzten Jahren. Wenn beispielsweise bei uns irgendwo ein paar Flugblätter auftauchten, konnte er sich als Minister mitunter tagelang damit beschäftigen. Aus seiner großen Verantwortung heraus oder aus dem Bedenken, wir könnten nicht entsprechend seinen Befehlen arbeiten. Wahrscheinlich aus beiden Gründen. Die Sache war sofort vom Tisch, wenn der Täter ermittelt wurde. Wenn nicht, dann hatte man kaum Ruhe. Man war bei Mielke ständig »dran«. Das hatte natürlich auch eine große erzieherische Wirkung auf die Arbeit, spornte an und förderte die Einsatzbereitschaft. Daß darauf seine große Autorität beruhte, brauche ich nicht besonders zu erwähnen. Das ist ja auch nicht zu unterschätzen.

□ *In Leipzig beispielsweise nahmen die Spannungen stetig zu, was nicht zuletzt durch die montäglichen Friedensgebete offenbar wurde. Die MfS-Mitarbeiter wußten, daß allgemeine Unzufriedenheit die Gesellschaft nahezu total beherrschte. Hatten Sie das Gefühl, daß in der SED-Führung allgemein, bei Mielke und in den Dienstkonferenzen konkret, ein Nachdenken über diese Erscheinungen zumindest einsetzte? Oder galt nach wie vor die pauschale Lageeinschätzung mit der Konsequenz der administrativen Zurückdrängung und der damit verbundenen Befehle und Anweisungen?*

Ich glaube, daß Mielke die Gefahren erkannte – zumindest mehr als andere aus der alten Führung. Er hat uns immer zum Vorwurf gemacht, daß wir diese Erscheinungen bei uns nicht in den Griff bekamen. Daß wir in Leipzig nicht genug gegengesteuert haben. Dabei war er im Prinzip der festen Überzeugung, politische Konflikte in der Gesellschaft seien auch nur mit politischen Mitteln lösbar.

□ *Wenn das zutrifft – warum hat er Ihnen dann aber den Vorwurf gemacht, daß Sie die Bewegung in Leipzig nicht im Keim erstickten?*

Er war der Meinung, man müsse das genauso in den Griff bekommen wie in Berlin. Das war natürlich ein Trugschluß.

□ *Das bedeutete doch aber Repressions- und Exekutivmaßnahmen, was wiederum weit entfernt von einer politischen Lösung ist. Selbst wenn ich mit einem Dutzend Leuten spreche und diese möglicherweise versuchen, die Bewegung abzuschwächen. Das ist keine politische Lösung. Das ist Aufschub. Wenn er politische Lösungen anstrebte, hätte er Ihnen den Vorwurf nicht machen dürfen.*

Wollen Sie auch Mielke befragen?

□ *Das hat leider nicht geklappt.*

Wissen Sie, er hat vermutlich mit seinem Führungsstil manches getan, wovon er – das sage ich Ihnen heute – selbst nicht überzeugt gewesen ist. In seinem Innersten. Ich kann das nicht belegen, aber ich vermute das. So konnte und wollte er nach außen hin nicht verstehen, warum es in Berlin klappte und in Leipzig nicht. Wenn irgendwo bei uns an einer Garagentür ein Hakenkreuz angeschmiert wurde und wir nicht gleich den Täter ermittelten, dann standen wir unter Kritik. Am besten wäre ja noch gewesen, wir hätten es vorher verhindert ... Ich übertreibe jetzt mal. Wenn die allgemeine Unzufriedenheit in öffentliche Proteste mündete, dann standen wir erst recht im Feuer der Kritik. Mit Mittig, Mielkes Stellvertreter, konnte man das in Ruhe bereden. Er kannte und verstand unsere Probleme und machte uns auch nie solche Vorwürfe.

□ *Sie haben unter permanentem Druck gearbeitet, ständig in Angst vor möglichen Fehlern. Artet das nicht in Frust aus? Baut man diesen Frust ab, indem man Mielkeschen Führungsstil nach unten weitergibt?*

Man hat in den Jahren etwas weggesteckt. Wenn Mielke mich heftig kritisierte, dann habe ich das nicht in dieser Form nach unten weitergegeben. Ich denke, ich kann in dieser Beziehung ein gutes Gewissen haben. Entweder habe ich es in mich hineingefressen oder mich in engstem Kreise darüber ausgetauscht. Irgendwie muß man es ja wieder loswerden. Man mußte damit leben. Anfangs hat mich das stark belastet. Als ich aber merkte, es geht jedem so, es richtet sich nicht nur persönlich gegen mich, weil ich vielleicht der Jüngere bin, hat mich das nicht mehr so berührt.

□ *War in den 50er Jahren schon klar, daß mit dem Wechsel von Zaisser über Wollweber zu Mielke an der MfS-Spitze das MfS immer mehr zum »Schwert und Schild« der SED wurde?*

Nein. Ich hatte damals doch keine konkreten Kenntnisse, war wohl zu jung. Aber ich denke, daß Mielke schon damals die Fäden zog, denn er war für die operative Arbeit verantwortlich. Obwohl auch Zaisser eine absolute Respektperson war. Das MfS bekam Schelte von der Parteiführung in Zusammenhang mit dem 17. Juni 1953. Danach kam die Wollweber-Zeit.

□ *In welcher Richtung gab es Schelte?*

Auf dem 15. Plenum der SED, nach dem 17. Juni, richteten sich Vorwürfe gegen das MfS, die Ereignisse um den 17. Juni nicht rechtzeitig vorbeugend verhindert zu haben; man habe sich überraschen lassen.

□ *Mielke wurde dann 1957 Minister …*

Ja. Das hat damals niemanden verwundert, da wir der Meinung waren, daß Mielke ohnehin die Fäden zieht.

□ *Als Mielke das MfS übernahm – wurde die interne Linie härter?*

Als Erich Mielke Minister wurde, begann sich das MfS stark auszudehnen, auch personalmäßig. Das entsprach einerseits sicher seinen sicherheitspolitischen Vorstellungen und war andererseits dem Kalten Krieg und der internationalen Lage geschuldet. Insbesondere nach 1961 aktivierten die ausländischen Geheimdienste ihre Tätigkeit, der BND und der Verfassungsschutz profilierten sich in völlig anderen Dimensionen nach dem Mauerbau. Die Auseinandersetzungen nahmen zu, einer Reaktion auf der einen Seite folgte die der anderen. Jetzt sind wir die größten Prügelknaben – diesen Hintergrund der Entwicklung sieht man nicht mehr. Und alles, was wir gemacht haben, diente letztendlich der Erfüllung der Beschlüsse der SED. Das war für uns Gesetz und bindend.

□ *Verstanden Sie sich mehr als Parteiarbeiter oder als Offizier der Sicherheit?*

Aufgrund meiner Erziehung und meiner persönlichen Erlebnisse und Erkenntnisse habe ich mir meine Ideale erworben. Bevor ich in das MfS eingestellt wurde. Ich habe mich immer zuerst als Mitglied der SED und dann erst als Mitarbeiter des MfS verstanden.

□ *Wie war Ihr Verhältnis zur SED-Bezirksleitung? Viele ehemalige Mitarbeiter waren äußerst ungehalten, daß die Kontakte nicht zur offenen Aussprache über die Probleme führten.*

Ein schlechtes oder gespanntes Verhältnis hatten wir zu keiner Zeit. Die Tragik bestand jedoch darin, daß die von uns erarbeiteten Informationen auf vielen Gebieten an die Partei übergeben wurden, ohne daß daraus erforderliche notwendige Schlußfolgerungen gezogen wurden oder gezogen werden konnten, weil dem zentrale Entscheidungen entgegenstanden. Natürlich war auch unsererseits die notwendige

Konsequenz nicht immer gegeben. Daß ein Mitarbeiter, der wiederholt die gleichen Mißstände aufgezeigt hatte und ein ums andere Mal kein Echo erhielt, den Drang hatte, sich mit dem Verantwortlichen persönlich auszusprechen, halte ich für normal. Aber die bestehenden Ordnungen waren anders. Da ging es eben nicht, daß jeder mit jedem sprechen konnte.
Die erarbeiteten Informationen blieben aber nicht in unseren Aktenbergen vergraben. Jede Information an die Partei im Bezirk erhielt auch die Zentrale zur Auswertung.

□ *Wie waren die Reaktionen des Ersten Sekretärs der Bezirksleitung, Horst Schumann?*

Mit ihm hatte sich in den Jahren eine gute Zusammenarbeit entwickelt. Es kam natürlich auch manchmal vor, daß unsere Informationen als nicht objektiv und übertrieben bewertet wurden. Ich will da niemanden im Nachhinein Vorwürfe machen, aber es kam eben vor.

□ *Es soll in der Leipziger Bezirksverwaltung eine Arbeitsgruppe gegeben haben, die sich mit der Reisetätigkeit der Bevölkerung beschäftigte. Was passierte mit daraus entstandenen Entwürfen?*

Ich habe eine Vermutung, was Sie meinen. Im Zusammenhang mit der zunehmenden Antragstellung auf ständige Ausreise haben in den letzten Jahren mehrere zentrale Dienstkonferenzen beim Minister stattgefunden, auf denen die Leiter der Bezirksverwaltungen ihre Positionen zu dieser sich ja beängstigend und negativ für die DDR entwickelnden Tendenz darstellen sollten. Das war mit schriftlichen Vorschlägen verbunden, wie dem zu begegnen sei. Leider hörte man dann längere Zeit nichts mehr von diesen Vorschlägen. Wenn es dann früher oder später gewisse Erleichterungen für die Leute gab, dann sagten wir oft, das ist ja das, was wir vor Jahren vorgeschlagen haben. Es war leider so, daß Mielke bei solchen Dienstkonferenzen den Versuch, kritische Akzente

einzubringen, meistens unterband. Es kam aber auch vor, daß er sich den Vorschlag am nächsten Tag nochmal schriftlich vorlegen ließ und sich doch mit ihm beschäftigte.
Ende August 1989 habe ich in einer Dienstkonferenz erlebt, daß er zu Beginn meinte: »Heute sage ich nichts, heute redet ihr.« Ich habe damals in meinem Beitrag unter anderem gesagt, daß bei uns im Territorium unter der Bevölkerung eine »miese Stimmung« herrsche. Was denken Sie, was mir das eingebracht hat ... In der Pause forderte er mich auf, ihm das Wort »mies« zu erklären. Noch am nächsten Tag war er der Meinung, daß nicht die Stimmung, sondern meine Meinung dazu »mies« gewesen sei. Aber er gab mir zu verstehen, daß an meiner Einschätzung »was dran« sei. Solch spätes Einlenken war charakteristisch für ihn. Er baute um sich ein Image von Standhaftigkeit, Ungebrochenheit, Siegeszuversicht auf, man konnte sich ihn nicht schwach oder zweifelnd vorstellen.

□ *Wie handhabten Sie das bei Ihren Dienstkonferenzen? Haben Sie die Möglichkeit zur Diskussion eingeräumt?*

Warum denn nicht. Ich habe niemanden unterbrochen, habe mich bemüht, alle anzuhören. Im Grunde genommen aber war das, was zentral vorgegeben war, für uns entscheidend und somit bindend.

□ *Viele Ihrer ehemaligen Mitstreiter sind jedoch der Meinung, daß wirklich konstruktive Diskussionen nicht möglich waren, daß die Dienstversammlungen stundenlangen Monologen glichen.*

Sicher gab es da kritische Auffassungen. Uns ging es ja zentral nicht anders. Wir wußten doch, daß es auf Fragen von uns und unserer Mitarbeiter keine befriedigenden Antworten gab. Weder die Zentrale hatte solche, geschweige denn wir. Insofern erübrigte sich eine solche Diskussion. So gesehen hat der Mitarbeiter, der das gesagt hat, recht.

□ *Die Leipziger Bezirksverwaltung war als Spar-BV bekannt?*

So, sagt man das? Ich stand deswegen bei meinen Mitarbeitern oftmals unter Kritik. Aber warum sollten wir extra Dienstleistungen bei uns unterbringen? Ich vertrat immer die Auffassung, mit den geringsten Aufwendungen die gestellten Aufgaben zu erfüllen.

□ *Im Verantwortungsbereich Ihrer Bezirksverwaltung wurden insgesamt 180000 DM aus Briefen von BRD- an DDR-Bürger entnommen.*

Ich kenne keine konkreten Zahlen und auch nicht den Zeitraum. Aber die Zahl wird wohl stimmen. Meine Einstellung zum sparsamen Umgang mit den finanziellen Mitteln hat damit absolut nichts zu tun. Sie wissen vielleicht, daß es in der DDR gesetzlich untersagt ist, Bargeld in Briefen zu befördern. In diesem Zusammenhang erfolgte bei Kontrollhandlungen die Entnahme, ohne Absender und Empfänger zu informieren – das war nicht zulässig. Diese Maßnahmen erfolgten auf der Grundlage entsprechender Befehle des Ministers. Das entnommene Geld wurde zentral an den Staatshaushalt abgeführt.

□ *Wie beurteilen Sie das heute?*

Aus heutiger Sicht ist das keinesfalls vertretbar gewesen. Aber ich bin persönlich immer davon ausgegangen, daß solche von Mielke befohlenen Maßnahmen rechtlich bei den höchsten Gremien des Staates abgesichert worden sind – nach dem damaligen Rechtsverständnis.

□ *Es scheint, als würden Sie die Verantwortung nach oben delegieren.*

Es hat für diese Maßnahmen im MfS von oben nach unten für alle bindende Befehle und Weisungen gegeben.

Aus der heutigen Betrachtungsweise kann man das nicht mehr gutheißen. Es war falsch. Es war Unrecht. Daß es geschehen konnte, bedauere ich außerordentlich.

□ *Die Ideale haben zu viel legitimiert.*

Das können Sie aber dem Prügelknaben MfS nicht allein anlasten. Wir waren doch der festen Überzeugung, in unserem Teil Deutschlands, in der DDR, eine fortschrittliche und humane Gesellschaft zu schaffen. Wir sind gescheitert, einverstanden. Aber wir hatten unsere Ideale, die kann man uns nicht abstreiten. Sonst wäre doch unsere Arbeit der reine Broterwerb gewesen.

□ *Meinen Sie nicht, daß Sie mit Ihrer Arbeit dazu beigetragen haben, diese Ideale völlig zu diskreditieren?*

Sicher kann oder muß man das so sehen.

□ *Als Gorbatschow die politische Bühne betrat, welches Verhältnis hatten Sie zu seiner Politik?*

Wir haben uns oft im engsten Kreis und auch mit den sowjetischen Genossen ausgetauscht und waren uns im Prinzip einig – auch bei uns konnte es nicht wie bisher weitergehen. Im Inneren waren wir verunsichert und auch enttäuscht, weil unsere Führung diese Chance nicht nutzte.

□ *Sie sagen, Sie haben mit Gorbatschow sympathisiert. Das haben viele getan im MfS. Konsequenzen aber blieben aus.*

Und ausbaden mußten das wir wieder.

□ *Meinen Sie? Sie haben aber immer sehr gut ausgebadet.*

Wir haben im Auftrag der Partei gearbeitet. Und mit Mielke konnte man darüber überhaupt nicht reden. Er hat nur zuweilen gesagt, was er wirklich denkt.

□ *Sie meinen, sogar Mielke hat mit zwei Wahrheiten gelebt?*

Ich kann das zeitlich nicht bestimmen, aber Mielke ahnte wohl ab einem bestimmten Punkt die Gefahren, die mit der verfehlten Politik verbunden waren. Auch mit der falschen Sicherheitspolitik, die Mielke ja mitgetragen, wenn nicht inspiriert hat. Aber ich bin überzeugt, es hat ihm sehr zu schaffen gemacht, daß unsere Informationen von der Parteiführung nicht wie erforderlich zur Kenntnis genommen wurden. 1988 begannen wir zum wiederholten Male, die Entwicklung der oppositionellen Bewegungen aufzuarbeiten. Sie wurde der Parteiführung so offen wie nie vorher dargelegt. Um zu politischen Auseinandersetzungen zu kommen. Aber das las ja keiner mehr. Daß man selbst Mielke in der SED-Führung nicht mehr ernstgenommen hat, daß niemand sich mehr ernsthaft für seine Informationen interessierte, ist eine Tragödie.

□ *Halten Sie die Mielke-Anrufe am 9. Oktober für Taktik oder Resignation?*

Ich weiß es nicht. Aber es war für ihn kein formaler Akt. Er sah die Gefahr, daß es zu bürgerkriegsähnlichen Zuständen, zu Blutvergießen kommen könnte. Ich will ihn damit nicht verteidigen. Ich will die Wahrheit sagen. Genauso wie ich sage, daß der bekannte, von mir sehr geschätzte Aufruf der sechs Leipziger Persönlichkeiten, mir nichts genützt hat. Ich verstehe das nicht. Ich verstehe bis heute nicht, warum nicht einer von den drei beteiligten Herren der SED-Bezirksleitung den »allgewaltigen und gefürchteten« Stasi-Chef angerufen und gesagt hat: Mach alles, damit es nicht zur Konfrontation kommt! ... Es lag doch mit in meiner Hand, was gemacht wird. Ich hätte doch diese riesige Last der Verantwortung mittragen müssen, wenn ein Demonstrant oder einer von den MfS- und VP-Leuten die Nerven verloren hätte. Ich will mich nicht als Helden hinstellen – aber ich habe denen, die von uns draußen waren, verboten, Waffen zu tragen. Gegen die Dienstvorschrift des Ministers.

□ *Wie wirkte in diesen Tagen die Bezirkseinsatzleitung? Theoretisch wurde uns ihre Funktion schon oft genug erklärt – wie liefen diese Beratungen praktisch ab?*

In Leipzig gab es eine dynamische Entwicklung. In der letzten Phase vor der Wende hat die Einsatzleitung permanent getagt. Seit Hackenberg als Erster Sekretär der SED-Bezirksleitung amtierte, fast täglich. Im Normalfall war die politische Einschätzung der Partei das Entscheidende. Aber nach dieser verhängnisvollen Entwicklung verschob sich die Priorität zugunsten des MfS, also praktisch zu meinen Einschätzungen. Am 9. Oktober früh kam meine Einschätzung: Wir können die Bewegung der Demonstranten nicht mehr mit den uniformierten Kräften verhindern oder einschränken. Und die Leitung war sich einig. Obwohl bei der Polizei die Voraussetzungen getroffen wurden, die Demonstration in eine Richtung zu lenken. Wir konnten natürlich nicht die Befehle des Innenministers aufheben.

□ *Galt dieses riesige Polizeipotential am Abend des 9. Oktober in Leipzig der Abschreckung?*

So kann man das sagen. Es gab ja diesen Begriff der Demonstrativhandlung. Am 9. Oktober war jedoch in Leipzig klar, daß diese Einsatzkräfte nicht handeln würden.

□ *War das ebenfalls auf zentraler Ebene klar?*

Für den 9. Oktober weiß ich das nicht. Aber am 13. Oktober waren Krenz, Herger, Streelitz, Wagner und Mittig mit einem Sonderflugzeug in Leipzig. Zu einer Beratung der Bezirkseinsatzleitung. Ich holte Krenz vom Flughafen ab. Er war noch gar nicht die Gangway runter, da kam schon die erste Frage: »Wie beurteilst du die Lage?« Ich sagte ihm, daß wir nichts mehr aufhalten können und dürfen. Krenz hat das nachträglich sanktioniert.

□ *Aber noch am 14. Oktober stand die Weisung des damali-*

gen Chefs des Nationalen Verteidigungsrates, Erich Honecker, die Demonstrationen zu kanalisieren und abzudrängen …

Ja, es gab diese Orientierung von Honecker. Am Sonnabend oder Sonntag, dem 14. oder 15. Oktober, rief Rudolf Mittig mich an. Er sagte: Paß auf, wir sind uns einig mit Krenz. Blokkierung zählt für uns nicht. Deine Einschätzung gegenüber Krenz bleibt bestehen. Du brauchst auch keine Sorgen zu haben, daß du gegen eine Weisung des Ministers handelst. Ich war dem Rudi Mittig für diese Worte sehr dankbar. Er ersparte mir schlimme Gewissenskonflikte. Ich war ja Militär und unterlag dem Eid.

□ *Montag für Montag zeigten Zehntausende vor der Bezirksverwaltung ihren Haß gegenüber diesem Organ. Sie waren Leiter dieser BV und erlebten jeden Montag diese Demonstrationen. Überwogen Ihrerseits Emotionen oder überwog die Rationalität eines Militärs?*

… Das ist eine schwere Frage. Es war alles dabei. Auch Angst. Angst, daß etwas passiert, was meiner grundsätzlichen Haltung gegenüber Menschen zuwider gewesen wäre. Auch wenn das jetzt sehr nach Herausreden klingt. Ich war fast vierzig Jahre in diesem Organ und habe nicht einen Schuß abgegeben. Ich wollte nicht, daß alles außer Kontrolle gerät. Und ich wollte keine Erstürmung der Bezirksverwaltung. Für die Objektverteidigung gab es klare Befehle. Wenn Mitarbeiter angegriffen worden wären … ich weiß nicht, wie ich mich entschieden hätte. Wenn es um Leben und Tod gegangen wäre. Zum Glück kam es nicht dazu. Dank der Besonnenheit auf beiden Seiten.

□ *Sie wurden im Jahre '89 zum General ernannt. Heute, ein Jahr später, sind Sie Invalidenrentner. Ist das eine Flucht?*

Nein. Ich wußte natürlich, daß ich Diabetiker bin. Aber daß meine Ärzte schon 1988 die Empfehlung ins Ministerium gaben, mich zu invalidisieren, ist mir erst nach der Wende bekannt geworden. Ich hätte mich damals auch nicht invalidisieren lassen. Nicht in dieser angespannten Zeit. Da hätte ich nicht einfach weglaufen können. Und auf die Ernennung zum General im letzten Jahr war ich sehr stolz. Ich sehe das nicht als Widerspruch zur jetzigen Invalidisierung.

□ *Konnte man als Leiter einer MfS-Bezirksverwaltung in einer Familie leben?*

Ich bin 36 Jahre mit meiner Frau verheiratet, wir haben Kinder großgezogen. Sicher waren das nicht alles gute Jahre. Und was die Freizeit betrifft – wenn man sich aus Überzeugung heraus für eine Sache eingesetzt hat, war nicht viel mit Hobbies. Ich hatte keine Zeit, mir Interessengebiete zu erschließen. Ich ging nicht zur Jagd, besitze keine Datsche, kein Auto ... Ich hätte es mir leisten können. Aber wozu? Ich fuhr früh zum Dienst und kam spät abends zurück. Das war mein Leben. Die Familie mußte das akzeptieren. Ich bin meiner Frau dankbar dafür. Es blieb ihr keine andere Wahl. Sonst hätte sie weggehen müssen, die Frau. Es waren die Zeiten ...

□ *»Es waren die Zeiten« – diese Worte klingen resignierend.*

Etwas schon. Aber dann denke ich an Superintendent Magirius. Der sagte mir nach Gesprächen, bei denen er die Leitung innehatte: »Herr General, das ist nun mal so im Leben. Jahrelang haben Sie ausgeteilt. Jetzt müssen Sie einstecken. Ich kann Sie verstehen, aber da kommen Sie nicht umhin.« Für diese Worte habe ich mich bedankt. Und dann sage ich auch, Mensch, warum konntest du dich nicht vorher mal mit dem Superintendenten verständigen. Das sind so Erkenntnisse. Das betrifft auch einige Personen aus dem Bürgerkomitee. Warum ist es uns nicht in den Sinn gekommen, mit den oppositionellen Bewegungen in Kontakt zu kommen? Es gab viele ehrliche Menschen in diesen Bewegungen. Vor ihnen ziehe ich den Hut. Und ganz hinten in meinem Gehirn

steht da die Frage: Vielleicht haben wir die Falschen bearbeitet ... Aber das kann die Geschichte zeigen. Ich weiß es nicht.
Wir hätten in unserem Land einen besseren Weg gehen können. Mit vernünftigeren Leuten. Da mache ich auch der Honecker-Führung einen Vorwurf. Daß man keine Entscheidung, keine politische Entscheidung über die oppositionellen Gruppierungen getroffen hat. Sondern die Sache »seinen sozialistischen Gang« gehen ließ – bis zum bitteren Ende. Ich kann mich nicht aus Schuld und Verantwortung lösen. Ich bin nicht aufgestanden und habe gesagt »Ich mache hier nicht mehr mit«. Ich habe diese Konsequenz nicht aufgebracht. Dachte nicht einmal daran. Ich bin aber auch davon überzeugt, daß ein Mensch, der sein persönliches Leben zugunsten der Gesellschaft zurückgesteckt hat, seiner Ideale willen sich heute nicht schämen braucht. Und Geschichte ist Geschichte. Leben ist Leben. Korrigieren kann man das nicht. Wie soll ich denn sonst weiterleben? Soll ich mich aufhängen, oder in den Westen gehen, um mich zu verkaufen? Ich muß mit dem leben, was übriggeblieben ist. Ich muß damit zurechtkommen, in den Jahren, die mir noch bleiben.

Zur Zeit Invalidenrentner

*»Allerdings glaube ich heute noch:
Nicht nur die SED-Spitze, sondern auch
die in der Regierung verankerten
Blockparteien wußten,
was in der Staatssicherheit läuft.«*

Abwehroffizier Hochschulwesen; Leipzig, Mai 1990

An einen Dienst in der Staatssicherheit hatte er nicht gedacht. Ein Beruf in der Landwirtschaft sollte es sein. So kam es auch: Studium, dann Arbeit in einer LPG.
Es waren die frühen 60er. Und es war die Zeit des Kalten Krieges, der selbst vor Mecklenburg nicht halt machte. Flugblätter – von Ballons mit Sprengstoff gezündet – bedeckten die Gegend. Brachten die sonst so ruhigen mecklenburgischen Gemüter in Wallung. Unfälle häuften sich, Kinder jagten nach den Papierblättern an den Hängen, verletzten sich. Die Blätter waren überall zu finden. Sie gruben sich ein in die Wiesen, Wälder und Felder. Gruben sich auch ein in das Gedächtnis des Mannes, der seinen Beruf in der Landwirtschaft über alles liebte. »Wüste antikommunistische Machwerke« nennt er sie heute noch. Weil sie teilweise primitiv waren und mit Lügen gespickt. Leicht zu entlarven.
So fand er nicht nur rationalen, sondern auch emotionalen Zugang zu dem Angebot, das ihm die zuständige Kreisdienststelle des MfS unterbreitete. Er nahm es 1964 an. Auf Bitte seiner Partei, der SED. Schweren Herzens. Und mit der Bitterkeit, die ein Abschied vom Beruf mit sich bringt.
Er lernte seine neue Arbeit schätzen, weil er ihren Sinn verstand. Weil er erkannte, wie notwendig es war, die Republik zu schützen. Dem hatte er sich verpflichtet. Nach diesem Grundsatz immer gearbeitet. So verwundert es nicht, wenn das Abwälzen politischer Aufgaben auf die Exekutive Staatssicherheit in den 80er Jahren nicht seinen Beifall fand. Widerspruch provozierte. Ihn zweifeln, zuletzt beinahe verzweifeln ließ. Die Variante des Aussteigens hatte er sehr wohl bedacht, aber angesichts der Konsequenzen bald als zwecklos abgetan: »Zu sagen, ›Schluß. Aus. Jetzt hörst du auf.‹, das ist für einen Mitarbeiter der Staatssicherheit nicht so einfach vollziehbar gewesen ... Es stand doch immer die Frage im Raum, wie dann das Untersuchungsergebnis ausgeht. Und es hätte gar nicht anders ausfallen können, als daß du die Interessen der Arbeiterklasse, der Partei der Arbeiterklasse verletzt hättest ... Und auf Verrat standen bei uns hohe Strafen ...«

□ *Die Abteilung XX, in der Sie gearbeitet haben, wird heute allgemein als die Abteilung für die Bespitzelung und Überwachung von Personen bezeichnet. Fühlen Sie sich als Spitzel?*

Nein. Ich fühlte mich als Mitarbeiter der Staatssicherheit, eines Nachrichtendienstes. Jeder Nachrichtendienst hat die Aufgabe, Informationen zu ermitteln, an die andere Organe oder Einrichtungen nicht herankommen. Und er hat auch die Aufgabe, diese Informationen an Entscheidungsträger weiterzuleiten. Nun ist es überall auf der Welt so, daß man diese Informationen nur mit spezifischen Mitteln und Methoden gewinnen kann. Durch inoffizielle Mitarbeiter, operative Ermittlungen, Beobachtungen und andere Überwachungsmaßnahmen. Zum Beispiel auf dem Gebiet des Post-, Fernmelde- und Funkverkehrs. Als ich meine Arbeit im MfS übernahm, hatte ich nicht den Eindruck, etwas Ungesetzliches zu tun. Etwas, was losgelöst von jeglicher Kontrolle ist. Für mich war klar: Wir sind ein Ministerium. Der Minister sitzt im Ministerrat und ist gleichzeitig Mitglied des Politbüros. Also gibt es nichts, was an Partei und Regierung vorbeiläuft. Die Mittel für unser Ministerium mußten ja auch irgendwie von der Regierung und der Volkskammer abgesegnet werden. Demzufolge war für mich klar: Wir sind kein verselbständigtes Organ. Und das, was wir tun, ist auch nach allen Seiten rechtlich abgesichert.

□ *Gerade die Abteilung XX des MfS trug mit der inneren Überwachung zu dem miserablen Ruf des MfS bei. Zu Haß und Angst.*

Die Abteilung XX war verantwortlich für die Bekämpfung der politisch-ideologischen Diversion und Subversion sowie der konterrevolutionären Kräfte.

□ *Eigentlich ...*

Ja ... Eigentlich. Erst später, als nach jahrelangem Leugnen eingestanden wurde, daß es auch in der DDR eine politische

Untergrundbewegung gibt, wurde die Abteilung XX auch zur Bekämpfung dieser Bewegung eingesetzt. Natürlich merkte ich, daß das Ministerium gerade im Zusammenhang mit der Untergrundtätigkeit und der Opposition Aufgaben zugewiesen bekam, die eigentlich nichts mehr mit den Aufgaben des MfS zu tun hatten. Schließlich waren wir für die staatliche Sicherheit verantwortlich. Und genau diese habe ich in meinem Bereich immer im Vordergrund gesehen. Daran habe ich gemessen, was ich tue und was nicht. Natürlich habe ich nicht den nötigen Spielraum gehabt. Habe manches einfach tun müssen. Aber trotzdem fühle ich mich nicht als Spitzel.

□ *Damals nicht und auch heute nicht?*

Damals nicht und auch heute nicht. Fakt ist zwar, daß ich vieles getan habe, was ich aus heutiger Sicht als falsch einschätze. Aber trotzdem glaube ich: Man kann diese Handlungen nur von den damaligen Bedingungen ausgehend betrachten. Und dazu gehören eben auch die damaligen Gesetze. Auch, wenn sie als fehlerhaft bloßgestellt werden. Angeblich wissen wir heute plötzlich, daß es eine demokratische Kontrolle nie gegeben haben soll. Allerdings glaube ich heute noch: Nicht nur die SED-Spitze, sondern auch die in der Regierung verankerten Blockparteien wußten, was in der Staatssicherheit läuft.

□ *Sie erwähnten die Notwendigkeit der Arbeit mit inoffiziellen Mitarbeitern. Brauchten Sie diese IM nur, wenn es um die Überwachung feindlich gesteuerter Kräfte ging, um Lageeinschätzungen oder auch, wenn es allgemein um die Bewachung oder Beobachtung von Personen ging? Wenn ja, haben Sie solche Sachen auch gerechtfertigt?*

Nach meinem Verständnis wurden inoffizielle Mitarbeiter dann und dort geschaffen, wenn es darum ging, konkrete Aufgaben zu lösen. Eine Werbung aus einem anderen Grund habe ich persönlich abgelehnt. Diese inoffiziellen Mitarbeiter, die wir zur Lösung einer ganz spezifischen Aufgabe geworben hatten, wurden natürlich umfassend angeleitet. Also ein Beispiel: Wenn es einen Hinweis gab, daß sich die Gegenseite für ein Forschungsprojekt interessiert, dann versuchten wir, den Geheimnisabfluß zu verhindern. Und eine effektive Methode dafür war die Werbung eines IM in diesem Bereich. Der mußte über entsprechende Voraussetzungen verfügen, für den Gegner interessant sein und einen guten Überblick über das Forschungsvorhaben besitzen. Für den Fall, daß der Gegner nicht auf ihn, sondern auf einen anderen zukommt, muß der IM über gute Verbindungen in diesem Kollektiv verfügen. Er sollte anerkannt sein und ein Ansprechpartner für viele aus diesem Kollektiv. Der IM arbeitet nun in erster Linie an der Lösung dieser Aufgabe. Er wird dann aber umfassend eingesetzt. Für Lageeinschätzungen oder auch für eine ganz lapidare Ermittlung. Beispielsweise wenn es darum geht, einen Reisekader aus diesem Forschungsbereich zu bestätigen. Dann wird auch der IM gefragt.

□ *In Ihren Antworten ging es bisher nur um Bespitzelung, wenn die Möglichkeiten feindlicher Angriffe gegeben waren. Haben Sie eine Überwachung wirklich nur dann durchgeführt, wenn dieser Verdacht auf feindliche Geheimdienstarbeit stand?*

Man kann die Arbeit mit dem IM auch weiterziehen. Angenommen: Ich habe in diesem Kollektiv nicht den zentralen Mann finden können, oder ich habe ihn gefunden, kann ihn aber aus irgendeinem Grunde nicht werben. Weil ich zum Beispiel weiß, daß er da nie mitmachen würde. Um unter diesen Leuten andere zu finden, die mit mir zusammenarbeiten würden, setze ich den IM zur Überwachung der anderen ein. In diesem Fall geht es natürlich darum, wie die Gruppenmitglieder politisch-ideologisch stehen. Welche Fehler, Mängel oder Schwächen von der anderen Seite genutzt werden könnten ... Solche Maßnahmen mußten wir auch durchführen, wenn noch kein Hinweis auf gegnerische Tätigkeit vorlag. Wenn aber das Forschungsprojekt so bedeutend war, daß ein Angriff vorbeugend verhindert werden mußte.

□ *Dabei entsteht sofort die Frage, wie diese Art der Überwachung zu bewerten ist. Was passierte mit solchen Informationen? Welche Konsequenzen hatte das, wenn Schwachstellen herausgefunden wurden? Wenn beispielsweise dieser Mann aufgrund der Informationen des MfS entlassen wurde, ist das doch wohl nicht zu akzeptieren.*

Ich denke, man muß das akzeptieren. Und zwar unter zwei Voraussetzungen: Wenn die Forschungen eine derartige Bedeutung haben, daß jedes Sicherheitsrisiko ausgeschaltet werden muß. Und wenn genügend Informationen den Schluß zulassen, daß die betreffende Person tatsächlich ein Sicherheitsrisiko darstellte. Über die Bedeutung eines Forschungsprojektes entschied nicht das MfS. Da holten wir uns den Rat bei Fachleuten. Deshalb muß ich sagen: Ich hatte keine Probleme, wenn aufgrund vorliegender Informationen jemand als Sicherheitsrisiko eingestuft werden mußte. Auch in der Wirtschaft und Wissenschaft der BRD wird Derartiges praktiziert.

□ *Wie sieht es aber mit inoffiziellen Mitarbeitern aus, die an einzelnen Sektionen der Universität zur Überwachung arbeiteten? Verstärkt doch auch an ganz bestimmten Sektionen, wenn ich z. B. an die Sektion Journalistik denke?*

Das ist falsch. Jedes Referat, jeder Mitarbeiter hat nach dem Schwerpunktprinzip gearbeitet. Und wie mir bekannt ist, stellte diese Sektion weder in politisch-ideologischer Hinsicht, noch aufgrund irgendwelcher Forschungen einen solchen Schwerpunkt dar. Die Sektion wurde außerdem direkt von der entsprechenden Abteilung im Zentralkomitee der SED angeleitet. Sie stand also unter direkter Parteikontrolle. Auch aus diesem Grund hielt man sich seitens der Abteilung XX zurück. Kann sein, es gab dort zwei, drei IM unserer Abteilung, die schon vor der Studienaufnahme geworben wurden. Mir ist nicht bekannt, daß es in den letzten Jahren an der Sektion Journalistik eine Werbung gab. Denn die politisch-ideologische Situation konnte man doch einfach über die Partei- und Leitungskader in Erfahrung bringen. Die Parteiarbeit funktionierte an dieser Sektion doch bestens. Es ist unmöglich, daß jeder dritte oder vierte Student ein IM gewesen sei. Rein technisch ist das schon unmöglich. Für jeden Treff mußte man etwa zwei Stunden einplanen. Die Aufbereitung in der Dienststelle dauerte noch einmal so lange oder länger. Hinzu kommt, daß der für die Sektion Journalistik zuständige Mitarbeiter noch fünf oder sechs andere Sektionen am Hals hatte ... Aber zu solchen Fragen gibt es viele falsche Vorstellungen. Vor ein paar Jahren hat ein Journalistikstudent eine Zeitschrift produziert. In eigener Regie. Hat sie unter Kommilitonen und Bekannten verbreitet. Ich glaube, so drei Nummern. Die Zeitschrift war so aufgemacht wie der Eulenspiegel. Sie kritisierte die herrschenden gesellschaftlichen Verhältnisse. Intelligent und witzig. Und offensichtlich auch in positiver Absicht. Wir haben jedenfalls herzlich gelacht. Es erregte aber Anstoß, daß auch Spitzen des Politbüros aufs Korn genommen wurden. Obwohl das genau paßte. Wir erfuhren von dieser Zeitschrift über die Parteistrecke. Der Kreissekretär legte mir das erste Exemplar auf den Tisch und meinte, ich solle mich darum kümmern. Es war keine strafrechtliche Relevanz gegeben. Wir unternahmen nichts. Das teilten wir auch der Kreisleitung mit. Soweit ich weiß, wurde der Student trotzdem exmatrikuliert ...

□ *Gab es staatliche Leiter, bei denen geheimdienstliche relevante Informationen aus der jeweiligen Einrichtung zusammenflossen?*

Um Gottes Willen! Das betraf nur Sachen, die sowieso im Kompetenzbereich des jeweiligen staatlichen Leiters lagen. In seiner Funktion.

□ *Wollen Sie damit sagen, daß es keine Kontakte von Ihrer Seite zu staatlichen Leitern gab?*

Im Gegenteil. Wir unterhielten zu fast jedem staatlichen Leiter ab einer bestimmten Position Kontakte. Auch Parteilose und Mitglieder von Blockparteien haben in bestimmten Funktionen offiziell mit dem MfS zusammengearbeitet. Schon aus eigenem Interesse. Denn sie bekamen Hinweise und Berichte zur Lage, soweit dadurch keine Quellen gefährdet wurden. Und sie informierten uns über Probleme, die sie in ihren Bereichen sahen, über neue, für den Gegner interessante Projekte ... Zum Teil auch über personelle Fragen.

□ *Und das hatte Ihrer Meinung nach nichts mit Überwachung zu tun?*

Ja und nein. Informationsgewinnung ist im Falle eines Nachrichtendienstes immer mit Überwachung verbunden. Insofern ja. Nein aber, weil darin für mich nichts Verwerfliches lag. Als Angehöriger eines Nachrichtendienstes muß man das tun. Auch, wenn man dabei in persönliche Konflikte gerät.

□ *Oblag es der subjektiven Bewertung eines Mitarbeiters des MfS zu sagen, daß er an dieser Stelle nichts, an anderer Stelle etwas unternimmt? Zum Beispiel gab es einen Philosophen, der seitens der Partei eine Art Auftrittsverbot im Studentenkeller erhielt. Hatte das MfS daran eine Aktie?*

Der Spielraum eines Mitarbeiters war relativ gering. Wenn nur er Kenntnis von bestimmten Problemen, Personen und ähnlichem hatte, konnte er selbst entscheiden. Ansonsten war er in seiner Eigenständigkeit eingeschränkt. Der Fall zum Beispiel, den Sie ansprachen, konnte nur durch die Leitung der Bezirksverwaltung in Abstimmung mit der Hauptabteilung und der Partei entschieden werden. Soweit ich weiß, haben fast alle Leitungsebenen des MfS empfohlen, den Professor mit den Leuten reden zu lassen. Denn diese Leute, die hier die demokratische Bewegung ins Leben gerufen haben, die brauchten einen Partner, und die brauchten auch kompetente Leute und eine Richtung. Diese Geschichte mit dem Auftrittsverbot wurde gegen unsere Empfehlung entschieden. Das befremdete mich. Aber ich muß natürlich sagen, daß wir als MfS dann die von der Partei gefällten Entscheidungen mitgetragen haben. Insofern hatte also auch ich eine Aktie an dieser Sache. Andererseits wieder haben wir viele Gespräche initiiert, die besonders 1989 zwischen Kirchenvertretern und der Abteilung Inneres stattfanden. Sie müssen nicht denken, daß irgendjemand von der Partei oder höheren staatlichen Institutionen bereit war, sich mit Kirchenvertretern zusammenzusetzen. Es war auch keiner bereit, sich mit exponierten Vertretern oppositioneller Gruppen zu unterhalten. Viele der Gespräche haben wir vermittelt und angeschoben. Das wird heute leider alles beiseite geschoben. Natürlich konnten wir keinen Einfluß nehmen auf den Inhalt dieser Gespräche. Und wir konnten auch nicht dafür sorgen, daß letzten Endes die Gesamtheit solcher Gespräche in eine neue Politik mündet.

□ *Da wir beim Differenzieren sind: Es hat auch genug Leute im MfS gegeben, die gegen die Demokratiebewegung gearbeitet haben. Es gab doch auch oft Entscheidungsspielraum, der in die andere, negative Richtung genutzt wurde.*

Das stimmt schon. Bei mir wars halt so, wie ich es geschildert habe. Nicht nur, weil ich mir gesagt habe, daß es sich nicht lohnt, an diesem oder jenem Problem zu arbeiten, sondern auch, weil viele Probleme die Staatssicherheit noch nicht einmal berührten. Und die Differenzierung, die Sie ansprachen, machte doch vor dem MfS nicht halt. Bei uns gab es viele kluge Leute, die nach vorn gedacht haben. Es gab aber eben auch solche, die stur und borniert nach einer Linie vorgegangen sind, nach der Linie, die vorgegeben war. Und solche, die sich rückhaltlos für diese Linie eingesetzt haben. Die haben das auch nicht als falsch erkannt. Ich will aber nicht Schwarz-Weiß-Malen. Ich habe sicherlich viele Dinge gemacht, die nicht richtig waren, die ich aber damals nicht als falsch erkannt habe. Ich war eigentlich der Meinung, daß ich kritisch und objektiv urteilte. Aber sicherlich hat mich das nicht vor Fehlern bewahrt.

□ *Aus Ihren Erzählungen hört man heraus, daß Sie durchaus Probleme hatten mit einigen Anweisungen, mit Richtli-*

nien. Vielleicht sogar mit der gesamten Entwicklung in unsrem Land. Hatten Sie wenigstens die Möglichkeit, in Ihrer Parteigruppe offen über Ihre Probleme zu sprechen?

Das MfS war militärisch strukturiert. Insofern gab es auf dienstlichem Wege kaum Möglichkeiten. Der hatte ja nichts mit Demokratie zu tun. Das ging sogar so weit, daß es nicht einmal bei den Ferienplätzen ein demokratisches Verteilerprinzip gab. Letzten Endes entschied die Leitung. Und es gab eben Leiter, die Vergünstigungen für ihre Mitarbeiter einfach mitkassiert haben.

□ *Da gab es kein Einspruchsrecht?*

Es lag an jedem selbst, ob er sich mit seinem Leiter anlegen wollte. Natürlich hatte man die Möglichkeit, etwas zu sagen. In Beratungen, in Besprechungen. Oder auch einmal in der Parteiversammlung. Das machten wir auch. Nur stand das Ergebnis in keinem Verhältnis zum Aufwand. Generell wurde nichts geändert. Das ist auch in gewisser Weise die Misere der Parteiarbeit bei uns gewesen. Wir haben uns beispielsweise in den Parteigruppen sehr engagiert und offen mit dem bestehenden System auseinandergesetzt. Hätten diese Parteiversammlungen »draußen« stattgefunden, hätte sich mit uns wohl längst die Kreisleitung beschäftigt. Und es hätte Parteiverfahren gehagelt. Doch diese kritischen Parteiversammlungen haben letzten Endes nichts bewirkt. Wir haben uns auseinandergesetzt, ausgetauscht und auch einige Gedanken und Vorstellungen entwickelt. Aber sie hatten keinen Einfluß auf die Linien, die von der militärischen Führung herausgegeben wurden. Dieser Prozeß ist eben ein bißchen kompliziert und schwer zu beschreiben. Es haben sich bei uns ja selbst hohe Offiziere sehr kritisch geäußert. In einer Art und Weise, die nicht im Einklang mit der offiziellen Linie stand. Aber trotzdem hat dies nicht ein bißchen dazu beigetragen, daß die Führung des Ministeriums die Linie geändert hätte. Ich erkläre mir das so, daß die Generallinie unserer Arbeit letzten Endes von der Partei bestimmt wurde. Und das, was sich bei uns in den Parteiorganisationen abspielte, ist an die Parteiführung außerhalb des MfS nicht herangekommen. Es ist sicherlich so gewesen, daß die zentrale Parteileitung keine Berichte machte über die Stimmung im eigenen Haus. Beispielsweise ans ZK. Oder an Herger. Da wurde sicher immer versichert, daß das MfS treu steht bis zum Umfallen.

□ *So war es ja dann auch ... Zumindest auf oberer Ebene war es so, daß Mitarbeiter der Abteilung für Sicherheitsfragen des ZK ins Ministerium zu Parteiversammlungen gingen. Gab es das auf Kreis- oder Bezirksebene nicht?*

An ganz zentralen Veranstaltungen nahm auch mal der Erste Sekretär der Bezirksleitung teil. Dann spielten aber ideologische Fragen unserer Mitarbeiter nur in positiver Hinsicht eine Rolle. Natürlich gab es Verbindungen verschiedener Leitungsebenen von uns zu Leitungsebenen in der Partei. Der Chef der Bezirksverwaltung und seine Stellvertreter haben die Verbindung zu Sekretären der Bezirksleitung der SED gehalten. Kreisdienststellenleiter hatten direkte Verbindungen zu den dortigen Ersten Kreissekretären. Sie waren ja auch alle Mitglieder der Kreis- und Bezirkseinsatzleitungen. Also alles, was auf Kreis- oder Bezirksebene gemeinsam von Partei und Sicherheitskräften abgesichert werden mußte, war durch die entsprechenden Verbindungen abgesprochen. Aber es ist nicht so gewesen, daß die politische und ideologische Situation im MfS gegenüber der Partei eine Rolle gespielt hätte.

□ *Es wurde also vorausgesetzt, daß die ideologische Situation im MfS stabil ist?*

So, wie das mir bekannt ist, ja.

□ *Formell hatte die Partei gegenüber dem MfS wohl tatsächlich keine Weisungsbefugnis, aber in der Praxis hat das sicher anders funktioniert ...*

Das hat auch anders funktioniert. Eigentlich muß man das immer abhängig machen von der Aufgabe, die zu lösen war. Wenn es um die Organisation der politisch-operativen Fragen ging, also ganz konkret um Werbungstätigkeit, um die Bearbeitung von Vorgängen, dann hatte die Bezirksleitung oder die Kreisleitung keine Weisungsbefugnis. Sie hatte ja auch den operativen Überblick nicht und auch nicht das fachliche Wissen. Sie konnten nicht einschätzen, mit welchen Mitteln und Methoden vorzugehen war. Das ist klar. Sie konnten allerdings bestimmte Maßnahmen untersagen.

□ *Welche?*

Ein Beispiel: Wenn ich den Eindruck habe, daß in der Kreisleitung jemand sitzt, den man überprüfen müßte wegen möglicher Verbindungen zu feindlichen Dienststellen, dann konnten die von der Partei mir untersagen, gegenüber dem Funktionär tätig zu werden. Wir hatten nach unserem Verständnis nicht das Recht, hinter dem Rücken führender Funktionäre zu arbeiten. Außerdem brauchen die Ermittlungen eine Basis, Quellen, möglichst inoffizielle Mitarbeiter. Die Werbung eines IM aus dem Kreis hauptamtlicher Parteimitarbeiter war aber in hohem Maß genehmigungspflichtig. Mir selbst ist einmal eine geplante Werbung untersagt worden durch meine Vorgesetzten. In einem anderen Fall versuchte ich bei einem Sekretär der Partei, die Zustimmung für Ermittlungen gegen einen seiner Mitarbeiter zu erhalten. Da kam ein klares Nein.

□ *Dann durfte diese Maßnahme nicht durchgeführt werden? Haben Sie nicht auch ohne die Einwilligung arbeiten können?*

Das ist schwer zu sagen, ich kann jetzt nur davon ausgehen, wie ich es gemacht habe. Wenn ich es trotzdem für notwendig hielt, gewisse Informationen zu bekommen, dann habe ich das auch getan. Natürlich war die Arbeit durch die Verweigerung der Genehmigung weniger optimal und nicht so einfach ... Ich mußte ja damit rechnen, daß so eine Maßnahme bekannt wird. Und dann wäre es mir nicht sehr gut gegangen.

□ *Was heißt das konkret?*

Dienstliche Strafe. Oder, was noch schlimmer ist: Parteistrafe. Man bekam eigentlich immer beides. Aber noch einmal zu dem Mechanismus von MfS und Partei: Wir hatten die Pflicht, die Politik von Partei und Regierung maximal zu unterstützen. Das wurde uns wieder und wieder in Beratungen eingehämmert. Wir durften keine Maßnahmen durchführen, die diese Politik in irgendeiner Weise hätte stören können. Es hätte doch passieren können, daß irgendjemand sich gestört fühlte, auf den die Politik der Partei und Regierung zielte. Ich will das dann noch erläutern. Jedenfalls wäre das schlimm gewesen.

□ *Stammt diese Denkweise noch aus der Zeit, in der Zaisser MfS-Chef war und es die sogenannte Verschwörung gegen Ulbricht gab? Resultierte das aus der Angst der Partei, das MfS könnte gegen die Macht arbeiten? Oder war es selbstverständlich, daß das MfS ohne Wenn und Aber für die Partei arbeitete?*

Mit meinem heutigen Wissen vermute ich, daß dies noch auf die Angelegenheit zwischen Zaisser und Ulbricht zurückzuführen ist. Bestimmte Leute in der Führung hatten Angst, Maßnahmen unseres Ministeriums könnten sie in ihrer absoluten Machtposition gefährden. Wir haben doch soviele Hinweise und soviele Berichte bekommen über unmögliches Auftreten und Verhalten von führenden Genossen der Partei – von inoffiziellen Mitarbeitern. Das ging los bei politischen Fehlern und endete beim Fehlverhalten im persönlichen Bereich. Wenn wir so etwas auf dem Tisch hatten und unserer übergeordneten Leitung präsentierten, dann wurde das in der Regel abgewürgt. Das seien Angelegenheiten der Partei ... Wir hätten nicht das Recht, uns über die Partei zu erheben ... Im Klartext: Das Anprangern von politisch unvertretbaren oder unfähigen Funktionären wurde sofort als Einmischung in Parteiangelegenheiten angesehen. Natürlich waren auch wir Genossen, aber das spielte in dem Moment dann keine Rolle mehr. Im übrigen sind an dieser Verfahrensweise auch viele Dinge gescheitert, die wir auf dem Gebiet der Volkswirtschaft aufgedeckt haben. Fehler, Mißstände, Mängel. Wir machten konkrete Vorschläge. Das kam nicht durch. Weil auch das sich gegen irgendwelche Funktionäre gewandt hätte, auch Funktionäre der Partei ...

□ *Demzufolge waren Sie gleich doppelt gebunden. Es gab diese Befehlsgewalt, diesen Subjektivismus, auf dem Dienstweg und die Disziplinierung auf der Parteistrecke. Man ist also ständig gegen zwei Barrieren gleichzeitig gerannt. Gab es überhaupt kein Ventil, über das man Luft ablassen konnte?*

... Es ist doch sogar so gewesen, daß wir das nicht als zwei Barrieren empfanden. Meistens ist das ja egal gewesen: Partei- oder dienstliche Leitungen ...

□ *Hatten Sie wenigstens das Gefühl, daß Ihre Informationen unverändert nach oben gingen?*

Soweit ich das überblicken konnte, sind die Informationen unverändert nach oben gelangt. Mit dem Aussagegehalt, der unten getroffen wurde.

□ *Die Informationen wurden aber unten noch einmal abgesegnet?*

Natürlich. Der Leiter der Bezirksverwaltung hatte ein spezielles Organ, in dem alle Informationen zusammenliefen. Dort wurden die Analysen noch einmal mit der Gesamtlage im Bezirk verglichen. Eventuell noch etwas eingearbeitet. Oder eine falsche Aussage, das ist ja auch mal vorgekommen, korrigiert. Von dort gingen die Berichte über den zuständigen Stellvertretenden Leiter oder den Leiter der Bezirksverwaltung nach oben. An die entsprechenden Hauptabteilungsleiter oder an den Stellvertretenden Minister oder den Minister direkt. Dort kamen die Berichte mit ihrem wahren Aussagegehalt an. Nur hatten die Weisungen dann nichts mehr mit unseren Informationen zu tun. Die Weisungen waren teilweise gar nicht zu verwirklichen. Und wir fragten uns manches Mal, warum wir erst eine Information hochgeben, wenn die daraus resultierenden Weisungen die Situation sowieso nicht berücksichtigen. Ich denke, hier wird wieder so ein Mechanismus sichtbar. Das hängt offensichtlich mit dem Eingreifen der Partei zusammen. Es konnte eben nicht sein, was nicht sein durfte. Ein ganz konkretes Beispiel sind die Antragsteller auf ständige Ausreise in die BRD. Das ist von uns schon seit Jahren als gesamtgesellschaftliches Problem eingeschätzt worden. Aber die Weisungen klangen immer so, als seien die Antragsteller feindlich gesteuert oder feindlich eingestellt. Die Weisungen gaben uns nie das Gefühl, daß endlich auch einmal die Ursachen angegangen wurden.

□ *War denn immer bekannt, von wem die Anweisungen kamen? Hätte man denn die Möglichkeit der Rückkopplung gehabt?*

Die Möglichkeit der Rückkopplung gab es bei solchen grundsätzlichen Sachen nicht. Aber wenn zum Beispiel der Leiter der Bezirksverwaltung des MfS zu irgendeiner operativen Maßnahme, die wir planten, eine Weisung erteilt hatte, die uns nicht ganz passend erschien, dann konnte man sich natürlich an den Leiter der Bezirksverwaltung oder an seinen Stellvertreter wenden. Dann konnte diskutiert, zum Teil auch korrigiert werden. Bis zu dieser Ebene war die Rückkopplung also möglich.

□ *Haben Sie diese Möglichkeit genutzt?*

Wenn es notwendig war, ja. Das ist auch normal, daß der Leiter der Bezirksverwaltung nicht die Detailkenntnisse haben kann. So wird jeder vernünftige Leiter auf diese Hinweise hören. Doch bei grundsätzlichen Sachen, die von oben kamen, konnte man gegenüber dem BV-Chef überhaupt nichts machen. Unklar ist mir allerdings, warum die Anweisungen zu den Antragstellern nicht schon während der Ausarbeitung von den BV-Chefs oder den Hauptabteilungsleitern kritisiert wurden.

□ *Können Sie diese Anweisungen näher beschreiben?*

Nehmen wir die ersten Fälle von Botschaftsbesetzungen. Ich weiß nicht mehr genau, wann das war, aber anfangs herrschte eine große Ratlosigkeit. Das haben wir deutlich gespürt. Wir wußten nicht mehr, wie wir uns hier unten bewegen sollten. Von oben kam nichts. Dann aber kam folgende Aufgabe: Wir sollten die verbleibenden Antragsteller in unserem Verantwortungsbereich dahingehend analysieren, wer von ihnen einen ähnlichen Schritt gehen würde: aufgrund charakterlicher oder besonderer persönlicher Schwierigkeiten. Oder aufgrund bereits verfaßter Anordnungen. Diese Leute wurden dann plötzlich abgeschoben. Und wieder wurden die Erscheinungen gekappt. Jeder Mitarbeiter wußte, daß das eine Sogwirkung nach sich ziehen würde, daß dies das Problem nicht löste. Aber solche Aktionen haben wir ein paarmal gemacht. Obwohl allen klar war, daß das Mittel völlig untauglich ist ... Unserer Leitung aber offensichtlich nicht. Und das, obwohl sie unsere Analysen auf dem Tisch hatten. Allerdings kann ich mir nicht vorstellen, daß dort oben nur Idioten gesessen haben sollen. Ich denke mir, die Allgewaltigen der Partei waren der Meinung, daß es keine inneren Ursachen dafür geben würde und dann gabs eben keine. Es gab nur die äußere Beeinflussung durch den Gegner. Und dieser zentrale Wunsch wurde von unserer Leitung kritiklos hingenommen und in diese untauglichen Maßnahmepläne umgesetzt. Also diesen Mechanismus der Erteilung von Weisungen hat es gegeben. Und er hat vielleicht viel größeren Schaden angerichtet als diese oder jene persönliche Aktion eines Ersten Sekretärs. Außerdem muß ich sagen, daß solche größeren Aktionen wie die im Zusammenhang mit den Leipziger Montagsdemonstrationen im Detail mit der Partei abgestimmt wurden. Es stand absolut nicht in der Macht eines Leiters der Bezirksverwaltung, 10000 Menschen vom Platz zu räumen. Oder Zuführungen zu befehlen ...

□ *Welche Hinweise gab es für eine solche Abstimmung?*

Wichtige Informationen oder Maßnahmen, die einer zentralen Entscheidung bedurften, wurden von der Bezirksverwaltung auf mindestens zwei Wegen an den Minister oder einen Stellvertreter übermittelt: Einmal über den BV-Chef direkt oder über die Abteilungsleiter und Hauptabteilungsleiter in Berlin und von dort zum Minister. Daher wußten wir aber auch, wann unsere Informationen oben ankamen. Je näher der Termin für die fällige Entscheidung rückte, um so hektischer erfolgten die Rückfragen beim entsprechenden Vorgesetzten. Wir erfuhren dann zum Beispiel, daß sich die Information bei Mittig oder Mielke befände, daß eine Entscheidung vorbereitet wird, daß so oder so vermutlich verfahren wird. Wenn eine Rückantwort lange auf sich warten ließ, war klar, daß man sich erst einmal mit der Parteiführung abstimmen mußte. Und es dauerte eben, weil bestimmte Leute im Politbüro nicht erreichbar waren. Angenommen, Krenz war im Urlaub und Honecker war krank, dann verging eben einige Zeit, bis überhaupt etwas entschieden wurde. Vorher hat sich bei uns hier unten nichts gedreht.

□ *Kommen wir wieder zu Ihrem Arbeitsbereich. Sie sprachen von »Betreuung« von Forschungsprojekten, von »Bearbeitung« von Antragstellern. Hatten Sie auch mit der Kontrolle und Überwachung Oppositioneller zu tun?*

Ja. Zu meiner Arbeit gehörte natürlich auch die Aufklärung oppositioneller Kräfte oder Gegner, bei denen die Ursachen auf politisch-ideologischem Gebiet lagen. Doch in meinem Verantwortungsbereich spielte das keine besondere Rolle. Komischerweise haben sich die Prozesse, die sich seit längerem in Leipzig abspielten, an den Hochschulen oder an der Uni kaum in wesentlichen Aktivitäten niedergeschlagen. Unter den Leuten in der Nikolaikirche oder in verschiedenen Untergrundorganisationen hast du kaum einen Studenten oder Wissenschaftler gefunden. Wissenschaftler eigentlich gar nicht so richtig. Es gab dort keine Leute von Hochschule oder Uni an exponierter Stelle. Insofern hat mich das Problem weniger berührt. Aber trotzdem bekam ich natürlich mit, wie gegen die oppositionellen Gruppen gearbeitet wurde. Auf diesem Gebiet waren die generellen Weisungen genauso falsch wie zu dem Problem der Antragsteller. Auch da ist man nicht von den Realitäten ausgegangen. Ich habe versucht, in der Arbeit mit Oppositionellen die Leute herauszufinden, die ganz konkret mit feindlichen Absichten oder im Auftrag gegnerischer Stellen arbeiteten. Das ist doch die Aufgabe der Staatssicherheit gewesen. Aber all die, die dorthin gingen, weil sie Fragen und Unklarheiten hatten, weil sie mit ganz konkreten politischen Maßnahmen nicht einverstanden waren, die hätten für meine Begriffe nie Gegenstand der Aufgaben und Arbeit der Staatssicherheit sein dürfen. Man kann politische Mittel nicht durch die Exekutive ersetzen. Damit beseitigt man keine einzige Ursache. Das war eigentlich ganz klar.

□ *Kamen Ihnen diese Zweifel erst, als sich die Situation im Herbst so zuspitzte?*

Nein. Seit 1985/86 bekam ich zunehmend Schwierigkeiten mit Vorgesetzten. Diese Mielkes gab es ja auf jeder Ebene. Und ich denke, daß die Schwierigkeiten, die ich bekam, vor allem damit zusammenhingen, daß ich meinen Unmut in Beratungen artikulierte. Ich habe hinter vielem nicht mehr richtig gestanden. Unsere Generallinie entsprach zum großen Teil nicht mehr unseren realen Analysen. Die Arbeit hatte nur noch wenig mit der Arbeit der Staatssicherheit zu tun. Überhaupt waren die Ursachen für die gesamte Bewegung 1988/89 nicht mit Mitteln und Methoden der Staatssicherheit zu bekämpfen. Dazu hätte es politischer Schritte bedurft. Und nicht erst 1988/89 …

□ *Ihr Unmut betraf also nicht nur die Methode, wie von der Staatssicherheit bestimmte Inhalte umgesetzt wurden?*

Er betraf auch ganz konkrete Inhalte. Antragsteller und Oppositionelle nannte ich bereits. Ein anderes Beispiel ist die Reisekaderbestätigung gewesen. Wir mußten den ganzen Mist, den eigentlich die Uni zu machen hatte, noch einmal nachvollziehen. Lebenslauf, Kontakte und bei allem noch die Überprüfung der Richtigkeit. Es gab Zeiten, da wurde von uns verlangt, die fachliche Kompetenz zu prüfen. Das war ein riesiger Arbeitsaufwand. Und die wissenschaftliche Qualifikation eines Kaders einzuschätzen war ja wohl Sache der Uni. Das alles kostete Zeit und Nerven und auch die Zeit für wichtigere Aufgaben. Im übrigen ist es nicht so, wie das heute viele staatliche Leiter darstellen, daß gegen unsere Empfehlung nichts zu machen war.

□ *Haben Sie denn andere Entscheidungen akzeptiert?*

Mir kommt da der Fall eines Professors in den Sinn, der in die USA reisen wollte. Wir hatten klare Hinweise darauf, daß er dort bleiben will. Also empfahlen wir, ihn nicht reisen zu lassen. Nach vielen Diskussionen entschied sich die Uni anders. Der Mann blieb, wie vorausgesagt, dort.

□ *Das MfS konnte in diesem Fall nichts machen?*

In diesem konkreten Fall ging es ja nur um den Verbleib. Wesentliche Geheimnisse konnte er nicht verraten, und außer des politischen Schadens hat er nichts bewirkt. Lag unserer Meinung nach aber ein Sicherheitsrisiko vor, versuchten wir, auf unseren Entscheidungsvorschlägen zu bestehen.

□ *Wie wäre denn bei einem möglichen Geheimnisverrat verfahren worden?*

Da hätten wir uns stark gemacht. Dann hätten wir die Untersuchungen eher abschließen müssen, um noch vor seiner

Abreise ein Ermittlungsverfahren einleiten zu können. Umgedreht gab es auch Fälle, bei denen wir absolut keine Einwände hatten, und die Leitung der Einrichtung entschied, daß der Betreffende nicht fahren dürfe. Aus ganz persönlichen Gründen teilweise, die mit dem Gerangel der Wissenschaftler um diese Reise zusammenhingen. Aber wie gesagt: Das Ganze hat meinen Beifall nicht gefunden. Es hätte ausgereicht, wenn uns die Einrichtung eine Liste mit Personen aus wirklich sicherheitsrelevanten Bereichen gegeben hätte. Dann hätte man geprüft nach vorliegenden Informationen und nur bei Verdachtsmomenten weitere Maßnahmen einleiten brauchen. Ich habe nicht eingesehen, warum wir über jeden noch irgendwelche Ermittlungen durchführen mußten.

□ *Aber Sie haben es doch letzten Endes gemacht?*

Ja. Mir blieb nichts anderes übrig. Ich bemühte mich, das Verfahren aufs nötigste zu beschränken und die Bestätigung zu beschleunigen. Zuletzt ist es so gewesen, daß wir viel mehr bestätigten, als die Einrichtungen überhaupt schicken konnten. Das Üble ist, daß jeder, der nicht fahren durfte, dachte, das MfS hätte das verhindert. Aber wir lehnten wirklich nur Fälle ab, bei denen wir glaubten, echte Gründe zu haben. Es gab auch Wissenschaftler, die waren der Meinung, sich im Westen erst einmal anbiedern zu müssen und haben die größten Schoten erzählt; das machte hier kein seriöser Mann aus dem Westen ...

□ *Betrachten Sie Ihre Gedanken zur Arbeit und überdenken dann Ihre Handlungen, müssen Sie sagen, daß Sie bei allem Zweifel immer bereit waren, Befehle und Weisungen auszuführen ...*

Ja. Ich habe auch Dinge gemacht und mitgetragen, von denen ich nicht überzeugt gewesen bin. Wenn ich absolut konsequent gewesen wäre, hätte ich sagen müssen: »Nein, ich mache nicht mehr mit.«

□ *Sie haben das nicht gesagt. Sie haben über Jahre in diesem Widerspruch gelebt. Warum kam der Punkt nicht, an dem man vollends resignierte und Schluß machte?*

Wie gesagt, die Gedanken ans Aufhören hatte ich schon. Aber den Schritt so konsequent zu tun ... Zu sagen, ›Schluß. Aus. Jetzt hörst du auf.‹, das ist für einen Mitarbeiter der Staatssicherheit nicht so einfach vollziehbar gewesen ... Es stand doch immer die Frage im Raum, wie dann das Untersuchungsergebnis ausgeht. Und es hätte gar nicht anders ausfallen können, als daß du die Interessen der Arbeiterklasse, der Partei der Arbeiterklasse verletzt hättest. Du hättest Verrat geübt. Und auf Verrat standen hohe Strafen. Du hättest zum damaligen Zeitpunkt bei Null angefangen. Nicht nur das, es wäre dir schlimmer ergangen ... Sicherlich ist das feige gewesen. Aber solche Bedingungen spielten in den Überlegungen eine ganz erhebliche Rolle. Bei Ihnen an der Uni hätte eventuell eine Exmatrikulation im Raum gestanden, aber bei uns wäre es nicht dabei geblieben. Es gab 1979 diesen großen Verratsfall von Stiller, einem Offizier der Aufklärung. Auch einer, der es später versuchte, wurde gefaßt. Können Sie sich vorstellen, wie das ist, wenn man in einer Besprechung sitzt und mit einem Mal ein Schreiben von Mielke verlesen wird mit dem Schlußwort: ›Der Fall ist erledigt, das Urteil ist vollstreckt!‹? Für alle, die das hörten, war klar, der Mann ist hingerichtet worden. Und auch, wenn einem selbst so etwas nicht bevorgestanden hätte – das wirkt. Das vergessen Sie nicht so schnell.

□ *Welche Motive blieben dann fürs Durchhalten?*

Die Motive weiterzumachen fanden sich eigentlich immer in unseren ureigensten Aufgaben, die für meine Begriffe auch notwendig waren. Spionagebekämpfung, Geheimnisschutz. Sicherung der Volkswirtschaft. Hinzu kam, daß man sich fragte, wer denn überhaupt noch objektive Berichte über die Situation im Lande lieferte? Niemand – außer das MfS. Das ist doch alles ein Einheitsbrei von Jubelmeldungen gewesen,

was die Medien bis hin zum hohen SED-Funktionär verfaßten. Und beim kleinen Leiter eines Betriebes ging das los.
Und wir dachten, irgendwann müßte es doch einmal klingeln im Politbüro oder sonstwo. Wir haben gehofft, daß durch eine veränderte Besetzung des Politbüros mit jungen, klugen Köpfen die Politik sich ändert. Das Politbüro war doch schon 1980 überaltert ... Ein weiteres Motiv war die Arbeit mit inoffiziellen Mitarbeitern. Diese Arbeit hat mich tief befriedigt. Ich habe gemerkt, daß die Leute, mit denen ich arbeitete, froh waren, einen Ansprechpartner zu haben. Die waren froh, mit jemandem offen und ehrlich sprechen zu können. Sie hatten doch sonst keine Möglichkeit. Ich habe unter den IM auch Genossen gehabt, die in ihren Parteiversammlungen genausowenig bewegen konnten wie wir selbst. Die sind nicht zu den Treffs gekommen, weil sie dazu gezwungen waren ... sondern, weil sie sich austauschen wollten. Weil sie zu Veränderungen beitragen wollten. Mit ihren Lageberichten, mit festgestellten Mängeln, Fehlern und Mißständen. Bei den Treffs wurden konkrete Schritte beraten, wie der IM ganz konkret in seinem Bereich die Verhältnisse verbessern kann. Viele IM traten deshalb schon eher und frühzeitiger für die Verbesserung der Lage ein, als manche, die das jetzt für sich in Anspruch nehmen ... Schließlich und endlich konntest du ja auch Weisungen entschärfen, in deiner Arbeit. Man hat versucht, bestimmte Dinge anders zu handhaben, dadurch hat man sich immer eine Rechtfertigung aufgebaut, vielleicht sogar einiges Unrecht verhindert; trotzdem habe ich in diesem System funktioniert ...

Zur Zeit Invalidenrentner

»Ich habe grundsätzlich nach meinen Befehlen und Weisungen gelebt. Grundsätzlich.«

Abwehroffizier Verkehrswesen; Leipzig, Mai 1990

Der Vater Zimmermann, die Mutter Dienstmagd. Gemeinsam wohnt die Familie in einer Wohnküche. Am 16. Oktober 1944 die Vermißtenmeldung. Der Krieg nimmt dem Jungen den Vater und das Zuhause, Pommern. Im Flüchtlingstreck nach Leipzig die Mutter und der Sohn. Sie erzieht ihn streng evangelisch. In der Leipziger Heiligkreuzkirche wird er konfirmiert: »Das ist meine Freude, daß ich mich zu Gott halte und meine Zuversicht setze auf den Herrn.« Er sucht die Gemeinschaft in der Jungen Gemeinde. Er singt im Kirchenchor und bricht mit der Kirche. Er sucht die Gemeinschaft in der Freien Deutschen Jugend. Er will anerkannt sein und leisten: Aufbauenthusiasmus. Nach dem Tod seines Meisters, bei dem er in die Bäckerlehre gegangen war, wählt er die Transportpolizei. Er wird Militär. Als das Ministerium für Staatssicherheit dem jungen Mann ein Angebot macht, sagt er nicht nein …

□ *Warum haben Sie damals mit der Kirche gebrochen? Ich nehme an, daß Ihre Mutter nicht begeistert gewesen ist von Ihrem Entschluß.*

Die Schwierigkeiten mit der Kirche begannen etwa 1953, 1954. Der endgültige Bruch kam, als mein Pfarrer zu mir sagte, Pfarrer sein, sei ein Beruf wie jeder andere. Ich habe damals echt an den lieben Gott geglaubt. Und es hat mich damals unheimlich gestört, daß mein Pfarrer in der Heiligkreuzkirche beim Beten in der Krypta den Hut aufbehalten hat. Daraufhin habe ich ihn angesprochen. Was diese Frage denn solle, meinte er, dieser Beruf sei doch ein Beruf wie jeder andere.

□ *Sie haben an ihm vermißt, daß sein Glaube nicht aus dem Inneren kam?*

Ja, genau das. Ich habe mich dann zur FDJ hingezogen gefühlt. Ich habe sowieso immer die Gemeinschaft gesucht, gerade weil ich allein war zu Hause.

□ *Hatten Sie schon vorher Kontakt zur FDJ, noch als Sie in der Jungen Gemeinde waren?*

Nein. Wir hatten dann in der FDJ unser Zimmer in der Ernst-Thälmann-Straße. Dort haben wir uns getroffen, dort haben wir Silvester gefeiert, dort haben wir mit Antifaschisten gesprochen, wie das damals so war – die FDJ arbeitete im Wohngebiet. Dann kam uns die Idee: Wir machen Dienst für Deutschland. Das klappte aber nicht. 1954 starb dann mein Meister, die Bäckerei wurde geschlossen, und ich hatte plötzlich keine Arbeit. Ich habe dann im Januar 1955 bei der Transportpolizei angefangen.

□ *Haben Sie nicht an Ihrem Beruf gehangen?*

Doch, doch. Ich habe ihn gern gemacht. Aber wir wollten ja zum Dienst für Deutschland. Viele der anderen jungen Männer gingen zur Kasernierten Volkspolizei ... Ich war sieben Jahre bei der Transportpolizei, von der Partei wollte ich in dieser Zeit nichts wissen. Ich war der Auffassung, du kannst deine Arbeit auch machen, ohne Mitglied der SED zu sein.

□ *Bestanden zu dieser Zeit bei Ihnen noch Beziehungen zur Kirche, vielleicht innerlich?*

Innerlich ja. Ich habe mich eigentlich nie so richtig gelöst, ich hatte auch immer ein schlechtes Gewissen, gerade wegen meiner Mutter. Denn sie war tief traurig, als ich aus der Kirche austrat. Diesen Schritt aber habe ich bewußt getan. Weil ich zu der Erkenntnis kam, daß die Kirche wohl auch nur Politik macht, nur mit anderen Mitteln.

□ *Sie hatten das Gefühl, vereinnahmt zu werden?*

Ja, daß die Leute in eine ganz bestimmte Richtung gedrängt werden, auch von der Kirche. Mit meiner Mutter aber konnte ich darüber nicht reden, sie war bis zu ihrem Tode tief gläubig, hat das Alte Testament gelesen, das Neue Testament ...

□ *Wenn man zur Staatssicherheit geht oder auch zur Transportpolizei, kommt man da nicht mit der kirchlichen Erziehung in Konflikt? Damit assoziiert man doch Erziehung zur Gewaltlosigkeit, zum Pazifismus ...*

Nein, das war bei mir nie da. Ich wollte mich beweisen, auch körperlich. Ich war fit als junger Mann. Ein 60-km-Marsch hat mir nie etwas ausgemacht. Das haben wir in Nordhausen in der Ausbildung zum Transportpolizisten am laufenden Band gemacht. Danach haben wir uns geduscht und dann sind wir ins Gehege Tanzen gegangen ... Tja, und sonst ... In Nordhausen habe ich sogar noch zum lieben Gott gebetet. Wenn ich Heimweh hatte ... Ich schäme mich nicht, darüber zu reden.

□ *Wann sind Sie in die SED eingetreten?*

Nach dem 13. August 1961. In der Überzeugung, daß es für unser Land nur gut sein konnte, die Staatsgrenze dicht zu machen. Der große Teil der Menschen war wohl überzeugt, daß diese Maßnahme richtig war. Und nach 1961 hatten wir ja auch eine relativ ruhige Zeit, und es kann niemand bestreiten, daß es aufwärts ging. In dieser Zeit kam auch die Staatssicherheit auf mich zu. Für mich war das damals eine Bestätigung meiner Arbeit in der Transportpolizei.

□ *Begriffen Sie diese Werbung für das MfS auch persönlich als Chance?*

Ja, ich denke schon. Mir wurde dann auch ermöglicht, daß ich mit dreißig Jahre noch studieren kann. Und ich war auch ehrlich stolz, daß ich das in diesem Alter noch mit solchen Noten gemacht habe. Und man hat uns dort nichts geschenkt. Als ich wiederkam, wurde ich eingesetzt als Abwehroffizier, als Verbindungsoffizier zur Transportpolizei. Wissen Sie, worüber ich mich heute so wahnsinnig ärgere? Alle Probleme in diesem Land werden auf die Staatssicherheit abgeschoben. Ich habe hier unten Verantwortung getragen.

Und viele, viele hohe Offiziere des Transportpolizeiamtes Leipzig haben uns umarmt und geküßt und auf die Schulter gehauen – die laufen heute an mir vorbei, ohne »Guten Tag« zu sagen. Das sind für mich echte Wendehälse. Wissen Sie, wie weh das tut? Wenn man 20 Jahre mit den Leuten zusammengearbeitet hat. Der Brieföffner, der dort steht, ist ein Geschenk des Leiters des Transportpolizeiamtes; der Mann hat kein gutes Wort für mich übrig gehabt.

□ *Sie hatten in Ihrer Abteilung mit dem Verkehrswesen zu tun?*

Ja. Grundsätzlich ging es um die Spionageabwehr. Das Verkehrswesen wurde ja auch als sensibler Bereich der Volkswirtschaft eingestuft. Natürlich haben wir uns auch um die Reisekader gekümmert. Natürlich mußte das gemacht werden. Entsprechend den Befehlen und Weisungen. Das wurde gemacht.

□ *Sie haben das nicht als Belastung empfunden?*

Auch. Wir haben uns in den letzten zwei bis drei Jahren oft gefragt, ob wir alles richtig machen. Es gab bei uns zum Beispiel eine große Abneigung gegen die Fußballeinsätze. Für mich war das ein rotes Tuch. Wir standen doch als Blödmänner dort. Und alle wußten, das ist die Stasi. Damit nicht so viele Uniformen im Stadion sind, wurde uns dann erzählt. In der ganzen Welt ist das reine Polizeiaufgabe. Bei uns durfte das nicht sein. Bei uns durfte kein Polizist auf Volksfesten sein. Bei uns ist die Staatssicherheit durch die Stadt gelaufen ... Unser Minister hat einmal in Leipzig gesagt, als es um die Rückverbindungen der DDR-Bürger, die ausgereist waren, ging:
»Die Rückverbindungen, Genossen, müssen nicht nur unterbunden, die müssen rigoros gekappt werden.« Als er dann aufhörte, haben wir uns gefragt, ob der Mann noch in der richtigen Welt lebte. Das waren doch keine Mittel, die Menschen zum Hierbleiben zu bewegen! Das war doch gar nicht

möglich: Gleiche Sprache, Telefon, briefliche Verbindungen, Treffen an Autobahnen, hier und im Ausland ... Es waren doch Probleme, die bei uns im Inneren lagen!

□ *Es ist aber keiner aufgestanden und hat gesagt: Genosse Minister, das geht so nicht ...*

Das gab es nicht. Das hätte auch niemand gewagt. Wir waren ein militärisches Organ. Ich war Offizier. Ich habe grundsätzlich nach meinen Befehlen und Weisungen gelebt. Grundsätzlich. Das sage ich Ihnen ganz ehrlich. Ich meine, und der Auffassung bin ich heute noch, das, was in der Nikolaikirche gesagt wurde, damit konnte ich mich identifizieren. Damit hatte ich keine Probleme. Einschließlich des Hirtenbriefes, der in der Kirche verlesen wurde.

□ *Wir waren bei Mielke. Sie haben gesagt, daß dort keiner aufstehen konnte und wollte. Sie haben gesagt, daß Sie sich mit dem Hirtenbrief haben identifizieren können. Gerade aufgrund der Situation in Leipzig haben viele Mitarbeiter erkannt, daß die Situation nur mit politischen Mitteln lösbar ist, weil die Grundlage politische Konflikte, die aus sozialen resultierten, waren ...*

Eindeutig, eindeutig.

□ *Sie waren den Befehlen unterworfen. Sie sagen, daß Sie Militär waren, von Jugend an ...*

Ich war Ausbilder bei der Transportpolizei, ich war verantwortlich für die militärische Ausbildung hier beim MfS ...

□ *Befehle sind dazu da, daß sie ausgeführt werden. Es hätte der Befehl kommen können, gegen die Leute in der Kirche rigoros vorzugehen.*

... Das sind Fragen mit Wenn und Aber. Mit Sicherheit wäre das ohne riesige Konflikte nicht abgegangen. Zumindest sind wir damals immer unbewaffnet zu den Demonstrationen gegangen. Ich war damals im September im Hauptbahnhof, als die Demonstrationen aufgelöst wurden. Übrigens zusammen mit dem Stab der Transportpolizei, da war ich noch der gute Heinz, und die Leute von der Transportpolizei waren noch überzeugt, daß das alles gut und richtig ist, was sie machen. Ich habe erlebt, wie sie die Einsatzbefehle für das MdI gegeben haben. Wenn die Leute ehrlich wären, wenn sie wirklich ehrlich wären, dann müßten sie bestätigen, daß wir – auch mein Leiter – damals schon gesagt haben, Leute, so geht das nicht.

□ *Haben Sie einmal daran gedacht, aufzuhören?*

Ja, es sickerte mal die Information durch, daß die Möglichkeit bestünde, nach 30 Dienstjahren aufzuhören. Ich habe mich damals doch entschlossen – vor fünf Jahren –, noch fünf Jahre zu arbeiten beim MfS. Ich hätte mir dann draußen einen Job gesucht. Ich bin mit meinem Leiter, mit meinem Kollektiv gut zurechtgekommen; ich hatte gute, freundschaftliche Kontakte mit den Leuten von der Transportpolizei. Mir hat die Arbeit Spaß gemacht. Und ich war stolz auf meine Arbeit, auf das, was ich erreicht hatte – sozusagen vom kleinen Dümmling aus Pommern bis zum Verantwortlichen Leiter für einen ganzen Bereich. Mein Ziel war, 35 Jahre zu dienen. Die jungen Leute sollten dann meine Arbeit weitermachen.

□ *Was ist Ihnen Ihre 35jährige Arbeit wert?*

Wir konnten all die Jahre in Ruhe und Frieden leben. Ich bin davon überzeugt, daß sich der Kapitalismus nicht so entwikkelt hätte, wenn es das riesige sozialistische Lager nicht gegeben hätte. Ich glaube eher an den Wolf im Schafspelz. Wer sich etwas hat zuschulden kommen lassen, der soll auch Rede und Antwort stehen. Ich hätte auch nichts dagegen gehabt, wenn man jeden einzelnen vorgeladen hätte, auch mich. Diese Arbeit war 35 Jahre mein Leben – ohne auf irgendetwas Rücksicht zu nehmen …

□ *Wir stehen vor einem Scherbenhaufen.*

Ich habe ein System geschützt, das dem Menschen doch aber etwas gebracht hat. Ich will nicht rechtfertigen, was Honecker getan hat, und ich verurteile auch Egon Krenz. Das ist für mich ein politischer Strolch, ein politischer Lump. Und ich würde ihm das ins Gesicht sagen. Ich bedaure, daß von diesen Leuten keiner den Mut hatte, sich eine Dienstwaffe zu nehmen und sich die Kugel durch den Kopf zu jagen. Dann hätten sie wenigstens Charakter bewiesen. Wasser haben sie gepredigt und heimlich Wein gesoffen – wie ein katholischer Pfaffe. Natürlich habe ich an der Straße stehen müssen, wenn Krenz seine Feiern mit der FDJ in Karl-Marx-Stadt gemacht hat, und wir stundenlang im Regen stehen mußten, bis er vorbeifuhr. Natürlich war ich zum Einsatz für den persönlichen Schutz. Das habe ich aber immer mit dem Gedanken an die Sicherheit unserer führenden Genossen gemacht. Ich war eingesetzt zur 800-Jahr-Feier in Leipzig. Damals kam Ulbricht. Ich habe an seinem Zimmer gestanden. Er war eigentlich ein aufgeschlossener Mensch. Erich Honecker war damals auch dabei. Ich war entsetzt, daß Honecker »HB« geraucht hat. Das hat sich bei mir eingeprägt. Nun guck dir das an, sagte ich mir, der raucht »HB«. Ich durfte meine Cousine in der BRD nicht besuchen, das war doch alles passé für uns, das haben wir ja auch eingesehen. Für mich war schockierend, daß so ein führender Genosse nicht »Club« oder »F 6« raucht, nein, der raucht »HB«. Und ich habe mich noch gefragt, woher er denn die Zigaretten hat ...

□ *Der Pfarrer hat als Person – das zeigt auch Ihre eben gebrauchte Formulierung vom »katholischen Pfaffen« – Ihre Einstellung zur Kirche grundsätzlich verändert?*

Ja, absolut. Obwohl ich auch immer von gläubigen Menschen umgeben war, und ich habe mich mit den Leuten wunderbar verstanden. Ich achte jeden ehrlichen Christen.

□ *Sie hatten dann später eine ähnliche Einstellung zu einer anderen Sache, zur kommunistischen. Der Pfarrer hat Ihre Haltung zur Sache stark beeinflußt. War Ihre Einstellung zur Sache von solchen Leuten wie Honecker nicht beeinflußbar?*

Nein, die Sache an sich habe ich verinnerlicht.

□ *Sie haben immer all Ihre Befehle ausgeführt?*

Ja, natürlich. Ich bin Militär. Ich war stolz, Offizier zu sein. Ich habe mir auch nichts vormachen lassen in der militärischen Ausbildung.

□ *Gab es Momente in Ihrer Arbeit, in denen Sie zweifelten?*

Es gab Momente, in denen ich traurig war. Wenn sich Leute, von denen man gedacht hat, daß sie zur Stange halten würden, von uns abwandten.

□ *Vom MfS?*

Nicht nur. Ich habe niemanden verurteilt, wenn er beim MfS aufgehört hat. Ich hegte ja selbst zwischendurch den Gedanken. Weil ich mir sagte, daß ich für die Arbeit zu alt werde.

□ *Sie wollten unbedingt das Optimum bringen?*

Ja. Ich habe aber gemerkt, daß dies nicht mehr zu schaffen ist. Ich wollte nicht zurückstehen gegenüber den Jüngeren. Aber noch ein anderes Beispiel. Ein Offizier der Transportpolizei hat eine Tochter. Sie lernte einen Italiener kennen. Es entwickelte sich eine wirklich tiefe Zuneigung. Die beiden heirateten, hatten Kinder, schließlich stellte die Tochter einen Antrag auf Ausreise nach Italien. Der wurde mindestens zwei- oder dreimal abgelehnt. Mein Chef und ich, wir haben gesagt, daß das absoluter Blödsinn ist, die Tocher nicht ausreisen zu lassen. Ich habe dann selbst noch einmal eine Stellungnahme geschrieben. Der Vater war GVS-verpflichtet, prompt kam von der Transportpolizei der Vorschlag, ihn von seinem Posten zu versetzen. Ich war der Meinung, ihm seinen Posten zu lassen, denn er war 25 Jahre bei der Trapo, wenn er hätte etwas verraten wollen, dann hätte er es doch längst tun können. Na gut, die Tochter ist schließlich ausgereist. Dieser Offizier jedenfalls verleumdet mich heute in einer Art und Weise ... Ich hätte ihn gedemütigt, ich hätte ihm an den Kopf geworfen, ob er denn schon Spaghetti esse usw. Es kann sein, daß ich so etwas gesagt habe, dann war's doch aber ein Scherz. Das sind solche Dinge, die mich kaputtmachen. So viel Unehrlichkeit! Weshalb tut der Mensch so etwas? Ich habe ihm nie etwas Böses getan.

□ *Sie fühlen sich davon überfahren?*

Ja, aber das hängt, glaube ich, mit meiner Erziehung zusammen. Ich habe immer an das Gute im Menschen geglaubt. Meine Mutter sagte, Junge, du mußt immer geben, du behältst immer noch das meiste. So hat sie ihr ganzes Leben gelebt und ich auch. Mich stört nicht, daß unsere Schwiegermutter hier in unserer Wohnung lebt. Sie ist doch auf unsere Hilfe angewiesen. Und da müssen wir sie auch betreuen.

□ *Haben Sie an der Richtigkeit Ihrer Entscheidungen über Menschen einmal gezweifelt?*

Es gab diese Festlegung des MdI, daß bestimmte Offiziere in Führungspositionen nur dann eingesetzt werden, wenn die Staatssicherheit das abgenickt hatte. Wenn ich mein »Ja« gegeben habe, dann war ich immer von der Person überzeugt. Bis zur Wende ... Dann stellte sich heraus, daß ich mich in diesem oder jenem getäuscht hatte ...

□ *Und umgekehrt? Haben Sie nicht einmal Nein gesagt und später festgestellt, daß diese Entscheidung ungerecht war?*

Ich habe mir Entscheidungen über Menschen nie leicht gemacht. Ich habe immer drei-, vier-, fünfmal überlegt: Ist das richtig, ist das nicht richtig.

□ *Wonach haben Sie die Leute beurteilt?*

Ich habe versucht, mich in diese Menschen und Ihre Situation hineinzudenken. Sehen Sie, ich habe zuletzt ehrlich gerungen, eine Ärztin hierzubehalten.

□ *Sie wollte in die BRD?*

Ja. Ich habe mit ihr gesprochen, mit ihrem Mann. Sie haben zwei Kinder, zwei sehr kluge Kinder. Und innerlich habe ich die Frau verstehen können.

□ *Warum wollte sie weg?*

Sie fühlte sich eingesperrt in der DDR. Sie ist auch teilweise ungerecht behandelt worden. Eine Verwandte von ihr wurde geschleust, und sie durfte nicht einmal mehr ins sozialistische Ausland fahren. Eine ganze Zeit. Wenn man sich dann mit den Leuten unterhalten hat – sie hatten eben eine andere Vorstellung vom Leben, das mußte ich doch erst einmal akzeptieren. Das gibt es nun einmal nicht, daß ein ganzes Volk in eine Richtung denkt.

□ *Wie sind Sie aufgenommen worden – als Mitarbeiter der Staatssicherheit?*

Gut. Und sachlich, absolut sachlich. Ich würde sagen, da war Toleranz auf beiden Seiten. Ob sie das so empfunden hat, das kann ich nicht beurteilen. Sie ist dann wenige Monate vor der Wende ausgereist.

□ *Sie haben versucht, die Ärztin zum Hierbleiben zu bewegen?*

Ja, das wollte ich. Weil wir doch hier Ärzte brauchen wie Sand am Meer. Und sie war auch keine schlechte Ärztin. Im Gegenteil.

□ *Sie war nicht mehr zu überzeugen?*

Nein, das war eine Niederlage.

□ *Warum?*

Ich habe bedauert, daß wieder eine Ärztin weniger bei uns war, und ich habe gemerkt, daß man doch miteinander auskommen kann, wenn man sich akzeptiert. Die beiden waren beispielsweise auch in der Nikolaikirche engagiert. Und sie waren irgendwie liebenswerte Menschen. Wenn man ihnen Freiräume gegeben hätte in der DDR, damals, dann wären sie auch sicherlich nie weggegangen.

□ *Haben Sie schon damals verstanden, daß das auch DDR-Biografien sind?*

Natürlich. Wenn man das Elternhaus betrachtete, konnte man nicht glauben, daß die Ärztin in die BRD will. Aber sie hatte sich im Denken eben verändert. Deswegen sage ich ja, es war irrsinnig, danach zu streben, alle Menschen im Denken in eine Richtung zu bringen. Aber offensichtlich haben das die Genossen im Politbüro geglaubt. Der größte Fehler war wohl auch, als man begann, die SED als eine Massenpartei zu betrachten. Damit hört sie auf, revolutionär zu sein. Als jeder versuchen mußte, in diese Partei zu gehen, um seinen Posten zu bekommen.

□ *Ich möchte noch einmal auf die Ärztin zu sprechen kommen. Sie bezeichneten ihre Ausreise als eine Niederlage – für das Land, für Sie persönlich oder in Ihrer Arbeit oder beides?*

Ich will das so sagen: Das Land hatte nicht begriffen, daß diese Menschen einfach anders leben wollten. Das haben wir nicht begriffen ...

□ *Hatten Sie damals ein schlechtes Gewissen?*

Nein, ich war traurig, daß sie weggegangen ist. Weil ich zeitweise überzeugt war, daß sie hierbleibt ... Ich meine, die Arbeit eines Mitarbeiters der Staatssicherheit ist nicht ohne Konflikte abgelaufen. Man schwankte immer zwischen Überzeugung, Befehlstreue und innerer Erkenntnis, ob das wohl richtig ist, was du machst. Und das ist manchmal ein schwieriger innerer Kampf gewesen. Ich habe manche Nacht gelegen und mich gefragt, wie denn das hier zu Ende gehen möge. Wissen Sie, ich habe immer ehrlich versucht aufzuschreiben, wie die Situation an der Basis ist. Als Ergebnis haben wir dann zur Messe die Honecker-Bilder im »ND« gezählt ... Es waren wohl 36 beim letzten Mal. Der Widerspruch zwischen der Situation unten und dem, was oben gedacht wurde, war so gravierend, das mußte gegen den Baum gehen.

□ *Sie haben darüber nachgedacht, ob man sich mit den Befehlen und Weisungen identifizieren kann. Letzten Endes hat der Militär gesiegt.*

Ja, der hat gesiegt. Obwohl wir in der ganzen Frage der Rückgewinnung, der Zurückdrängung von Übersiedlungen uns einig waren, daß das falsch ist.

□ *Trotzdem sind Sie unter Umständen eine halbe Stunde später zum Nächsten gegangen und haben wieder versucht, zu überzeugen ...*

Ja. Zu überzeugen, zu reden, zu reden. Unser Bestreben war doch auch nicht, jeden Antragsteller einzusperren. Deswegen sind wir doch aus der Anonymität rausgegangen. Und viele, viele Antragsteller haben gesagt, wir wären die ersten, die sich vernünftig mit ihnen unterhielten. Das haben sie gesagt.

□ *Sie glaubten an das Gute im Menschen. Immer noch? Können Sie damit noch etwas anfangen?*

Ich habe meine Gesinnung nicht aufgegeben, das heißt, auch der Kapitalismus kann nicht das letzte Wort sein. Ich hoffe auf eine bessere Welt.

□ *Was ist das für Sie?*

Das wäre für mich, wenn – ich sage das mal so – alle Menschen auf der Erde satt werden. Und da gibt es ja durchaus Parallelen zwischen einem Kommunisten und einem ehrlichen Christen.

□ *Und auch die Offiziere, die noch vor wenigen Monaten mit Ihnen gemeinsam die Demonstrationen überwacht haben, die Offiziere des MdI, haben Sie nicht am Guten im Menschen zweifeln lassen?*

Nein, wissen Sie, ich kenne ein altes Ehepaar. Zu ihnen hab ich ein sehr gutes Verhältnis, Widerstandskämpfer. Ein alter Mann, der kaum noch rauskommt, ich hole ihn hin und wieder ab, damit er an die frische Luft kommt. Der sagt: Heinz, was die oben gemacht haben, kann ich nicht begreifen. Aber unsere Idee ist doch nicht tot, das, was wir wollten ...

□ *Haben Sie nicht Angst, daß Sie wieder glauben, denn Sie haben doch g e g l a u b t ...*

Ja, das habe ich getan.

□ *... daß Sie wieder glauben und dadurch Dinge verdrängen, die nicht zu verdrängen sind?*

Das wird es immer geben in der Menschheit. Daß die Leute einen unwahrscheinlichen Idealismus entwickeln. Daß sie einem Ideal entgegenstreben und irgendwann feststellen, du hast dich geirrt ... Die katholische Kirche hält heute noch an ihren Dogmen fest, für die sie vor Jahrhunderten die Leute auf den Scheiterhaufen gebracht hat. Was soll's? Ich hege keinen Groll gegen Leute wie Ebeling, den ehemaligen Pfarrer der Thomaskirche. Er hat sehr gut gelebt in der DDR, er hat sehr gut zusammengearbeitet mit der Bezirksleitung der Partei. Wenn er mit den Fingern geschnipst hat, dann bekam er das, was er wollte. Er hat nicht 15 Jahre auf eine Trabant gewartet ...

□ *Kommen Sie mit Ihrer Bitterkeit zurecht?*

Schwer. Ich habe mich schon ein paarmal hingesetzt und habe versucht, meine Gedanken aufzuschreiben – an Herrn Diestel oder Herrn Eppelmann. Um mich innerlich abzureagieren. Ich habe diese Briefe nie abgeschickt. Meine Frau sagt: Das, was Du aufschreibst, mußt Du an Honecker schreiben, und nicht an Herrn Eppelmann und nicht an Herrn Diestel.

□ *Eine treffende Bemerkung.*

Ja, wirklich. Wissen Sie, ich bin davon überzeugt, daß diejenigen, die hier über den Ring gezogen sind, keine Feinde der DDR waren. Sie wollten anders leben, sie konnten so nicht mehr leben.

□ *Warum konnten es diese Menschen nicht und Sie konnten es?*

Weil ich in einem anderen Milieu gelebt habe, in einem anderen Umfeld. Weil ich nicht begreifen wollte, daß es in unseren Betrieben wirklich so schlecht aussieht, daß man – wie mein Sohn beispielsweise – zwei Stunden nach einem Ersatzteil laufen muß. Daß es beim Verkehrswesen schlecht ausgesehen hat, das wußte ich. Daß hier alles so heruntergewirtschaftet wurde – bewußt, systematisch ... Das habe ich nicht gewußt. Und ich ziehe heute den Hut vor einem Eisenbahner, der 40 Jahre lang in einer offenen Halle Gepäckstücke rumgekarrt hat und noch rumkarrt. Wo wir es nicht fertiggebracht haben – in 40 Jahren! – eine Decke einzuziehen. Das ist eine Schweinerei. Und da frage ich mich natürlich, wie die Leute das so lange ausgehalten haben. Und da frage ich mich, war das nur das Gespenst der Staatssicherheit? Hast du dazu beigetragen, die Menschen in so eine Grundhaltung zu bringen? Wenn dem so wäre, dann war das wirklich keine gute Sache, die ich gemacht habe.

Zur Zeit tätig als Inventarverwalter bei der Deutschen Reichsbahn

»Mein Vater ist nicht dieser knallharte Typ. Er ist mit dem Druck, der auf ihm lastete, nicht zurechtgekommen. Das war wie ein riesiger Koloß: die Partei, die Sache, die Arbeit. Das hat ihn erdrückt. Er hat sich selbst kaputtgemacht und unsere Familie mit.«

Eine Tochter; Leipzig, Juli 1990

Sie ist 25 Jahre alt und MfS-betroffen. Nicht als »bearbeitete« Antragstellerin, Oppositionelle oder ehemals christlich Gesinnte. Sondern als Tochter eines MfS-Mitarbeiters.
Wenn im Vorwort dieses Buches die Rede von MfS-Betroffenen war, so schließt das zweifellos die Familien mit ein. Nicht nur, weil sich Leben schlechthin dem meist überdurchschnittlich langen und unregelmäßigen Arbeitstag eines MfS-Mitarbeiters unterordnen mußte. Es war noch dazu geprägt von Tabus und Einschränkungen. Tabus in puncto westlicher Fernsehsender und Kontakte ins kapitalistische Ausland. Einschränkungen bei der Wahl des Freundeskreises bis hin zu Freunden bzw. Lebenspartnern der Kinder. Bedingungen, die zerstörerisch wirken können, wenn solcherart »Sicherheitsbedürfnis« umschlägt in die Sucht nach Perfektion. Wenn eine Vorzeigefamilie für Kollegen und Vorgesetzte zurechtgezimmert werden soll ...
MfS-Betroffene haben andere Wahrheiten. Auch das schrieben wir im Vorwort. Einen Bruchteil davon vermittelt dieser Monolog der 25jährigen Tochter: »Meine Kindheit? Was soll ich davon erzählen. Ich habe kaum Erinnerungen daran. Alles war so abgeschottet, so isoliert ... Irgendwie hat mein Vater an uns vorbeigelebt. Mutter schottete alles von ihm ab. So kommt es, daß mich meine Eltern nicht kennen ... Manchmal sagen sie Sachen, bei denen ich mich frage: Von wem reden die eigentlich? Die wissen nicht, was ich mache, was ich gern habe ... Ich mußte erkennen, daß diejenigen, die rein biologisch deine Eltern sind, es in Wirklichkeit nicht sein müssen.«
Diese Worte sind bitter. Und sie gelten nicht für das Leben jeder MfS-Familie. Aber sie zeigen aus anderer Sicht, wie es sich auswirken kann, wenn Menschen ihre Individualität aufgeben – für einen vermeintlichen Dienst an der Sache. Wie sie zu gehetzten Menschen werden und dabei wahllos und zügellos andere disziplinieren, kontrollieren und beherrschen wollten. Bis zur Überschreitung sogar der eigenen Schmerzgrenze.

Mein Vater wurde 1943 geboren. Er war Mitarbeiter des MfS in der Abteilung Nachrichten. Als mein Vater zum MfS ging, war er ungefähr 20 und FDJ-Sekretär in einem Betrieb. Er hatte einen Acht-Klassen-Abschluß, wie das damals so üblich war! Ein überdrehter Intellektueller ist er nicht. Er wäre ein guter Arbeiter geworden. Doch die Kaderakte stimmte. Sein Vater, mein Opa also, ist Kommunist.

Ich glaube, meine Mutter hat großen Anteil daran, daß mein Vater beim MfS anfing. Weil sie damals eine Karriere für sich und die Familie witterte ...

Heute weiß ich, daß unser Vater übereifrig war. Der hatte eine richtige Sucht. Zur Messe überprüfte er Westautos. Kontrollierte dann, ob sie auch vor dem Haus standen, in dem sie angemeldet wurden. Wenn nicht, dann überprüfte der, ob es noch andere – nicht angegebene – Kontakte gab. Oder wie sich das überhaupt verhielt. Genauso in unserem Ungarnurlaub. Da sprang er am Strand rum und machte sich Notizen, welcher DDR-Bürger mit welchen Westdeutschen in Kontakt stand. Irgendeinen Friseur aus Erfurt traf er jedes Jahr an. Immer mit denselben Westdeutschen. Das hat er weitergeleitet und überprüfen lassen. Also dienstbeflissen war er schon. Der hat sich selbst kaputtgemacht. Genau wie unsere Familie von Anfang an kaputt war. Oft bekamen wir ganz selbstverständlich hingeblättert: »Die und die ist nicht tragbar! Ab morgen kennst du die nicht mehr!«

Das Schlimme ist: Vom Charakter her ist er gar kein Hardliner. Eigentlich mehr ein Weichling. Er hat sich alles furchtbar zu Herzen genommen. Zuletzt litt er regelrecht an Verfolgungswahn. Vielleicht konnte er sich auf Arbeit richtig austoben. Ich weiß es nicht. Zu Hause hatte er jedenfalls nichts zu sagen. Wenn der zu Hause beim Essen mal klekkerte, da mußte der in der Küche weiteressen. Der Böse! Hatte gekleckert! Auf die saubere Tischdecke! Seine Frau hat ihn ganz schön gestriezt. Die war auch im Herbst 1989 mehr getroffen als mein Vater. Die sah alle Felle davonschwimmen. Zu zweit in ihrer 4-Raum-Wohnung. Während wir zu viert, mit unseren beiden Kindern, in einer 2-Raum-Wohnung rumkrebelten. Das hat die überhaupt nicht gestört.

Also, wie gesagt, mein Vater ist nicht dieser knallharte Typ. Er ist mit dem Druck, der auf ihm lastete, nicht zurechtgekommen. Er dachte immer, ohne ihn geht es nicht. Er hat ja auch alles für seine Arbeit gegeben. Das war wie ein riesiger Koloß: die Partei, die Sache, die Arbeit ... Das hat ihn erdrückt. Er hat sich selbst kaputtgemacht und unsere Familie mit. Das hat ihn auch dazu getrieben, immer so auszurasten. Auf der anderen Seite war er furchtbar naiv. Er glaubte mir nie, daß auch er nur einer von vielen ist. Daß er im Prinzip auch nur ausgenutzt wird. Er war furchtbar erschrocken, als er seine eigene MfS-Akte zu Gesicht bekam. Die war eben ziemlich dick. Er hat nie geglaubt, daß sie auch ihn überwachen. Ihn. Seine Frau. Seine Kinder. Das wollte er nicht wahrhaben. Mein Vater hat bis heute nichts kapiert. Eingesehen hat der überhaupt nichts. Kein Schuldgefühl! Nichts! Das ist auch das, was mir Angst macht. Der ist so ein Typ: Wenn den irgendeiner wieder anspricht, sofort ist der wieder dabei. Den kriegen sie zu allem rum.
Er ist ein treuer und braver Diener gewesen. Und wegen seiner Familie wollte er sich nun weiß Gott nichts verderben. Ich habe ihm später gesagt, er könne von seinen Kindern doch nicht verlangen, daß sie sich seinem Leben einfach unterordnen. Das geht doch nicht! Jeder Mensch muß doch irgendwo er selbst bleiben. Mich hat das immer furchtbar belastet. Ich igelte mich dann vollkommen ab. Habe nichts mehr erzählt.
Der Freundeskreis meiner Eltern war beschränkt. Eigentlich kam kaum jemand zu uns nach Hause. Wenn, dann wurden richtige Feten gefeiert. Und das ging meistens mit viel Alkohol ab. Ihre Freundschaften waren alle irgendwie von meiner Mutter in Szene gesetzt. Die waren nie mit jemandem befreundet, wenn sie nicht irgendetwas erwarten konnten. Der eine hatte Beziehungen zu Schrankwänden. Der andere zu Couchgarnituren. Das reichte bis hoch nach Berlin. Aber das waren dann eben »Freunde«. Diese Leute tauchten immer nur für einige Zeit auf. Dann kamen neue »Freunde« und haben mitgetrunken. Aber so richtige Freunde hatten sie nie.

Unsere ganze Familie war von Anfang an nicht auf menschliche Beziehungen aufgebaut.
Gut. Zur Frau meines Vaters: Kein Kommentar! Aber wie mein Vater so werden konnte, verstehe ich nicht. Meine Oma ist eine ganz liebe Frau. Sie kann niemandem etwas Böses tun. Kann niemanden anschreien. Dafür kann Opa schon mal richtig durchgreifen. Mit ihm verstehe ich mich auch recht gut. Mein Opa, zum Beispiel, hat das Ganze so nicht gewollt. Er hat heute große Schwierigkeiten mit seinem Sohn und seiner Schwiegertochter. Er durfte – bis auf einige Ausnahmen – nicht mehr ins Ausland reisen. Ich denke, Opa hat damals nicht gewußt, was auf unsere Familie alles zukommt. Er wird seinem Sohn die Entscheidung zur MfS-Mitarbeit selbst überlassen haben. Wer konnte schon ahnen, daß das Ganze so perverse Ausmaße annimmt ... Meinen Opa achte ich. Und mit ihm kann ich mich richtig gut über irgendwelche politischen Sachen unterhalten. Ich bin heute der Meinung: Einer wie mein Vater ist nie ein Kommunist gewesen. Einer wie mein Opa schon eher. Die haben ja damals auch noch ganz andere Ziele gehabt als das, was später daraus gemacht wurde. Mein Opa hat sich immer dagegen zur Wehr gesetzt. Als WBA-Vorsitzender hatte der nur Minuspunkte. Viele konnten ihn nicht ersehen, weil er sich engagiert hat. Er versuchte, das zu verändern, was in seiner Macht stand. Er muß sich heute deshalb nicht so viel vorwerfen wie vielleicht andere. Er hat es wenigstens versucht. Ist oft ins Rathaus gerannt. Mein Opa verstand auch vieles nicht, was mein Vater machte. Einmal sogar wagte er es, einen Brief an den Vorgesetzten meines Vaters zu schreiben. Ob der Vorgesetzte überhaupt Bescheid wüßte, welches Familienleben seine Mitarbeiter führen. Er hatte reingeschrieben: Militärische Erziehung der Kinder. Auch, wie mein Vater mit mir zum Schluß umgesprungen ist, als es die Probleme mit mir gab. Sogar, daß er mich verprügelte ...
Meine Mutter spielte immer so eine Opferrolle. Allen Leuten erzählte sie, wie schwer sie es doch daheim habe. Haushalt. Familie. Kinder. Immer allein. Das stimmte aber nicht. Denn sie hatte es gern, wenn sie allein rummuddeln konnte. Und

unterm Pantoffel hatte sie sowieso alle. So herrschsüchtig wie sie ist. Auch ihren eigentlich empfindsamen Mann. Das ist alles ziemlich paradox. Und das macht mir das Ganze auch so schwer. Meine Mutter ist schlimmer als mein Vater. Für sie habe ich überhaupt nichts übrig. Das war auch der eigentliche Grund, warum ich mit 19 auszog. Ich kam mit der Frau meines Vaters charakterlich nicht zurecht. Erst in zweiter Linie ging ich wegen meinem Vater und seiner Arbeit. Er hatte mir damals »staatsfeindliche Gesinnung« vorgeworfen.
Man sagt immer: Die Kindheit ist die schönste Zeit ... Und meine Kindheit? Was soll ich davon erzählen? ... Ich habe kaum Erinnerungen daran. Alles war so abgeschottet, so isoliert. Ich durfte keine Freundin mit nach Hause bringen. Niemanden in die Wohnung lassen. Im Ferienlager durfte ich meine Adresse nicht weitergeben. Grundsätzlich nicht. Daß mein Vater beim MfS war, wußte ich schon immer. Ich kannte Zwillinge, deren Vater irgendwann von drüben in die DDR gekommen war. Das bekamen meine Eltern mit. Sie führten damals eine große Aussprache mit mir. Ich war gerade 14 – und sie erzählten mir Geschichten von einem General, der wegen seiner Tochter aller Ämter enthoben wurde. Ich hab das überhaupt nicht kapiert. Denn ich wollte doch die Zwillinge nicht heiraten! Solche Aktionen verstand ich als Kind nie so richtig. Meine Mutter stellte sich immer schützend vor meinen Vater. Wir würden Vater alles verderben. Hatten wir als Kinder Probleme und erzählten sie meiner Mutter, dann sagte sie Vater nichts davon. Der habe genug eigene Probleme ... Irgendwann aber, in einer »passenden Situation«, erzählte sie es ihm doch. So hat sie uns immer gegeneinander ausgespielt. Das war ein ganz beschissenes Klima bei uns. Abends um sechs kam Vater nach Hause. Da war der Abendbrottisch bereits gedeckt, und wir hatten alle da zu sitzen. Alles perfekt. Die Kinder geschniegelt. Und da durften dann auch um Himmels willen keine Probleme sein ... Der arme Mann! Der hatte doch genug um die Ohren. Irgendwie hat Vater an uns vorbeigelebt. Er erfuhr nichts von uns. Nicht, was wir denken, was wir fühlen. Nur Mutter hatte nachmittags manchmal mit uns zu tun. Aber sie schottete al-

les von ihm ab. So kommt es, daß mich meine Eltern nicht kennen. Das ist ein furchtbares Gefühl, wenn du weißt: Deine Eltern kennen dich nicht. Die wissen nichts von mir. Manchmal sagen sie Sachen, bei denen ich mich frage: Von wem reden die eigentlich? Die wissen nicht, was ich mache, was ich gern habe. Die wissen überhaupt nichts. Kein Wunder. Sie waren doch stets darauf bedacht, alle Probleme von sich fernzuhalten. Weil sie angeblich höhere Dinge im Kopf hatten.

Meine Mutter entwickelte plötzlich einen furchtbaren Ehrgeiz. Sie wollte mich unbedingt zur EOS schicken. Ich hatte damals gar keine Meinung dazu. Mir war das vollkommen gleich ... Überhaupt wurde ich gleichgültig gegenüber vielen Dingen. Wir durften nie Westfernsehen gucken. Das ist klar. Dadurch war aber in der Schule schon so eine Isolation da. Zumal ich niemanden mit nach Hause bringen durfte. So traf ich mich vor der Haustür oder auf der Straße. Wenn du dann hoch kamst, dann standen beide schon in der Tür: »Wo arbeiten die Eltern? Wo wohnt er?« ... Die Zusammenhänge erklärte man mir bei Familienaussprachen, die sowieso sehr beliebt bei uns waren ...

Ich kam dann an die EOS. Das also hatte meine Mutter geschafft. Sie hatte auch ganz clever Lehrer als »meinen Berufswunsch« durchgesetzt. Meinen Vater interessierte das damals weniger ... Die EOS war für mich eine andere Welt. Das war für mich, als würde ich in die Welt hinaustreten. Denn zuvor bin ich sozusagen von der Haustür in die Schule gefallen. Bin nie groß rausgekommen aus unserem Wohnviertel. Eben immer fein abgeschottet. Ich kam damals an die Thomas-EOS. Ein ganzes Ende weg von uns. Und ich fühlte mich richtig gut: Jeden Tag die Straßenbahnfahrt. Und dazu noch ganz allein ... An der EOS lernte ich auch andere Leute kennen. Zum Beispiel meine beste Freundin, die jetzt seit sechs Jahren in Düsseldorf lebt ...

Ich weiß nicht, vielleicht war es auch das Gespür, daß nicht nur die Leute gut sind, die meine Eltern für gut befanden. Ich meine: Gern haben es die Eltern nicht gesehen, als ich mit meiner Freundin oft zusammen war. Naja. Und dann sind wir in eine verrückte Phase gekommen. Wir rannten nur mit langen Kleidern rum. Behangen mit massenhaft Ketten. Wenn ich daran denke: An die EOS kam ich mit Kniestrümpfen und kariertem Minirock. Ein Jahr später war ich dann völlig abgeglitten in den Augen meiner Eltern. Zu diesem Zeitpunkt bekam mein Vater eine völlige Torschlußpanik. Sein Chef hatte ihm wohl Fotos auf den Schreibtisch gelegt. Fotos von einem Kirchentreffen, an dem ich teilnahm ... Mein Vater merkte, daß er mich nicht mehr unter Kontrolle hatte. Ich frage mich bloß, was er sich vorgenommen hatte!? Mich vollständig zu überwachen!? Ich glaube, er verzweifelte richtig. Pausenlos spielten sich bei uns zu Hause Szenen ab, an die ich mich heute nicht gerne erinnere ... Da kam Vater nachts um drei in mein Zimmer, knipste die Lampe über mir an und spielte Verhör: »Mit wem verkehrst du?« Dieser Ausdruck schon!!! »Verkehrst du ...« »Nenne mir die Namen!« Ich versuchte manchmal noch, mit ihm darüber zu reden: Daß ich nicht verstehe, was sie tun. Daß ich nicht in die Partei eintreten will. Ob sie denn nicht merkten, wie viele Karrieristen in der Partei sind ... Mein Vater meinte immer, das wäre ein Erziehungsprozeß. Sie würden die Karrieristen schon noch von der Richtigkeit ihrer Sache überzeugen. Ich habe wirklich versucht, mit ihm zu reden. Aber es ging einfach nicht ... Man konnte einfach nicht mit ihm reden. Er war wie geimpft ... Als ich die EOS abschloß, offenbarte mir mein Vater folgendes: Entweder Journalistik oder Außenhandel – mit kleiner Nebentätigkeit und 800 Mark Stipendium. Das war alles schon in die Wege geleitet ... Ich war mit 18 Jahren das erste Mal gezwungen, direkt Stellung zu beziehen: Entweder Dagegen oder Dafür. Ich habe »Nein« gesagt. Und damit brach für ihn eine Welt zusammen ... Ich weiß nicht, wie viele Kinder von MfS-Mitarbeitern »Ja» gesagt haben. Diejenigen, die ich kannte, haben das Spielchen mitgemacht. Überhaupt ging bei seinen Arbeitskollegen immer alles glatt. Ich denke: Das hing aber auch sehr von den Familienverhältnissen ab. Und die waren bei uns eben extrem. Er trank dann viel. Im Alkohol ist er immer richtig zusammengeklappt. Er ist auf dem Korridor zusammengebrochen und hat gejammert.

Richtig geweint. Gekniet, gekrümmt ... Er hätte seine Familie ruiniert mit seiner Arbeit. Er hätte das alles nicht gewollt. Warum es gerade bei ihm nicht funktioniere. Er hätte mich doch in seinem Sinne erzogen. Er wollte sich ertränken, in einem See, gleich in der Nähe unserer Wohnung ... Das macht es mir auch so schwer. Mein Mann sagt immer, ich bräuchte kein Mitleid zu haben. Aber ich habe manchmal Mitleid mit ihm ... Mit meiner Mutter allerdings überhaupt nicht!

Als ich damals in Ungarn im Urlaub gewesen bin, hatte ich Bundesdeutsche kennengelernt ... Mein Vater verprügelte mich daraufhin. Er ist ausgeflippt. Extrem. Die letzte Chance, hatte er scheinbar gedacht. Das Letzte, was er selbst noch kann. Er sah wohl alle Felle davonschwimmen. Seine Frau stand keifend daneben. Ein andermal war ich zu spät nach Hause gekommen ... Eine Stunde! Da holte er mich ab. Er klingelte unten, rief, ich solle herunterkommen, sonst würde etwas passieren. Dann lud er mich ins Auto und ab gings. Fort! Zu Hause: Aussprache. Er verprügelte mich mit einem Lampenschirm. Trampelte auf mir rum. Totaler Black out! Und seine Frau hatte ihn noch kräftig angeheizt. »Flittchen! Die Hure!« und so etwas ... Ich hatte mich ja mit Leuten herumgetrieben, die mir meine Eltern verboten hatten. Für mich war das alles schrecklich ... Daß sie so ausrasten mußten! Besonders meine Mutter! Am nächsten Tag mußte ich in die Schule. Ich hatte einen guten Freund in meiner Klasse. Einen Pastorensohn, zu dem ich auch nicht gehen durfte. Einmal erfuhr mein Vater, daß ich bei ihm bin. Immer die gleichen Szenen. Jedenfalls sagte der Pastorensohn am Tag, nachdem mein Vater mich so verprügelt hatte: »Damit gehst du zur Jugendhilfe!« Man mußte mich nach Hause schicken, weil ich nicht sitzen konnte. Das war nicht zu übersehen. Aber ich habe mich nicht hingetraut zur Jugendhilfe. Ich habs einfach nicht gemacht. Weil ich wußte: Ich komme nicht durch! Weißt du, wie die das interessiert, wenn die hören, wo mein Vater arbeitet?! Ich hätte da niemals etwas erreicht. Mein Vater nutzte solche Sachen immer für sich aus. Einmal hatte er drei Stempel gefangen. Weil er zu schnell auf der Straße rumgerast war. Da schnappte er sich seinen Ausweis und ging zur Polizei, um sich seine Stempel löschen zu lassen. Solche Aktionen gaben ihm auch dieses Gefühl des Allmächtig-Seins. Obwohl er auf Arbeit auch kein Großer war und zu Hause nichts zu sagen hatte.

Später hatte ich einen Freund, einen Gitarristen aus einer Connewitzer Rockgruppe. Für meine Eltern waren das alles nur Leute, die sich vom westdeutschen Einfluß haben überrumpeln lassen: Diese merkwürdigen Frisuren. Diese merkwürdige Kleidung ... Über solche Kleinigkeiten gab es bei uns zu Hause tagelange, wochenlange Gespräche. Das ging sogar so weit, daß mir mein Vater untersagte, ein zweites Ohrloch einstechen zu lassen. Daran zogen sie sich wochenlang hoch.

Irgendwann sollte ich dann die Personenkennzahl von meinem Freund angeben. Mir war das immer komisch. Vater meinte, ich soll mir doch den Personalausweis geben lassen, unter dem Vorwand, daß ich das Paßbild sehen will. Dabei sollte ich heimlich die Personenkennzahl abschreiben. Doch das war mir nichts. Ich sagte M. gleich, was Sache ist. Die Überprüfung zog sich dann hin. Für den Fall, daß sich bei der Überprüfung etwas – für eine Tochter eines MfS-Mitarbeiters – Unerwünschtes ergibt, hätte die Forderung gestanden: Der Vater sagt sich von der Tochter los, oder die Tochter ist bereit, sich von ihrem Freund loszusagen. Zum Glück gab es bei M. nichts Negatives. Trotzdem waren meine Eltern die ganze Zeit dagegen, daß ich mit ihm zusammen bin. Nach einem Jahr hatte sich Vater deshalb folgendes ausgedacht: Er rief M.'s Vater an. Ich glaube, der war Abteilungsleiter in einem Betrieb. Und in der Partei so ein kleiner Parteimitläufer. Eben ein Familienvater mit Schrebergarten ... Den hat Vater auf Arbeit angerufen, sich vorgestellt und gesagt: Wenn er nicht dafür sorgen würde, daß sein Sohn Schluß mit mir macht, dann würde er sich etwas einfallen lassen, was seine Karriere im Betrieb jäh beenden würde, ebenfalls in der Partei usw. Dann würde er sich schon etwas ausdenken. In diesem Sinne drohte er M.'s Vater. Nun regelte sich das zwischen M. und mir sowieso von allein. Aber ich sagte meinem

Vater dann, daß ich ausziehen möchte. Da war ich 19. Und nun verzweifelte Vater vollkommen. Das wollte er auch wieder nicht, denn das wirft ein schlechtes Licht auf ihn ... Du hast immer das Gefühl gehabt: Es geht gar nicht um dich oder darum, daß ... die dich lieb haben. Darum ging es denen überhaupt nicht.
Sondern: Das wirft eben ein schlechtes Licht auf sie. Also wieder Minuspunkte gesammelt. Wegen mir! »Begründen Sie das bitte! Warum zieht Ihre Tochter aus?!« – »Das muß ich immer alles begründen«, hat der zu mir gesagt. »Na und! Wenn du so dumm bist und das machst!« Ich habe dann immer mal gewagt zu widersprechen. Doch ich habe nie etwas erreichen können. Deswegen sagte ich oft gar nichts mehr ... Als ich studierte, verhärtete sich das Ganze bis ins Unerträgliche. Da ging ich zu meinem Opa und fragte ihn, ob er mir hilft, eine Wohnung oder wenigstens ein Zimmer zu besorgen. Er war doch WBA-Vorsitzender, und ich dachte, er könnte mir helfen. Opa sagte, daß meine Mutter schon bei ihm gewesen wäre. Vor einer Woche. Zu ihrem Erzfeind hatte sie sich hingewagt, denn die beiden können sich überhaupt nicht riechen. Schon wegen Charakterfragen nicht! Jedenfalls hatte auch sie Opa gebeten, ob er mir nicht eine Wohnung besorgen könne. Weil sie es mit ihrer Tochter nicht mehr unter einem Dach aushält. Außerdem würde ich Vater vollkommen fertigmachen. Sowieso standen die deshalb oft bei mir im Zimmer. Wenn Vater nachts nicht schlafen konnte, sagten die immer: »Das ist alles wegen dir!« Das war so ein richtiger Psychoterror zum Schluß. Sobald irgendetwas passiert war in unserer Familie: Ich war das! »Vater hat Kopfschmerzen! – Das ist alles wegen dir! Du bist der Sargnagel für uns! Du machst uns fertig! Du hast dir das alles nur ausgedacht! Das ist alles ein Plan von dir!!!« usw. ... Mit 16 hatte ich mich mal versucht umzubringen. Ich nahm Schlaftabletten und alles mögliche, was ich bei meiner Oma finden konnte. Völlig durcheinander. Das hab ich alles geschluckt ... Nur ... die hatte nicht so viel da. Als die Eltern nachts merkten, daß mit mir etwas nicht in Ordnung ist, riefen sie am nächsten Morgen eine Freundin im Haus an. Eine Hebamme.

Der sagten sie, was ich alles genommen hatte. Denn Oma hatte inzwischen auch bemerkt, daß etwas fehlte. Sie gaben das der Hebamme per Telefon durch, worauf sie sagte: »Die schläft nur lange. Das reicht nicht. Laßt sie schlafen.« Damals sagten sie das auch schon mit dem Plan ... Ich hatte etwas angerichtet und alles wurde nur noch schlimmer als vorher. Das hätte ich eben alles nur gemacht, um sie zu beeindrukken ... Die haben damals überhaupt nicht weiter darüber nachgedacht! – Du konntest durch nichts ihre Gefühle regen. Dabei war ich echt verzweifelt ... Weil das furchtbar war. Das ganze Theater jeden Tag ... Aber das hat die überhaupt nicht interessiert ... Das war denen scheißegal ...
Zum Glück konnte mir Opa eine Wohnung besorgen! Zwei Zimmer. Nicht weit von den Eltern. Dort wohnten wir dann auch noch mit unseren zwei Kindern ... Ich wurschtelte dann erstmal alleine vor mich hin. Mußte aber ziemlich schnell merken, daß ich doch nicht so alleine war. In meiner Naivität dachte ich: Wenn du ausziehst, dann bist du den los. Dann bist du deine hysterische Mutter los. Und du bist den los. Endlich hast du Ruhe. Doch das war nicht so. Mein Vater tauchte immer wieder auf. Er wußte genau Bescheid über mich: welche Zensuren ich an der Hochschule hatte, mit wem ich zusammen war. Ich merkte: Meine Eltern hatten mich vollkommen kaputtgespielt. Ich hatte ungefähr die Meinung von mir, daß ich gerade mal so zum Leben tauge. Aber mehr auch nicht. Mein Selbstbewußtsein war gleich Null. Manchmal fragte ich mich, was das überhaupt noch soll. Ich hatte dieses Scheiß-Studium auf dem Hals: Lehrer für Deutsch und Geschichte. Doch in diese Zeit lernte ich S. kennen. Nun ging das ganze Theater von vorn los. Irgendein Schwiegersohn wäre denen sowieso nicht recht gewesen. Meiner Mutter schon gar nicht. Bei der hätte es höchstens ein Autoschlosser sein müssen. Also einer, von dem man was hatte ... S. ist zwar Fleischer, und da hätte man sich ab und zu Fleisch besorgen können. Aber für diesen Fall hatte sie schon eine Verkäuferin in einem Fleischerladen. Also: Der Posten war leider schon besetzt. Obwohl ich meine Eltern kaum noch gesehen hatte, ging nun wieder das Spielchen mit der

Personenkennzahl los. Ich hatte die ewig nicht abgegeben. Da kam Vater dann zu S. nach Hause, stellte sich vor: »Ich bin der Vater von K. Ich möchte die Personenkennzahl abholen.« S. reichte ihm einen Zettel rüber und er zog wieder ab ... Worauf wir nun wieder das Ergebnis abwarten mußten. Obwohl S. in seinem Stiefbruder einen Antragsteller hatte, ging das Ergebnis wohl. S. war mit Vorbehalten tauglich. Ehrlich gesagt hat mich dieser Schwachsinn schon gar nicht mehr interessiert. Denn ich hätte mich sofort von meinem Vater losgesagt. Mich haben diese Spielchen einfach angekotzt. Außerdem hatte mich S. damals schon in »Behandlung«. Er versuchte, mich ein bißchen aufzubauen. Wenn ich damals mit meinen Eltern gesprochen habe, gerade am Telefon mit meinem Vater, dann habe ich nur gejammert. Richtig untergeben gewinselt. Das war schlimm. Einfach nur: »Laßt mich bloß in Ruhe. Tut mir nichts. Laßt mich bloß allein. Nur: Kommt nicht her. Bitte!«

Als ich damals auszog, schickten die mich mit einem alten Kleiderschrank los und mit einem alten quietschenden Bett. Das war alles, was ich mitbekam. Obwohl die finanziell gut beieinander waren. Meine Mutter meinte dann nur: »Nach einer Woche kommst du sowieso wieder an. Du verdreckst doch!« Sie hatte mich zu Hause nie Wichtiges machen lassen: »Du kannst sowieso nichts!« Im letzten Jahr hatten sie mich wirklich richtig niedergemacht. Also ich konnte nichts. Allein leben kann ich sowieso nicht! Das Studium kriege ich nie fertig, da bin ich viel zu bescheuert dazu! Na, und einen Beruf lernen!? »Was will denn die für einen Beruf lernen! Guck sie dir doch mal an!« So standen die immmer da: »Guck sie dir doch mal an! Was soll denn aus der werden? Was soll die denn machen? Guck dir doch bloß mal an, wie die aussieht. Wie die rumläuft!« So war das bei uns am Schluß.

Als ich dann schon in der Fockestraße wohnte und meine Tochter Nadin geboren wurde, ließ er sich neue Gags einfallen. Er wollte S. Nadin aberkennen. Über irgendeinen Rechtsanwalt, den er wohl kennt. Ich weiß nicht, was er sich dabei gedacht hat. S. war seiner Meinung nach eben nicht tauglich

als Vater. Sicherlich auch, seitdem er ihn versucht hatte zu kaufen. – Wegen der Armee. Er könne in Leipzig bleiben, aber dann eben für drei Jahre. Oder zum Wachregiment nach Berlin gehen! Oder er geht zur Stasi als Wachtposten. Dann könne er nämlich auch in Leipzig bleiben. Als Eckensteher an der Runden Ecke! Aber S. wollte nicht. Also war es wieder nicht der Schwiegersohn, den er gern haben wollte. Wir waren, als Nadin geboren wurde, noch nicht verheiratet. Und Vater war schon vollkommen am Ende. Der hat nur noch für die Arbeit funktioniert. Ich glaube, er war sogar in Behandlung. Er muß mal beim Arzt gewesen sein, wegen Nerventabletten. Denn er hielt mir irgendwann mal vor, daß ich ihm nun doch genug geschadet hätte. Überhaupt wäre er wegen mir schon fast untragbar und ich könne froh sein, daß sein Chef soviel Verständnis hätte. Also wie immer: Ich war es wieder! Der versuchte dann krankhaft, nochmal zu beweisen, welche Größe er ist. ... Nun zittert vor mir! Bitteschön! Hier bin ich! ... Als ich ihm mitteilte, daß ich heiraten will, war seine erste Reaktion – als Vater! –: »Du willst wohl meine Karriere ruinieren!« Das war sein erster Satz. Und das, obwohl S. schon längst durch die Überprüfung durch war!!
S. merkte einmal, wie er auf Arbeit bespitzelt wird. Da wollten sie ihm irgendeine Pistolenstory anhängen. Er hätte angeblich die Dienstwaffe meines Vaters entwendet und sie im Betrieb zur Schau gestellt. Ernsthaft! Solche blödsinnigen Einfälle hatten die! Mein Vater rief bei mir an, weil er mich sprechen müßte! »Mein Chef hat mir gesagt, S. hätte meine Dienstwaffe entwendet und irgendjemanden gezeigt.« Seht mal, mein Schwiegervater ist bei der Stasi, hätte S. gesagt. Dafür gäbe es Zeugen im Betrieb! Mein Vater wurde extra zu seinem Chef bestellt. Das muß man sich mal vorstellen! Und dann unterhalten die sich ernsthaft über solche bescheuerten Dinge! »Also ich muß mit dir reden. Dein Schwiegersohn hat im Betrieb deine Dienstwaffe zur Schau gestellt und damit angegeben ...« Diesen Blödsinn muß irgendeiner bei S. auf Arbeit erfunden haben. S. merkte, daß ihn einer überwacht. Ich habe das gemerkt, meine Schwester hat das gemerkt! Wir alle haben das gemerkt. Meine Schwester arbeitete vor ihrer

Ausreise am Dittrichring als Näherin. Sie wollte kündigen. Und der erste, der es wußte, war mein Vater! Er ging zu meiner Schwester und erkundigte sich, was das soll. Da fragte meine Schwester: »Woher weißt du denn das?« – Es muß doch irgendeiner aus dem Betrieb gewesen sein, der sofort meinem Vater Bescheid gesagt hat ... Dabei waren wir längst 18 Jahre alt. Das waren unsere eigenen Entscheidungen! Aber der wußte das eben immer. Das löste dann bei uns auch so eine Art Verfolgungswahn aus. Ich hab gedacht: Du kannst nie in Ruhe leben. Du wirst den nie los! Immer weiß der schon alles vor dir! Bevor du überhaupt eine Entscheidung getroffen hattest, war der informiert. Schließlich kam der immer genau dann an, wenn S. nicht zu Haus war. Genau wie bei meiner Schwester. Da kam er auch nur, wenn ihr Mann nicht daheim war ...

Zu meiner Hochzeit sind sie damals gar nicht erst erschienen. Die haben mich fertiggemacht. Aber ich habe wenigstens eine wichtige Erkenntnis daraus gezogen: Ich mußte erkennen, daß diejenigen, die rein biologisch deine Eltern sind, es in Wirklichkeit nicht sein müssen. Schließlich kann man den Begriff Eltern nicht aufs Biologische reduzieren.

Ich glaube, wenigstens für die Familie empfindet mein Vater heute ein bißchen Schuld. Er möchte gern, daß alles wieder gut wird. Als er mich damals so schlimm verprügelt hatte, hat er sich hinterher auch bei mir entschuldigt. Er könne nichts dafür, weil er so gestreßt ist. Damit war die Sache für ihn erledigt. Er wäre eben ein bißchen überarbeitet gewesen, und da müsse man schon verstehen, wenn er mal ausflippt. Und gleich zum Lampenschirm greift. Tja. So ist das halt. Ich frage mich heute manchmal nur, warum ich gerade dort geboren bin ... und nicht woanders.